本书系北京市“十四五”教育科学规划课题优先关注项目“‘双循环’背景下首都高等教育高质量发展战略研究”（项目编号：AAEA21001）研究成果

硬实力与软实力

一流学科的协同发展之道

单捷飞◎著

YINGSHILI YU RUANSHILI

YILIU XUEKE DE XIETONG FAZHAN ZHI DAO

目　　录

第二篇　一流学科协同的实践

第三篇　学科协同发展的模型测度

第四篇 学科协同发展的系统演化

序

建设教育强国，龙头是高等教育。要把加快建设中国特色、世界一流的大学和优势学科作为重中之重，大力加强基础学科、新兴学科、交叉学科建设。世界一流大学是人类智慧的制高点，也是世界各国政治经济民生发展的引擎。建设世界一流大学和一流学科是我国建设教育强国、实现中华民族伟大复兴的必由之路。

学科建设是大学建设发展的龙头，是一流大学的标志。"双一流"建设关乎人才强国，关乎百年大计，关乎人类福祉。世界一流大学和一流学科建设是党中央立足"两个大局"作出的重大战略决策，是面向国家重大战略需求，推动我国从高等教育大国成为高等教育强国的重要举措。

单捷飞同志读博士期间参与了我主持的教育部哲学社会科学研究重大课题攻关项目"世界一流大学和一流学科建设评价体系与推进战略研究"。她也因此选择了学科建设作为研究领域。我很欣慰能够带动并影响一批像她这样的年轻人投身到学科建设与评价的学术研究队伍中。

学科既是一套系统有序的知识体系，也是一套体现社会建构的学术制度。不论从历史维度还是政策维度，不论从理论研究还是个案研究中，我们都能发现学科建设与发展中硬实力与软实力之间的较量与平衡。单捷飞博士从学科硬实力与软实力协同发展这个切入点研究学科发展规律，并分别对应学科"知识"与"组织"的二元属性及理论基础，这个研究视角我是认同并有共鸣的。

单捷飞博士的《硬实力与软实力——一流学科的协同发展之道》一书秉

持学科建设的“系统科学理念”与“动态发展”价值主张，按照“是什么—为什么—怎么建”的逻辑解答了一流学科建设硬实力与软实力协同存在性、合理性和实践性问题。以过程思维与系统思维研究学科发展机理，是“破五唯”背景下教育管理部门与各高校管理者做学科治理决策时的迫切需求。“过程管理”与“动态调整”也是贯彻“双一流建设”与“教育评价改革”指导精神的重要举措。本书从“知识”和“组织”学科二元属性出发剖析学科系统内各指标要素，并深入研究了学科协同发展的模型测度和学科协同发展的系统演化。

《硬实力与软实力——一流学科的协同发展之道》是我国学科建设研究领域新的创新性成果，对加快建设世界一流学科、加快建设世界一流大学、加快建设教育强国，都有一定的理论价值和积极的实践意义。我希望单捷飞博士持续进行深入研究和实践，也祝愿单捷飞博士在未来学术道路上硕果累累！

王战军

教育部学位中心、评估中心原副主任

北京理工大学、清华大学教授、博士生导师

中国学位与研究生教育学会副会长

2023 年 10 月

第一篇

一流学科研究的开端

第一章　学科建设历程的协同之影

本章为了“协同”的破题，首先揭示了在学科建设发展实践过程中的三条主线和三个阶段，并在阐释新时代学科建设的思考中揭示学科硬实力与软实力协同命题；进而，梳理了国内外学科评估现状，并在评估指标中阐释“协同”之影；然后论述“创新”这个研究学科硬实力与软实力协同的“抓手”；最后重点阐释什么是学科硬实力、什么是学科软实力以及二者之间的“协同”。

第一节　学科建设发展变迁：新时代何去何从

学科是构成大学的基本单元与细胞，学科水平与大学发展水平呈高度正相关的关系，因此世界一流大学在根本上是要办好学科。建设一流大学要通过建设一流学科来实现。办大学就是办学科，这是“双一流”的基本思路。继“双一流”方案发布后，学界围绕“什么是世界一流学科”、“世界一流学科评价”与“如何建设一流学科”等方面的研究呈现“突现性”增长。习近平总书记指出，要坚持扎根中国大地办教育。在研究世界一流学科的过程中，我们既要考虑国外世界一流的先进经验，又要考虑扎根本土的中国特色；既要考虑国家学科建设的顶层布局，又要充分考虑学科基层的实践；既要重视学科评价的建设维度，又要充分尊重并揭示学科的内在知识规律；既要做好学科内外环境与要素的静态分析，又要以史为鉴考虑学科的动态规律。

一、学科建设历程的三条主线

我国学科评估工作发展历程贯穿整个国家学科建设历程。学科建设历程与发展变迁的梳理，要追溯至20世纪80年代。1985年，中共中央发布的《关于教育体制改革的决定》，将学科建设首次纳入国家政策的框架。我国学科建设发展历程主要分为三个阶段，有三条主线贯穿始终：一条主线是国家战略维度，一条主线是学科政策与工程维度，一条主线是学科评估维度。三个主线能看出明显的指导关系，形成"阶梯状"时间先后特征。

学科战略维度是学科建设的宏观战略背景和"指挥棒"，其发展脉络与我国基本国情、高等教育发展阶段息息相关、同频共振。

学科政策与工程维度是根据国家战略指针指导，落实学科建设工程。20世纪80年代教育部开展了国家重点学科评选工作；90年代后期实施"211工程"与"985工程"；2015年前后取消"211""985"后迎来了"双一流"建设。

从学科评估维度看，2002年至今，我国已经完整进行了五轮学科评估，其评估重点与指向深受学科战略与政策维度的影响。第一轮学科评估（于2002—2004年分三批开展），有229个学位授予单位的1336个学科自愿申请参评；第二轮学科评估（于2006—2008年分两批开展），参评单位增加到331个，参评学科增加到2369个；第三轮学科评估（于2010—2012年完成），有391个单位的4235个学科报名参加，近3000个具有博士学位授权的一级学科自愿申请参评；第四轮学科评估（于2016—2017年完成），评估2012—2015年区间，在95个一级学科范围内开展（不含军事学门类等16个学科），共有513个单位的7449个学科参评（比第三轮增长76%）；第五轮学科评估（于2020—2022年完成），评估2016—2020年区间，评估结果目前为止未公布，2022年将结果通知到各个参评单位。

二、学科建设历程的三个阶段

纵览我国学科建设历程，大概可以分为三个阶段，具体政策进程如图1.1所示。

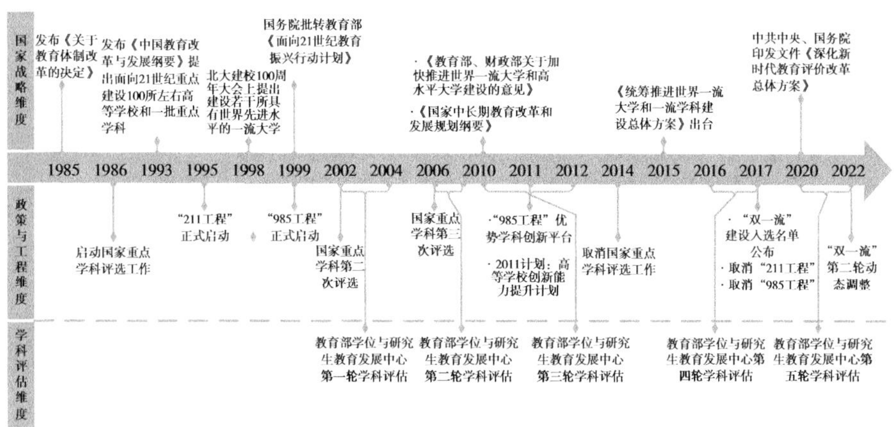

图 1.1　我国学科建设政策进程

（一）第一阶段（20 世纪 80 年代至 2015 年）：重点学科建设阶段

我国学科建设的第一阶段对我国整体学科发展有着深远的影响，是我国学科由弱至强、快速发展的关键阶段。重点学科建设是在前期我国重点大学建设后的学科建设产物。此阶段以建设世界一流学科、建设高等教育强国为目标，本质上是政府主导、大学规划，通过一系列的制度安排以及资源配置来实现建设目标。20 世纪 80 年代开始启动的国家重点学科评选，前后共经历了 3 轮，直到 2014 年取消重点学科评选政策，入选的学科都是学术底蕴深厚、学术团队和科研水平位居国内同类学科前列的。

20 世纪 90 年代开始，我国颁布了对高等教育以及学科建设影响深远的两项国家级工程——“211 工程”和“985 工程”。第一，这两项工程覆盖面广，支持建设了一大批覆盖全国各个地区的高校，也成为当今我国高等教育主流阵地和高地，形成了我国多维度、广覆盖的重点建设格局。第二，“211 工程”和“985 工程”成效显著，主导了我国高等教育高速发展时期，实现我国向高等教育强国的跨越，吹响了我国高等教育走向世界的号角。我国在人才培养、科学研究、社会服务、国际化等各个方面的实力显著提升，部分领域跻身世界一流和前列，为服务国家经济、社会发展作出卓越贡献并辐射带动了诸多领域。第三，“211 工程”和“985 工程”影响深远。因二者是国家重大工程，其模式采用由资源配置主导下的目标建设,纳入这两个工程的学校获得更多的资源,使得高等教育格局产生明显的分化效应和马太效应。同时,“211 工程”和“985 工程”的影响程度深远还体现在它们已经成为“标签”,符号化存在于大众对高校的认知,体现在高考填报志愿对大学的选择、就业选择等方方面面。

“211 工程”是发布《中国教育改革与发展纲要》时提出的,意思是面向 21 世纪重点建设 100 所左右的高等学校和一批重点学科建设工程。“985 工程”是在北京大学建校 100 周年讲话时提出的建设若干所世界先进水平的一流大学。“211 工程”和“985 工程”同时在 2017 年“双一流”公布之年废止,其间还在 2011 年提出“985 优势学科创新平台”“2011 计划”等。学科建设政策伴随着学科评估。为贯彻落实“鼓励专门机构和社会中介机构对高等学校学科、专业、课程等水平和质量进行评估”的精神,教育部学位与研究生教育评估中心于 2002 年对具有研究生培养和学位授予资格的一级学科进行评估,随后分别在 2006 年、2012 年、2016 年、2020 年又进行了评估,截至目前共进行了 5 轮学科评估,而第一阶段主要指导了前三轮的学科评估。

国家重点学科建设、“211 工程”、“985 工程”学科遴选,入选学科整体科研水平比较高且变化不大,身份固化现象较为严重,而其指导下的前三轮学科评估自然也就更加注重学术导向。很多学者开始对“重大工程”和“学科评价”进行反思,认为这种学科建设导向是“建成逻辑”和“分析重构主义”,其本质是机械论与还原论的哲学范畴,这样会导致学科建设“头痛医头,脚痛医脚”,“GDP 式功利导向,缺乏内涵”,学科建设的“马太效应”等。学科建设过程中,建设者也在不断反思与纠偏,倡导学科内涵建设,深化教育领域综合改革。但“学科评价与建设”并未被摒弃,仍然是贯穿学科发展的一条主线。

(二) 第二阶段(2015 年至 2020 年):“双一流”建设阶段

“双一流”建设已成为当前我国高等教育改革发展的核心任务之一,深入把握一流学科发展过程背后的生成机理和本质规律,是上级教育管理部门与各高校管理者学科治理决策时的重大政策需求。党的十九大报告指出,要

“加快一流大学和一流学科建设，实现高等教育内涵式发展”①，为我国高等教育发展明确了理念指引和目标规划。为了进一步提升中国高等教育综合实力和国际竞争力，为实现“两个一百年”奋斗目标和中华民族伟大复兴的中国梦提供有力支撑，中共中央、国务院作出重大战略决策——启动实施“双一流”大学建设方案。国务院于2015年发布了《统筹推进世界一流大学和一流学科建设总体方案》，随后发布了《统筹推进世界一流大学和一流学科建设实施办法（暂行）》等系列有关文件。

2017年9月，教育部、财政部和国家发展改革委正式公布了“双一流”大学建设高校遴选结果名单，全国共137所高校入围，随后全国各高校也相继制定出台了各自的一流大学建设方案；2018年，三部委发布《关于高等学校加快“双一流”建设的指导意见》；2019年提交中期报告；2020年提交周期总结报告；2022年，三部委发布《关于深入推进世界一流大学和一流学科建设的若干意见》，公布第二轮“双一流”建设高校和建设学科名单。

“双一流”工程是党中央准确把握世界发展新态势、我国经济社会发展新要求、全球高等教育发展格局新变化作出的重大战略决策；是推动我国高等教育跨越式发展、内涵式发展、建设高等教育强国的全局性、系统性、前瞻性的顶层设计与制度创新，意义影响深远。“扎根中国大地办世界一流大学”是一项长期性任务，需要国家的顶层设计和长期投入，更需要院校长期不懈的建设积累和关键时刻的创新与突破。“双一流”建设成效评价是基于明确清晰的建设目标和要求，是对院校实施教育政策的过程和效果进行的评价。评价结果会用于院校动态调整，是一种高利害性、高关注型评价。“双一流”建设结合人才培养规律、高等教育发展规律和学科内在知识规律，完善高等教育体制和学科评价维度建设，为世界高等教育体系贡献中国智慧，同时也是中国高等教育发展的时代任务。

“双一流”建设与第一阶段的国家重点学科、“211工程”和“985工程”一

---

① 习近平：《决胜全面建成小康社会，夺取新时代中国特色社会主义伟大胜利——在中国共产党第十九次全国代表大会上的报告》，人民出版社2017年版，第46页。

个重要转向是更强调学科对国家政治、经济、文化、社会、生态建设的支撑作用和贡献程度。同时，“双一流”建设强调动态调整，即去“标签化”，在学科评价与遴选体系中引入了“市场机制”，这在本质上是一种从学科“建成思维导向”到“生成思维导向”的转变，即承认创新驱动下的学科组织体系的知识复杂性、变化性、非线性和自组织性，“双一流”政策也彰显了建设与管理者在学科建设“组织”维度建设中不断渗透“知识”维度的考量。而“组织”和“知识”正是本书提到的两个关键学科属性，学科建设与发展就是围绕两个属性所代表的硬实力和软实力之间的协同来进行的。

第四轮学科评估是在“双一流”建设的政策背景下启动的。第四轮学科评估与以往相比，通过“社会服务”这个一级指标来强调高校和学科要在服务国家、科技与社会发展中发挥更大的作用。第四轮学科评估也更强调发挥学科特色等。应该说，第四轮学科评估价值导向开始转向，开始由过去的学术科研导向为主，转向呼吁强调人才培养、社会需求以及中国特色等多元价值取向。但任何变革都有过程，开始呼吁与导向转向不代表已经成为主流，不能否认第四轮学科评估学术科研的“符号化”评估仍然为主导，重视人才培养但却因未找到更好的量化人才培养质量的“抓手”而仍显乏力。学术导向一直是前四轮学科评估的主旋律。

第三阶段主要呈现以下趋势与特征：第一，不论理论界还是实践界都开始意识到学科发展“符号化”评价的顽疾，包括由“评价”指挥棒导致的职称、评价激励制度等“五唯”“功利”系列连锁反应，开始反思学科建设内涵发展的思路和举措；第二，不论在“双一流”政策还是第四轮学科评估中，开始逐步意识到过去对“人才培养”的忽视和学术功利主义的弊端，开始呼吁高校应回归人才培养中心任务；第三，开始强调高校和学科建设要在支撑国家创新驱动发展战略、服务经济社会发展、弘扬中华优秀传统文化、培育和践行社会主义核心价值观、促进高等教育内涵发展等方面发挥更大作用；第四，学科评估开始逐步通过社会服务案例、高校学科特色案例和小同行评价等环节，“调和”学术“符号化”评价带来的功利主义弊端；第五，开始反思对国际排名的盲目崇拜，强调立足中国大地办中国特色高等教育。

（三）第三阶段（2020 年至今）："破五唯"发展阶段

教育评价事关教育发展方向，有什么样的评价指挥棒，就有什么样的办学导向。在 2018 年召开的全国教育大会上，习近平总书记指出，要坚决克服唯分数、唯升学、唯文凭、唯论文、唯帽子的顽瘴痼疾。为深入贯彻落实习近平总书记关于教育的重要论述和全国教育大会精神，完善立德树人体制机制，扭转不科学的教育评价导向，2020 年，中共中央、国务院印发了《深化新时代教育评价改革总体方案》（以下简称《总体方案》），提高教育治理能力和水平，加快推进教育现代化、建设教育强国、办好人民满意的教育。《总体方案》对于全面贯彻党的教育方针，坚持社会主义办学方向，落实立德树人根本任务，全面深化教育改革，系统推进教育评价改革，引导全党全社会树立科学的教育发展观、人才成长观、选人用人观，破除"五唯"顽瘴痼疾，扭转不科学的教育评价导向，建立科学的、符合时代要求的教育评价制度和机制，具有重要的指导意义。

本书在第九章介绍的构建的"知识"系统模型中特别阐释了"符号化"评价的本质，以及为什么一直以来大家重科研轻教学的原因。学术科研等更有利于"符号化"指标的量化因而长期更受学科评估的倚重，而长此以往"五唯"导致"竞争"与"功利"，从而"窄化"了学科排名。《总体方案》也明确指出了，要进一步改进学科评估，强化人才培养中心地位，淡化论文收录数、引用率、奖项数等数量指标，突出学科特色、质量和贡献。

第五轮学科评估在《总体方案》之后启动。第一，第五轮学科评估更加强调价值引领和人才培养，以立德树人为根本标准，将人才培养指标排在首位，重视人才培养过程和质量，强调"三全育人"举措的落实效果及在课程思政改革、社会实践等方面的特色做法与成效，从根本上扭转了"轻育人"的不良倾向，让我国高等教育整体回归教书育人之初心；第二，更强调内涵发展和培养质量，弱化"符号化"评价，部分学术指标由"枚举所有成果数量"转变为"有限代表性成果"，更加强调成果质量，破除"五唯"顽疾；第三，更强调扎根中国大地办教育的红色育人路；第四，强调遵循学科特色，强化分类评价导向，评价更符合客观规律和实际；第五，定性与定量有效结合，探索多维方法的评价体系。

第五轮学科评估“指挥棒”的重大改变促使学科评估价值导向随之发生重大转向，从而又指导高校学科建设逻辑的转向，必然引发高校学科建设逻辑的系列体制机制的连锁反应。① 可以看出，《总体方案》背景下，教育部门在逐步削弱“功利化”“狭隘化”利用学科评估“指挥棒”而出现的“过度解读”“唯一标准”等违反高等教育和人才培养规律的重复、抵消、内耗等资源浪费问题，让高等教育回归本心、回归初心，健康、绿色、繁荣发展。

三、新时代学科建设的省思

党的二十大报告首次将教育、科技、人才作为一个整体进行论述，报告提出“必须坚持科技是第一生产力、人才是第一资源、创新是第一动力”，“要坚持教育优先发展、科技自立自强、人才引领驱动，加快建设教育强国、科技强国、人才强国”②。党的二十大报告对教育的相关论述充分表明了党中央站在新发展阶段对我国高等教育发展所作的战略布局。我们秉持的高等教育发展观，就是一体推进“教育、科技、人才”系统性工程的中国式高等教育发展。

在一体推进“教育、科技、人才”系统性工程的指导方针下，在推行“破五唯”系列部署的背景下，高等教育学科建设与评价的“新尺子”亟待定义，尽快厘定“四个评价”，探索符合学术发展规律与人才成长规律的学科建设指导方案具有迫切的战略需求。《总体方案》提出，要改进结果评价，强化过程评价，探索增值评价，健全综合评价，因此亟待从“过程视角”“生态视角”“系统视角”探索学科发展规律和学科治理实践的“抓手”。

学科建设历程的实践给我们的启发是，在建设一流学科的过程中，我们不可仅关注学科的投入和产出两个端点，更应揭示学科运行过程以及知识生产规律的学科内部“黑箱”，围绕世界一流学科这个目标，以一种更加系统、动

① 参见周合兵、陈先哲：《新时代学科评估价值导向与学科建设逻辑转向——基于X大学三个学科的案例研究》，《教育发展研究》2021年第7期。

② 习近平：《高举中国特色社会主义伟大旗帜，为全面建设社会主义现代化国家而团结奋斗——在中国共产党第二十次全国代表大会上的报告》，人民出版社2022年版，第33页。

态、全面、协调、可持续的观点来思考世界一流学科生成机理应该如何表达。本书试图从学科建设实践与理论中挖掘出学科硬实力与软实力协同之道的本质规律；从学科知识与组织双重属性出发，研究学科硬实力与软实力的协同发展模型，系统阐释学科知识创新与组织管理联动机理，分别阐释其静态驱动机理以及动态演化机理，最后提出高校一流学科生成的管理机制以及路径选择，希望提供研究一流学科生成机理的有效工具。

学科既是一套系统有序的知识体系，也是一套体现社会建构的学术制度。不论学者们将学科内涵如何具体划分，大致都包含两个基本学科属性，第一是包含环境、制度、组织、权力等外界力量的“组织”维度，第二是来源于学科本质属性的“知识”维度，这一认识已经基本得到学界认同。本书假定学科具有“组织”与“知识”双重属性，“知识”属性代表着学科内生性与内涵发展，是学科发展的“自组织”力量，代表学科硬实力；“组织”属性代表着学科社会性与外延建设，是学科发展的“他组织”力量，代表学科软实力。一流学科生成的驱动是由知识生产规律的“自组织”力量与外在组织制度的“他组织”力量两种力量组成的动力场。一流学科生成过程就是“自组织”和“他组织”相互协调的过程，把学科完全生态化隐喻或者完全从建构主义探讨学科发展都是偏颇的。我们应该在建设一流学科过程中，充分尊重其“自组织”特性，即尊重知识规律、学科规律，以人为本，秉持科学发展、可持续的生态理念来动态调整运用“他组织”工具，扎根中国实际办中国特色一流学科。

第二节　浅析一流学科评估：国际评价还是自成体系

一、国内外主要学科排名机构及评价指标

谈及一流学科建设，不能绕开的是国内外主要学科排名。国内外主要学科排名机构在我国学科发展历史上一段时间里具有较大影响力。2020 年 10

月出台的《总体方案》将中国学术界高喊多年的“破五唯”真正推向了改革的舞台。《总体方案》旨在扭转不科学的评价导向，克服“唯论文、唯帽子、唯职称、唯学历、唯奖项”的顽瘴痼疾，不断提高教育治理能力与水平，推动高等教育高质量发展。自《总体方案》发布后，对于学科排名，特别是国际排名机构的过度重视趋于缓和。但是，研究一流学科发展，可以以国内外主要学科排名机构及其评价指标为一个切入点进行深度分析。我们试图从国内外主要学科排名机构及其评价指标中找寻学科建设的规律，找到学科硬实力与软实力的“协同”之影。

当前国际较为知名的学科评价排名机构中，QS世界大学学科排名（QS World University Rankings，QS）、“软科世界一流学科排名（GRAS）”、泰晤士高等教育世界大学学科排名（Times Higher Education World University Rankings，THE）及美国新闻与世界报道学科排名（U.S.News & World Report，USNWR）被认为是世界四大具有影响力的全球性大学排名。从国内来看，软科世界一流学科排名、教育部学位与研究生教育发展中心和教育部提出的一流学科入选建设遴选指标等排名机构及评价指标也是我们深入研究的对象。

（一）泰晤士高等教育世界大学学科排名（Times Higher Education World University Rankings，THE）

泰晤士高等教育来自英国出版的高等教育报刊，于1971年出版第一版报纸，目前成了世界一流大学的数据供应商和提供者。泰晤士高等教育因为积累了50余年的高等教育数据分析和经验，成了世界上最为权威和具有影响力的大学排名机构之一，其统计数据与结果，被很多国家政府部门以及世界一流大学使用。

关于学科分类，THE分为11个学科领域，分别为艺术与人文、商业和经济学、医疗卫生和保健医学、计算机科学、工程与技术、生命科学、自然科学、社会科学、教育学、心理学、法律。每个领域大概有1—5个具体的学科，总共统计了35个学科。

THE评价指标包括5个一级指标和13个二级指标。具体如表1.1所示。

表 1.1　THE 评价指标及考核点

序号	世界一流学科排名机构	学科排名评价指标	
		一级指标	指标说明及二级指标设置
1	泰晤士高等教育世界大学学科排名（THE）	科研水平	科研声誉、科研产出、科研经费投入（人均投入）
2		教学水平	师生比、教学声誉、博士授予数与教师总量比、博士/学士授予比、年均科研经费
3		论文引用率	近 5 年被 SCI/SSCI 检索论文数
4		产业收入	学科申请到横向科研经费数量
5		国际视野	国际/国内教员比、国际/国内学生比、国际合著论文数

THE 学科排名的特点和存在问题：

第一，THE 在学科分类上，注重学科特点。例如，在论文引用率上，就考虑了艺术与人文类学科的特点，论文引用率的权重低于平均值，而在自然与生命科学学科上此比重高于平均水平。

第二，THE 的评价指标体系具有客观、全面等优点，数据可获取性强，数据为通用权威途径，客观准确，因此有利于更广泛的国际比较。但是指标体系内部逻辑仍然缺乏严密逻辑性，部分指标仍待商榷。

第三，THE 是几个排名机构中比较重视教学与人才培养的机构，这在“论文”等学术指标更易获取的当下，坚持教学水平以及声誉评价，是难能可贵的。

第四，在评价内容上，THE 非常重要的特点就是，注重指标体系的软实力指标比重，比如特别用到了教学和科研两大领域中的“声誉”指标。以 2020 年教学声誉为例，对 2020 年 133 个国家的 20000 份问卷进行标准化处理，而科研声誉则是对 133 个国家 10000 多份问卷进行标准化处理。但是“软性比重”大的问题也导致了主观性过强。同时，“声誉”类指标具有“时滞性”，往往历史悠久的传统名校在这个指标上更有利，对于“后起之秀”在这项指标上有一定的不公平性。

（二）QS 世界大学学科排名（QS World University Rankings，QS）

QS 世界大学学科排名是由英国一家国际教育市场咨询公司 Quacquarelli Symonds（简称 QS，中文名夸夸雷利·西蒙兹公司）发布的全球大学与学科排名。QS 成立于 1990 年，是一家全球领先的高等教育、职业信息、独立调研及解决方案的提供机构。

关于学科分类，QS 将自然科学、艺术与人文、社会科学与管理学、工程与技术、生命科学与药学 5 个学术范畴细分为 51 个学科，并比较全球多个大学生在 51 个学科的各个课程表现。

如表 1.2 所示，QS 评价学科过去 5 年在 4 个指标上的长期综合质量。"全球学术声誉调查"是在每个学科的专业领域里，遴选全球最顶尖专家学者对这个学科的专业评价和认可度进行评价。"全球雇主声誉"是指该学科在过去 5 年培养的毕业生的综合素质和竞争力在全球顶尖用人单位那里的评价和认可度。"全球学术声誉"和"全球雇主声誉"调查每年都进行，是此类调查中全球较大也是较全面和深入的。后边两个指标基于每篇论文的引用率和相关主题的"H 指数"来评估其研究影响，数据来自 Elsevier 的 Scopus 数据库。每个学科都由这 4 个指标组成，根据学科特点，每个指标权重不同。

表 1.2　QS 评价指标及考核点

序号	世界一流学科排名机构	学科排名评价指标	
		一级指标	指标说明及二级指标设置
1	QS 世界大学学科排名	全球雇主声誉	用人单位对本学科毕业生工作能力的评价
2		全球学术声誉	国际学术同行对本学科的评价
3		H 指数	考察本学科学者学术实力
4		论文被引次数	考察论文关注度、影响力

QS 学科排名的特点和存在问题：

第一，在指标体系和学科分类上，QS 指标体系较为多元，并且根据学科特征进行了差样化设计。

第二,QS 是四大排名机构中软实力比重最高的。同时,QS 在各大排名机构中,是将“全球雇主声誉”设置比重最高的,这既有优势同时也有一定问题。优势方面,它重视学科发展的“出口”,即如果将学科看成一个“工厂”,其加工的“产品”即人才,其产品的销路即是各个雇主公司,而“全球雇主声誉”则是“消费者口碑”。学生的就业情况、就业前景和职场发展,是人才培养成果的一个非常重要的方面,这一指标的设立具有独特的价值和意义。但问题方面,这一软实力主观性评价的代表性、广泛性是否足够?据统计,部分小众学科,其全球采集的雇主问卷份数仅不足 100 份,其代表性和数据之信度、效度还有待进一步提升。

(三)美国新闻与世界报道学科排名(U.S.News & World Report,USNWR)

U.S.News 世界大学排名由美国《美国新闻与世界报道》于 2014 年首次发布,根据大学的学术水平、国际声誉等 10 项指标得出全球最佳大学排名,以便为全世界的学生在全球范围选择理想的大学提供科学的参考依据。

U.S.News 将学科分为硬科学、软科学、艺术与人文和计算机与工程 4 大类。其评价指标共计 13 个,分为 3 类指标,分别为信誉指标、文献计量指标和科学卓越指标,如表 1.3 所示。

表 1.3　U.S.News 评价指标及考核点

序号	世界一流学科排名机构	学科排名评价指标	
		一级指标	指标说明及二级指标设置
1	美国新闻与世界报道学科排名(US NWR)	信誉指标	全球研究声誉、区域研究声誉
2		文献计量指标	出版物、会议、规范化引文影响、引文总数、被引用最多的 10%的出版物数量、被引用最多的 10%出版物总数的百分比、国际合作——相对于国家、国际合作
3		科学卓越指标	被高度引用的论文数量在各自领域中所引用最多的 1%中被高度引用的论文数、被引用率最高的论文中排名前 1%的出版物总数的百分比

U.S.News 学科排名的特点和存在问题：

第一，评价指标体系较为健全，定性与定量相结合，数量与质量相结合。从评价指标来看，U.S.News 评价指标体系较为健全，充分考虑了定性与定量相结合，硬实力与软实力相结合以及数量与质量相结合。

第二，注重学科软实力，且丰富了区域声誉调查。重视定性的软实力指标，一方面弥补了客观性指标的不足，同时不同于其他两个国际排名机构，其声誉调查增加了“区域”声誉调查，特别提升了区域贡献与影响。

但是定性指标如“全球研究声誉”和“区域研究声誉”，其受访者过“泛”，不像“雇主声誉”或者“同行声誉”有一定的受访者群体聚焦性和调查目的针对性，其受试者面向大众，评价结论主要是受试者站在自己立场上的主观印象。同时也有人指出此项调查的权威性，怀疑存在部分高校和学科为了争取排名靠前而“寻租”的可能性。

第三，根据不同学科特色，给出了不同的因素和权重。U.S.News 评价指标根据 4 类学科不同类型和特点，给予了不同的因素和权重，充分体现了针对不同学科进行差异化评价的理念。

第四，学科评价过于依赖文献计量指标。虽然该评价定性与定量结合，但文献计量指标的权重仍然较高。文献计量数据来自第三方数据供应商，客观性更强，更容易获得高校普遍认同。

（四）软科世界一流学科排名（Shanghai Ranking's Global Ranking of Academic Subjects，GRAS）

软科旗下拥有众多在国内外具有影响力和业内认可度的排行榜，如软科世界大学学术排名、软科世界一流学科排名、软科中国大学排名、软科中国最好学科排名、软科全球体育类院系学术排名等。软科世界大学学术排名（Academic Ranking of World Universities，简称 ARWU）是世界范围内首个综合性的全球大学排名，是全球最具影响力和权威性的大学排名之一。而本小节重点聚焦软科世界一流学科排名进行分析。

软科学科建设解决方案紧扣国家“双一流”建设主题，提供基于国际标准的学科对标、学科规划、学科建设全流程服务，如表 1.4 所示。

表 1.4 GRAS 评价指标及考核点

序号	世界一流学科排名机构	学科排名评价指标	
		一级指标	指标说明及二级指标设置
1	软科世界一流学科排名（GRAS）	重要期刊论文数	过去 5 年被 InCites 数据库收录的位于期刊影响因子前 25%的期刊中的 Article 类型的论文数
2		论文标准化影响力	过去 5 年被 InCites 数据库收录的 Article 类型的论文的被引次数与同出版年、同学科、同文献类型论文篇均被引次数比值的平均值
3		国际合作论文比例	过去 5 年被 InCites 数据库收录的 Article 类型的论文中有国外机构地址的论文比例
4		顶尖期刊论文数	过去 5 年在相应学科顶尖期刊或会议上发表论文的数量
5		教师获权威奖项数	指教师 1981 年以来获得本学科最权威国际奖项的折合数

软科排名体系更侧重于高校学术考量，指标以量化指标为主，没有定性指标，数据几乎全来自国际权威数据库，国际可比较性较强。但同时其过于重视数量和规模，偏重论文总数和被引次数，重客观指标、没有软性指标，偏重自然科学，对人文与社会科学关注不够。

（五）教育部学位与研究生教育发展中心（第四轮学科评估）

学科评估是教育部学位与研究生教育发展中心（以下简称“学位中心”）按照国务院学位委员会和教育部发布的《学位授予和人才培养学科目录》，对具有博士硕士学位授予权的一级学科进行整体水平的评估。学科评估是学位中心以第三方方式开展的非行政性、服务性评估项目。由于第五轮学科评估不具有公开性，因此指标体系以第四轮为例。

第四轮学科评估于 2016 年 4 月启动，按照“自愿申请、免费参评”原则，采用“客观评价与主观评价相结合”的方式进行。公布评估结果旨在为参评单位了解学科优势与不足、促进学科内涵建设、提高研究生培养质量提供客观信息；为学生选报学科、专业提供参考；同时也便于社会各界了解中国高校和科研单位学科内涵建设的状况和成效。第四轮学科评估评价指标及考核点如表 1.5 所示。

表 1.5　教育部学位与研究生教育发展中心（第四轮学科评估）评价指标及考核点

序号	世界一流学科排名机构	学科排名评价指标	
		一级指标	指标说明及二级指标设置
1	教育部学位与研究生教育发展中心（第四轮学科评估）	科研水平	科研成果、科研项目、科研获奖
2		师资队伍与资源	师资数量与质量
3		社会服务与学科声誉	学科声誉与社会服务贡献
4		人才培养质量	在校生质量与培养过程质量、毕业生质量

第五轮学科评估以习近平新时代中国特色社会主义思想为指导，深入贯彻中共中央、国务院《深化新时代教育评价改革总体方案》精神，落实立德树人根本任务，遵循教育规律，扭转不科学的评价导向，加快建立中国特色、世界水平的教育评价体系，提升我国学科建设水平和人才培养质量，推动实现高等教育内涵式发展。主要围绕强化人才培养中心地位，坚决破除“五唯”顽疾，改革教师队伍评价，突出质量、贡献和特色，提升数据可靠性和评价科学性，多元呈现评估结果作出系统性改革。总体思路是，由第四轮的硬实力向第五轮更注重软实力和质量转变。第五轮学科评估指标体系框架如表 1.6 所示。

表 1.6　第五轮学科评估指标体系框架

	一级指标	二级指标	三级指标
1	人才培养质量	思想政治教育	思想政治教育特色与成效
2		培养过程	出版教材质量
3			课程建设与教学质量
4			科研育人成效（问卷）
5			学生国际交流情况
6		在校生	在校生代表性成果
7			学位论文质量
8		毕业生	学生就业与职业发展质量（问卷）
9			用人单位评价（问卷）

续表

	一级指标	二级指标	三级指标
10	师资队伍与资源	师资队伍	师德师风建设成效
11			师资队伍建设质量(结构、代表性)
12		平台资源	支撑平台和重大仪器情况
13	科学研究水平	科研成果(与转化)	学术论文质量
14			学术著作质量
15			专利转化情况
16			新品种研发与转化情况
17			新药研发情况
18		科研项目与获奖	科研项目情况
19			科研获奖情况
20		艺术实践成果	艺术实践成果
21		艺术/设计实践项目与获奖	艺术/设计实践项目
22			艺术/设计实践获奖
23	社会服务与学科声誉	社会服务	国内声誉调查情况
24		学科声誉(调查)	国际声誉调查情况

来源:网络信息整理所得。

（六）教育部提出的一流学科入选建设遴选指标要求(第一轮学科评估)

“双一流”建设是党和国家作出的重大战略决策,亦是中国高等教育领域继“211 工程”“985 工程”之后的又一国家战略,有利于提升中国高等教育综合实力和国际竞争力,为实现第二个百年奋斗目标和中华民族伟大复兴的中国梦提供有力支撑。

2015 年,中央全面深化改革领导小组会议审议通过《统筹推进世界一流大学和一流学科建设总体方案》,对高等教育重点建设作出新部署。2017 年,经国务院同意,教育部、财政部、国家发展改革委印发《统筹推进世界一流大学和一流学科建设实施办法(暂行)》(以下简称《实施办法》)。同年,教育部、财政部、国家发展改革委联合发布《关于公布世界一流大学和一流学科建设高校及建设学科名单的通知》,正式确认公布世界一流大学和一流学科建设高校及建设学科名单。

根据《总体方案》《实施办法》,“双一流”建设高校通过竞争优选、专家评选、政府比选、动态筛选产生。在广泛听取意见的基础上,以增量方式统筹推动建设,以存量改革激发建设活力。第一轮学科评估评价指标及考核点如表1.7所示。

表1.7　第一轮学科评估评价指标及考核点

序号	世界一流学科排名机构	学科排名评价指标	
		一级指标	指标说明及二级指标设置
1	第一轮学科评估	人才培养	本科生与研究生培养质量高,得到社会高度认可
2		科研应用	协同创新成效显著,为经济社会发展提供有效支撑
3		社会服务	产学研深度融合,社会服务贡献突出
4		师资队伍	汇聚一流人才,形成优秀教师队伍
5		国际交流	深度参与国际活动,国际影响力较强

从2016年到2020年,首轮“双一流”建设实施以来,各项工作有力推进,改革发展成效明显,推动高等教育强国建设迈上新的历史起点。2022年1月26日,教育部、财政部、国家发展改革委印发《关于深入推进世界一流大学和一流学科建设的若干意见》(以下称《若干意见》),并公布第二轮“双一流”建设高校及建设学科名单,共有建设高校147所,包含331个建设学科(不含自定学科),其中基础学科布局59个、工程类学科180个、哲学社会科学学科92个。

教育部相关负责人表示,“双一流”重在建设,不是人为划定身份、层次,派发“帽子”,更不是在中国高校中划分“三六九等”。新阶段“双一流”建设应当坚持以学科为基础,淡化身份色彩,探索自主特色发展新模式,引导各高校在各具特色的优势领域和方向上创建一流。第二轮建设名单不再区分一流大学建设高校和一流学科建设高校，将探索建立分类发展、分类支持、分类评价建设体系作为重点之一，引导建设高校切实把精力和重心聚焦有关领域、方向的创新与实质突破上，创造真正意义上的世界一流。

二、国内外一流学科排名之协同

通过梳理国内外主要学科排名机构及评价指标，我们标记了各个学科排名的硬实力指标和软实力指标，如表 1.8 所示。通过观测主流学科评价的硬实力和软实力的标记点，可以了解到具有一定影响力的国内外权威的学科评价指标体系设计，都是以硬实力指标为主体，同时考虑软实力水平，尽量兼顾到硬实力与软实力协同。

世界公认的学科评价机构也在努力寻找一种“可持续”的评价指标的协同平衡点，以期更好地指导学科高质量发展和内涵式发展，有利于更好地指导各个高校自身学科发展以及内部学科结构调整。但“评价指标体系”自身受到可测量、可比较、可获得、数据权威性与公信力等限制，评价体系往往更倾向客观数据和硬实力指标。换个角度，往往是评价指标体系中客观性指标占比越多，其公信力和国际可比性会相应提升。

例如，基本科学指标数据库（Essential Science Indicators，ESI）是世界上著名的学术信息出版机构美国科技信息所推出的一项文献评价分析工具，其主要数据来源于 SCI 和 SSCI 收录的全球 11000 多种学术期刊的 1000 多万条文献记录而建立起的数据库，其影响力和权威性较高，很多学者都以“ESI 高倍引”作为研究具有重大影响力的成果标志。虽然这个排名仅以论文这一个方面作为学科评价依据，本书没有把它作为国内外主要学科排名机构单独进行介绍，但是仍然不妨碍其作为国内外最有影响力的评价指标之一。

以硬指标为主的客观数据是学科评价不能绕开的特性，这是学科评价的天然标签。即便很多权威的学科评价机构在努力兼顾软实力维度，但是因软实力较难测度，往往用主观评价代替，其精准性、权威性、可比性也往往受到大众的质疑。

表 1.8　世界大学学科排名机构、评价指标及硬实力与软实力标记点①

序号	世界一流学科排名机构	学科排名评价指标		硬实力与软实力表征	
		一级指标	指标说明及二级指标设置	硬实力	软实力
1	泰晤士高等教育世界大学学科排名（THE）	科研水平	①科研声誉 ②科研产出 ③科研经费投入（人均投入）	科研产出 科研经费投入（人均投入）	科研声誉
2		教学水平	师生比 教学声誉 博士授予数与教师总量比 博士/学士授予比 年均科研经费	师生比 博士授予数与教师总量比 博士/学士授予比 年均科研经费	教学声誉
3		论文引用率	近 5 年被 SCI/SSCI 检索论文数	近 5 年被 SCI/SSCI 检索论文数	
4		产业收入	学科申请到横向科研经费数量	学科申请到横向科研经费数量	
5		国际视野	国际/国内教员比 国际/国内学生比 国际合著论文数	国际/国内教员比 国际/国内学生比 国际合著论文数	
6	QS 世界大学学科排名	全球雇主声誉	用人单位对本学科毕业生工作能力的评价		用人单位对本学科毕业生工作能力的评价
7		全球学术声誉	国际学术同行对本学科的评价		国际学术同行对本学科的评价

① 参见刘瑞儒、何海燕：《双一流视域下教育技术一流学科建设路径研究》，《现代教育技术》2018 年第 2 期。

续表

序号	世界一流学科排名机构	学科排名评价指标		硬实力与软实力表征	
		一级指标	指标说明及二级指标设置	硬实力	软实力
8	QS 世界大学学科排名	H 指数	考察本学科学者学术实力	考察本学科学者学术实力	考察本学科学者学术实力
9		论文被引次数	考察论文关注度、影响力		考察论文关注度、影响力
10	美国新闻与世界报道学科排名（US NWR）	信誉指标	全球研究声誉、区域研究声誉		全球研究声誉、区域研究声誉
11		文献计量指标	①出版物、会议、规范化引文影响、引文总数 ②被引用最多的 10% 的出版物数量、被引用最多的 10% 出版物总数的百分比、国际合作—相对于国家、国际合作	①②	②
12		科学卓越指标	被高度引用的论文数量在各自领域中所引用最多的 1% 中被高度引用的论文数、被引用率最高的论文中排名前 1% 的出版物总数的百分比	同科学卓越指标	同科学卓越指标
13	软科世界一流学科排名（GRAS）	重要期刊论文数	过去 5 年被 InCites 数据库收录的位于期刊影响因子前 25% 的期刊中的 Article 类型的论文数	同重要期刊论文数指标	
14		论文标准化影响力	过去 5 年被 InCites 数据库收录的 Article 类型的论文的被引次数与同出版年、同学科、同文献类型论文篇均被引次数比值的平均值	同论文标准化影响力指标	同论文标准化影响力指标

续表

序号	世界一流学科排名机构	学科排名评价指标		硬实力与软实力表征	
		一级指标	指标说明及二级指标设置	硬实力	软实力
15	软科世界一流学科排名（GRAS）	国际合作论文比例	过去5年被InCites数据库收录的Article类型的论文中有国外机构地址的论文比例	同国际合作论文比例指标	
16		顶尖期刊论文数	过去5年在相应学科顶尖期刊或会议上发表论文的数量	同顶尖期刊论文数指标	
17		教师获权威奖项数	指教师1981年以来获得本学科最权威国际奖项的折合数	同教师获权威奖项数指标	
18	教育部学位与研究生教育发展中心（第四轮学科评估）	科研水平	科研成果、科研项目、科研获奖	科研成果、科研项目、科研获奖	
19		师资队伍与资源	师资数量与质量	师资数量与质量	师资数量与质量
20		社会服务与学科声誉	学科声誉与社会服务贡献		学科声誉与社会服务贡献
21		人才培养质量	在校生质量与培养过程质量、毕业生质量	在校生质量与培养过程质量、毕业生质量	在校生质量与培养过程质量、毕业生质量
22	教育部提出的一流学科入选建设遴选指标要求（第一轮学科评估）	人才培养	本科生与研究生培养质量高，得到社会高度认可	本科生与研究生培养质量高，得到社会高度认可	本科生与研究生培养质量高，得到社会高度认可
23		科研应用	协同创新成效显著，为经济社会发展提供有效支撑	协同创新成效显著，为经济社会发展提供有效支撑	协同创新成效显著，为经济社会发展提供有效支撑

续表

序号	世界一流学科排名机构	学科排名评价指标		硬实力与软实力表征	
		一级指标	指标说明及二级指标设置	硬实力	软实力
24	教育部提出的一流学科入选建设遴选指标要求（第一轮学科评估）	社会服务	产学研深度融合，社会服务贡献突出	产学研深度融合，社会服务贡献突出	产学研深度融合，社会服务贡献突出
25		师资队伍	汇聚一流人才，形成优秀教师队伍	汇聚一流人才，形成优秀教师队伍	汇聚一流人才，形成优秀教师队伍
26		国际交流	深度参与国际活动，国际影响力较强	深度参与国际活动，国际影响力较强	深度参与国际活动，国际影响力较强

三、国际学科评价指标之省思

各学科评价机构其评价目的也不尽相同。US NWR 旨在让人们了解全球顶尖大学的全球位置，帮助学生准确比较世界各地大学；QS 为全球跨境学习的学生提供国际职业和教育的信息和服务；THE 旨在帮助学生和家长了解世界范围的大学教学质量和科研水平；GRAS 为学生择校提供参考，助力高校战略规划的科学制定和有效实施。教育部学位与研究生教育发展中心和一流学科入选建设遴选两个评价则是政府主导下围绕教育战略与政策服务的学科评价。

因此，综观各类评价机构，主要分为市场主导和政府主导两种类型。市场主导的各评价机构应用服务于不同评价目的，其中又分为 3 种：一种属于纯客观的、基于文献计量的学科评估体系，比如 ESI 等；第二种属于兼顾主观与客观数据，偏客观的 GRAS、USNWR、THE；第三种属于兼顾主观与客观数据，但偏重主观，比如 QS 是典型的基于同行或雇主声誉的学科评估体系。政府主导的主要指教育部学位中心的学科评估以及“双一流”建设等，都是主观和客观兼顾的评价体系。有研究指出，入选一流学科的高校，是以 2012 年教育部参评学科数量、评价结果为主，辅之 QS 学科排名和 ESI 学科排名，①更有学者对此进行了进一步的验证。②

各个评价机构有一些共性特征。第一，各评价机构的评价指标体系考虑到了学科差异问题，并给予不同程度、不同方式的学科差异化处理；第二，各评价体系中以客观指标为主，论文指标仍然在各评价指标体系中占较大权重；第三，非客观指标目前已经占据一定比重，非客观指标往往可以部分评价除了硬实力之外的软实力部分，某些客观指标（如表示成果质量水平的指标），同样也能反映出学科软实力，但是各评价机构仍然大费周章使用主观评价指标进行丰富和补充，可知硬实力与软实力是评价一个学科整体水平明显不同的两

① 参见仇鸿伟、唐灿：《与第三方评估指标体系的对标——基于第四轮学科评估的实证研究》，《高等教育评论》2018 年第 1 期。

② 参见陈仕吉、邱均平：《一流学科与学科排名的对比研究——基于教育部学科评估、ESI 和 QS 学科排名的一流学科对比分析》，《评价与管理》2019 年第 4 期。

类指标，他们互相补充、相互印证。

当前学科评价仍然存在一定的困境和问题：

第一，国内外的学科分类标准不一样，国外的学科评价仅能作为某个方面的参考。我国各高校的学科制度、学术组织等均是按照教育部学位中心的一级学科分类目录来组织的。有研究试图找到我国学科分类体系与各国际评价机构学科分类体系的关联，但只能在部分工程类学科找到部分相关性。因此，学科分类多元性决定了学科评估标准的多元性。

第二，目前各类主流学科评估是一种以"结果"为导向的评估，并不能完全反映学科的发展过程和规律。一方面，"结果"指标具有局限性，仅能测评到"显性"的指标，而某些代表学科软实力的指标则非常隐蔽或者不好测量，因此"结果"导向的评价具有一定局限性；另一方面，学科发展的过程和规律，代表着一个学科的生命力和成长性，往往对于管理者也更有指导价值，而"结果"导向的学科评估使得管理者过度关注结果指标，而忽略学科发展规律。

第三，学科评估与学科建设关系倒置。一般来讲，学科评估是围绕学科建设这个目标进行的一种管理手段，而曾经一度学科建设中的学科评估却成为学科建设的目标，导致学科建设围绕学科评估而开展。这一定程度破坏了学科发展规律。

基于上述问题，我们认为构建中国特色的学科评价体系具有重要意义与价值。当前，国际排名机构的学科体系未包括我国所有学科类目，且划定标准与我国有较大不同；国外的主流评价体系商业行为较重，利益链产生利益关系，背后也不乏政治、经济和利益考量；国际的学科排名体系和指标，无法真正反映中国特色。我们不能盲目跟随并追求他人定义的"指标"、放弃学科自身特色和规律、舍本逐末，而应构建中国自主学科评价话语体系。

要构建中国特色的学科评估方法和学术评价体系，除纳入论文、专著等显性学术成果外，还应纳入优秀的教材、报告、政策建议等软性成果；突破以"数量"为导向的形式评价，探索以"创新性价值"为导向的内容评价方法、以"学科发展规律"为导向的过程评价方法、以"学科声誉"为导向的小同行评价方法；探索政府、高校、学术共同体、社会共同参与的多元评价模式；强调彰显中国特色，强调在政策咨询、公共服务和弘扬中华优秀传统文化等方面的贡献。

第三节　学科改革与创新："困境"还是"突围"

我们研究学科硬实力与软实力协同的问题，应当找到一个"抓手"，这个"抓手"既能揭示一流学科发展之道的本质问题，是实践中处处可见的道理，同时这个"抓手"还得是研究这个命题的理论基础，在理论中有"章"可循，能找到"变量"和"模型"去表达问题。我们找到的这个"抓手"就是创新。

学科的硬实力和软实力归根到底都是一种学科的创新活动，学科硬实力创新就是知识创新，学科的软实力创新就是学科组织变革，组织变革问题也就是组织创新、治理创新问题。学科硬实力与软实力协同发展问题，就是学科知识创新与治理创新的协同发展问题。这在学科建设实践过程中是非常常见的命题。

我们以工程学科改革与创新为例。

工业革命与新经济推动工程学科创新，新时代背景下学科创新势在必行。当前，世界范围内的科技与工业变革加速迭代。工业革命经历了四次变革，其中科学、技术等知识体系也随之都进行了翻天覆地的变革，学科交叉和技术融合加快。以互联网、大数据和人工智能为标志的第四次工业革命以指数级速度展开，科技革命和产业变革正重构全球知识架构、创新版图。新一轮科技和产业革命对人类经济发展、科技创新、生态环境、社会形态和安全局势产生强大冲击，促进高等工程学科整个知识体系和架构的创新与变革。

新工科正是在新工业革命促使高校工程学科改革背景下提出来的概念。2017 年，新工科"三部曲"（"复旦共识""天大行动""北京指南"）吹响新工科号角，为应对新经济的挑战，从服务国家战略、满足产业需求和面向未来发展的高度，提出一项持续深化工程教育改革的行动计划，包括建设一批新兴工科专业，如人工智能、大数据、智能制造、机器人、脑科学、云计算等，也包括传统工科间、工科与其他学科间的交叉融合。在当前知识网络技术环境下，知识的可整合性、学科边界的可渗透性都不断增强。在外界复杂多变的环境下，起源于19世纪的学科制度以及分科大学模式正在面临严峻的挑战。[①] 不断推进学科交叉和融合，对推进我国自主创新具有深远的现实意义和理论意义，[②]如图1.2所示。

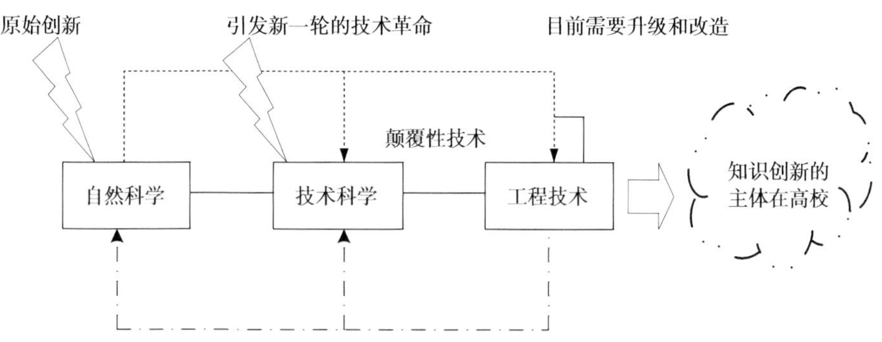

图1.2　新时代新经济下高校工程学科知识体系的变革与演进

虽然我国在工程科技创新等硬实力方面已经取得丰硕成果，几年来我国工程教育改革政策也不断涌现，不断加强学科软实力，但总体来讲高校工程学科建设与发展效果仍不够显著。[③] 创新是学科发展的源泉，通过我国学科建设历程分析，我国学科建设当前遭遇二元矛盾的创新困境，主要有以下两点。

第一，学科重视"知识创新"硬实力，关注学科评价的硬指标（论文、获奖、科研项目、引进人才等），投入大量经费与资源，但仍与世界一流学科有一定差距，重大创新成果还需进一步涌现，制度、管理、文化等软实力不能一蹴而就，工程学科建设忽略了匹配治理创新软实力，导致学科建设陷入"高投入、低产出"的创新困境。

过去相当长一段时间，学科建设以资源投入（如基地、设备、资金等）为标志，即便硬件要素与世界一流学科可以达到同样水平，但大学文化、管理理念、制度设计、责任感等软实力上的差距则无法一蹴而就。同时，要素驱动的建设

---

① 参见王建华：《学科的境况与大学的遭遇》，教育科学出版社2014年版。

② 参见陈劲、阳银娟：《协同创新的理论基础与内涵》，《科学学研究》2012年第2期。

③ 参见周光礼：《"双一流"建设的三重突破：体制、管理与技术》，《大学教育科学》2016年第4期。

逻辑又与学科评价和排名挂钩,衍生出论文发表和科学研究的“符号化”趋势。

一段时间以来,我们只重视科研和学科本身的创新,强调知识创新是硬道理、硬实力,一定程度上忽略了学科组织与管理的改造和创新。治理创新不一定保证学术水平,但治理不善一定导致创新失败,治理创新的软实力提升应是学科发展的重要环节也是可控性“抓手”。世界一流大学和一流学科成长于创新的环境中,学科治理创新软实力与知识创新硬实力协同发展是成为世界一流大学和一流学科的必要条件。

第二,工程学科逐渐开始重视治理创新等软实力提升,学科治理创新与改革在高校工程学科建设过程中的重要地位逐渐显现,但大量追求治理创新和深化改革的创新实践成效仍需进一步提升。

当下,高校综合改革、工程教育改革等学科治理创新方兴未艾,各高校纷纷深化改革创新,但是由于治理创新的滞后性、风险性等原因,很多学科创新实践收效需进一步提升。

“为了针对性破解当下教育领域的难点问题——学生创新精神、实践能力不足、办学活力不够、教育与经济社会发展的联系不够紧密,国际竞争力不强等问题,需要创新治理方式,把该放的放掉,把该管的管好,做到不缺位、不越位和不错位”①。

因而,破解学科创新困境需要“协同”的思路,即硬实力与软实力应协同发展,治理创新与知识创新应协同发力,同时,以系统观、协同观为指导的学科建设研究也已有诸多学者论述。解决学科创新困境根本是要建立与之配套的理念、战略、制度以及管理,即学科治理创新与知识创新的协同发展,这是学科软实力(治理与组织维度)与硬实力(创新与知识维度)之间的协同,实现学科生态的动态平衡。当前,国家和地方的“双一流”建设已经启动,未来将迎来围绕学科创新绩效和发展水平提升为目标的一系列重大变革与创新。创新是

① 闫凤娇、闵维方:《从国家精英大学到世界一流大学》,《北京大学教育评论》2017 年第 1 期。

基于学科知识特性、发展规律、主体地位、自主权等的学科治理结构与机制等的改革与创新。我们认为这是学科治理创新与知识创新的协同发展。

第四节　学科协同发展之道的论点：硬实力还是软实力

本章第三节的关键词是“创新”，本节的关键词是“协同”。

我们为什么要研究学科“协同”问题？深谙弄通学科“协同”发展之道，是一种“学科成长”的思维模式，要求“系统化、全方位、发展性、高质量、可持续”，是真正的“破五唯”的深度实践，是高质量学科评估的探索方向，是中国式高等教育现代化的贯彻落实。

一、学科的硬实力与软实力

软实力(Soft Power)概念最早由美国哈佛大学教授约瑟夫·奈在1990年明确提出，他认为软实力是左右他人意愿的能力，同文化、意识形态以及社会制度等无形力量资源关系密切。① 在力量运用方式上，硬实力主要靠激励(“胡萝卜”)与惩罚(“大棒”)，而软实力主要靠思想吸引力或制度所构成的柔性力量。广义的软实力概念主要指组织所具有的非物化的、以柔性方式起作用的能力特征。② 学科软实力主要由广义软实力概念延伸而来，一般包括学科的战略、结构、制度、文化等。学科软实力是学科人以柔性方式运用全部学科资源，推动学科整体发展，提高学科整体软实力，实现一流学科的战略目标的能力。我们所研究的学科软实力是学科综合实力内部结构层次的一种划分，是学科综合实力中的软实力部分。学科软实力是一种无形的资源，在提高学科影响力以及推动世界一流大学发展战略方面有巨大的作用。

---

① 参见[美]约瑟夫·奈：《美国定能领导世界吗》，何小东等译，军事译文出版社1992年版。

② 参见张鹏：《一流学科需要打造一流的软实力》，《中国高教研究》2016年第5期。

我们常谈到的学科硬实力指人力资源、基础设施、学科投入、学科产出（含相关成果质量数量），而软实力可能包括价值观、文化、创新能力、发展战略、学科政策与制度、学科组织架构等非物化的要素。

二、硬实力与软实力之关系

学科硬实力与软实力都是围绕学科资源的学科实力，二者区别主要有以下几点：一是对学科资源运用方式不同。硬实力是对学科资源的强制性运用，将学科资源转化为物化的产出成果；软实力则是对学科资源的柔性运用，是一种无形的、合作型实力，表现为影响力、吸引力的展现。二是两种学科实力的主要施力主体不同。软实力的主要施力主体是学科管理者和学科组织，而硬实力虽然间接也是学科组织作用，但是直接为学科教师与学生作用，最终以创新性成果产出为作用结果。三是两种学科实力的时效不同。学科软实力一般更注重在学科发展运行过程中的积累，具有时滞性，但是一旦形成将会具有累加性的效果，而硬实力则相对而言在较短时间内产生作用和效果。四是两种学科实力产生机制不同。学科软实力一般是通过沟通、交互、接触等方式以价值观、文化、创新能力、发展战略、学科政策与制度、学科组织架构等非物化的要素潜移默化地提升学科整体影响力和吸引力，而硬实力则是通过学科中教师与学生工作学习活动进行创新性产出活动的过程。

学科的软实力与硬实力作为构成学科综合竞争力的重要组成部分，两者虽然有明显区别却有着千丝万缕的紧密联系。一是学科的软实力与硬实力都是以学科人为载体，以学科资源为基础。学科人既包括教师、学生，也包括学科的管理者。学科人是整个学科系统的核心动力力量，不论软实力还是硬实力，都是通过学科人为载体而生效的，同时学科的软实力和硬实力都离不开学科的相关资源，包括人、财、物等。二者依附于相关资源进而转化为有形的成果以及无形的影响力、吸引力。二是学科软实力与硬实力之间是相辅相成、相伴而生、相互促进的关系。软实力与硬实力犹如文武之道，一张一弛，共同构成学科实力，二者是彼此的延伸，相互补充，任何一种实力的增强也能反作用于另外一种实力，它们之间也是你中有我、我中有你，总是相伴而生、相辅相成地存在于学科发展过程中。三是学科的硬实力与软实力是相互制约、相互影响的。同理二者互有牵绊，任何一方发展的短板，必然如“木桶效应”一般影响整个学科实力的提升。比如，一个学科突然引进一个领军人才，领军人才带几个青年骨干教师作为自己的学科团队，短时间在领军人才产出带动下学科的成果明显增多。但是该学科文化、制度、管理如果跟不上，这个学科也只能是“昙花一现式”的泡沫繁荣，实际实力会随机构变革或人才流失迅速下降。

三、硬实力与软实力之协同

学科坚持协同发展要从教育发展时代特征说起，一是当前教育进入普及化发展阶段，教育主要矛盾转化，人民群众享受高质量教育需求迫切与优质教育资源供给短缺且发展不均衡的矛盾凸显，教育公平与质量问题凸显，因此构建分类发展、相互融通的教育体系显得尤为迫切，而与时俱进和高质量的教育体系的根本要求就是学科的软实力与硬实力要匹配协同发展，偏颇追求任何一方而忽视另一方都不是高质量。二是国际环境日趋复杂，高校责任与使命不断拓展，国际政治经济格局不断变化，全球经济增长放缓，产业链、供应链加速调整。人才是重要的战略资源，人才培养需求要求师生与教学资源融通流动，应对国际化与本土化的矛盾需要文化软实力的进一步提升。在人才这个关键战略资源上，要求硬实力和软实力的高度协同。三是经济社会发展推动教育改革，要求学科的办学理念也应不断调整。新发展格局下，本土化、区域化趋势更加凸显，高校与学科服务国家战略需求的要求提升，因此学科建设更应在基础学科创新引领下，通过关键技术领域突破、拔尖创新人才的培养等硬实力提升，来促进自主创新能力等软实力提升。四是当前科技发展赋能教育变革，学校与学科面临新的挑战，突出体现在学科发展综合化，而学科发展综合化的本质就是学科硬实力与软实力的协同发展。知识更新和成果转化周期缩短，学科和技术领域孕育重大突破，信息技术与教育教学深度融合使得知识传递方式由过去单向输送转变为多向互动，从而颠覆传统学习过程。教师的角色由过去的知识传授者转变为学习活动设计者和指导者，师生关系由过去的学习伙伴变为学习共同体。五是教育发展方式转变使得学校内涵建设的任务愈发繁重。教育发展方式由过去的外延式发展转为以提高质量、优化结构为核心的内涵式发展，因此更加需要长期积累、厚积薄发，注重学科软实力提升，特别是办学传统、学科文化、学科生态和办学特色等要与学科硬实力同步跟进。

通过本章第一节学科建设发展变迁来看，自 20 世纪 80 年代以来，我国高校学科建设实践无疑有着一个共同的明显倾向，即更重视学科的硬实力发展，而一定程度上忽视了学科软实力的匹配，具体表现在投入与产出两个方面，投入方面重人、财、物的大量投入，比如各类“学科工程”，都是以工程的名义给重点学科注入大量资金；在产出方面则重视“五唯”的硬指标，重数量、轻质量，重成果、轻文化和制度建设。

不可否认，过去近三十年的学科建设重点工程，极大促进了学科快速发展，也从整体上提升了中国大学的水平，但这种过度依赖要素驱动的学科建设模式也存在少量问题。大家意识到，片面重视学科硬实力、忽视学科软实力的建设模式，并不能从根本上促进学科组织的知识生产能力提升。因此，《总体方案》要求坚持问题导向，克服“五唯”顽瘴痼疾，深化教育评价改革，整体的学科生态环境由过去的唯硬实力转变为当前的软实力与硬实力协同发展。

软实力与硬实力协同发展理念体现在学科建设与评价中的特点主要有：一是由“外延式”发展向“内涵式”发展转变，由“规模扩张战略”向“质量提升、结构优化”转变，主动应对学科建设面临的新挑战。二是完成了从以“教为中心”到以“学为中心”的转变，重视大学生学习结果和全面发展。三是由“教育管理”转变为“教育治理”，政府的学科治理模式要求多元参与、内外结合、放权分权，充分激发高校内生动力，强化内部质量保障，并重视不同利益相关者对高校办学质量和绩效的监督与问责，注重教学资源使用效益的评价。四是从“单一模式”转变为“分类发展”“长远发展”，要求分类分层研制学科发展标准和评价指标体系，引导学科科学定位、多样化探索、特色发展、差异化发展，由量化指标评价为主转变为定性、定量评价相结合，冲破思维定式，改善评价方法。

第二章　理论探究中的协同之魂

我们研究学科协同发展这个命题，必然少不了“他山之石”以及理论基础。协同之魂作为本章的题目，意在真正找到学科硬实力与软实力协同发展之命题的理论之基和“他山之石”。本章首先进行文献综述，从历史文献中探寻学科硬实力与软实力协同发展命题的研究基础；进而探究学科规训理论，并系统阐释了学科的“组织”和“知识”的二元属性，并由这两个属性引出本书表征硬实力与软实力两个变量的“治理创新”和“知识创新”，这是学科硬实力与软实力之魂；最后阐释了本书的研究方法论——系统理论与创新系统观，这是得以研究动态协同发展问题的基本论点。

第一节　文献综述

一、关于学科基础的研究现状

根据克雷斯维尔提出的文献综述框架理论，[①]本部分学科理论基础首先论述“自变量”——关于学科自身相关问题的文献综述；第二部分论述“因变量”——关于一流学科应该具有哪些特征以及其评价的相关文献；第三部分论述“自变量与因变量之间的关系”，即如何建设学科的相关文献综述。

---

① John W.Creswell, *Research Design Qualitative and Quantitative Approaches*, Sage Publications, 1994.

（一）学科的基础相关研究

1. 学科与工程学科

黑克豪森认为学科是指对同类问题所进行的专门科学研究，从而实现知识的新旧更替，学科活动不断导致现有知识体系的系统化和再系统化。冯向东认为大学中的学科是高等教育系统中按知识体系组成的最基本的学术组织，是大学各种功能的具体承担者。① 刘仲林认为具备学科资格的知识体系应当具有六大标准，包括研究对象、知识体系结构、系统性严密性、可验证性等，②这从知识体系层面揭示了学科的基本特征。孙绵涛等从教育学视角认为学科应为知识形态、活动形态、组织形态的统一体。③ 朱明等运用学科分层方法，将学科分为核心层、中间层和外围层，核心层指知识理论体系，中间层指组织与学科文化，外围层指学科服务贡献。④ 周光礼等从文献计量角度将学科概念分为内涵层和外延层，内涵层包括两个维度，一个是知识体系，一个是学科制度与组织；外延层包括重要层的教学科目、教学形态和社会服务，非重要层包括经验方法、模式和系统，如图 2.1 所示。⑤ 综合各类学者对学科内涵的界定，学科以知识逻辑为起点，在不同场景有不同表现形式，包括学科活动、

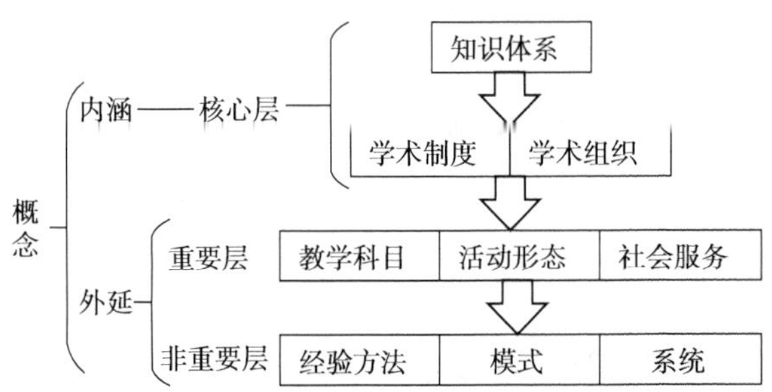

图 2.1　学科概念层次分析图谱

① 参见冯向东：《张力下的动态平衡：大学中的学科发展机制》，《现代大学教育》2002 年第 2 期。

② 参见刘仲林：《现代交叉科学》，浙江教育出版社 1998 年版。

③ 参见孙绵涛、朱晓黎：《关于学科本质的再认识》，《教育研究》2007 年第 12 期。

④ 参见朱明、杨晓江：《大学学科评价之思辨》，《中国高教研究》2012 年第 5 期。

⑤ 参见周光礼、武建鑫：《什么是世界一流学科》，《中国高教研究》2016 年第 1 期。

学科组织、学科制度等,但不能脱离知识规律单一片面地解释学科,同时学科组织、制度、活动等是研究学科的基本载体也是学科建设的“抓手”。

梳理学科研究文献,对厘清学科的基本属性,从本质和理论基础方面研究学科具有重要意义。学科研究的文献始终离不开相近或者联系密切的几个概念,如学科、专业、课程等,厘清这些概念之间的关系对进一步剖析学科内涵和外延也具有重要意义。有学者认为学科是科学学的概念,既是指一种知识体系,又是指一种学术制度;专业是社会学的概念,指专门从事的某种学业或职业,对高等学校则是指所分的学业门类;课程则是教育学的概念,是从学科知识中选择一部分“最有价值的知识”组成教学内容。学科是以专业、课程、教学的方式向学生传授知识、培养专业能力、塑造人格。从世界一流学科建设来看,专业是学科的重要组成部分。本书学科建设为广义界定,将本硕博各个层次人才培养、新工科、工程教育改革等都纳入学科建设范畴。

本书聚焦研究工程学科。工程学科是运用数学、物理学、化学等基础科学的原理,结合生产实践所积累的技术经验而发展起来的学科,其培养目标是在相应工程领域从事规划、设计、施工、原材料选择的研究和管理等方面工作的工程技术人才,主要培养具有实际应用能力的工作人员。从当前工程学科体系来看,已经形成了机械工程、电气工程与电子工程、土木工程、化学工程、工业工程五大现代工程学科,同时还发展出对应的一系列的新型工程学科,比如生物医学工程、基因工程、软件工程等。① “新工科”的提出给工程学科注入了新内涵,即传统工程学科的新要求以及新兴工程学科。

工程学科的分类体系在世界范围内有所不同,国际标准的工程学科一般含有宽广(交叉)的学科范围体系。世界学科评估排行榜中,如 QS 在 2014 年发布的工程与技术学科涵盖建筑学、化学工程、土木工程、计算机科学、电气工程、机械工程 6 门学科。本书对工程学科的界定主要选择广义界定,即属于工程大类的我国高校工程类学科均可纳入此范畴,这样界定有利于在“跨学科”“交叉学科”“新工科”“工程教育改革”等时代背景下进行学科

① 参见沈珠江:《论科学、技术与工程之间的关系》,《科学技术与辩证法》2006 年第 3 期。

“创新”的研究。

2. 学科组织、制度与文化文献述评

运用 citespace 软件对 CNKI 数据库中学科研究检索文献进行关键词共现知识图谱分析，剔除掉学科建设、世界一流大学、一流学科、重点学科、研究型大学、人才培养等常规高频关键词外，发现学科组织、制度和文化是学科研究的相关高频研究主题。由于学科的“组织”固有属性，一个组织拥有基本的组织战略与目标、组织结构、组织制度以及组织文化等，因此围绕学科组织属性有大量文献研究基础。

学科制度相关研究方面，方文①最早提到了学科制度的概念，认为学科制度包括观念和建制两个层面，宣勇②、庞青山③、王建华④等对学科制度进行了系统的论述和概念阐释；许捷等对学科制度的概念和内容进行了梳理，分析了学科制度产生的渊源，对当前我国学科制度建设的现状和推进学科制度创新的思路进行了探讨，并认为大学学科制度创新主要包括开放灵活的学科设置制度创新、科学的学科评价制度创新、有序的学科生长制度创新和健全的学科培养制度创新。⑤ 学科制度建设和学科制度创新是我国高等教育领域制度创新的重要一环，学科制度创新是我国制度创新的一个重要突破口和实践场地。⑥

关于学科组织相关研究方面，学者们更多从学科组织结构等方面进行切入。一方面，凌健⑦、肖红缨⑧等学者梳理了英国、德国、美国等学科组织结构发展历史以及主要特征，总结出教研室、研究所、实验室、讲座、跨学科组织等

① 方文：《社会心理学的演化：一种学科制度视角》，《中国社会科学》2001 年第 6 期。

② 宣勇、凌健：《“学科”考辨》，《高等教育研究》2006 年第 4 期。

③ 庞青山、曾山金：《大学学科制度内涵探析》，《现代大学教育》2004 年第 4 期。

④ 王建华：《学科、学科制度、学科建制与学科建设》，《江苏高教》2003 年第 3 期。

⑤ 参见许捷等：《学科制度建设研究文献综述》，《学位与研究生教育》2008 年第 3 期。

⑥ 参见孟宪范：《学科制度建设面面观——“学科制度建设”研讨会述评》，《社会科学管理与评论》2002 年第 2 期。

⑦ 凌健：《学科“组织化”：介入世界一流学科建设的路径选择》，《中国高教研究》2016 年第 5 期。

⑧ 肖红缨：《研究型大学院系治理模式——以清华大学为例》，清华大学出版社 2017 年版。

国外组织结构发展历史，同时对学科组织结构与创新进行了凝练；另一方面，以宣勇①、翟亚军②、凌健为代表的一派学者，系统论述了学科组织化以及学科制问题。同时，学科交叉与学科组织结构创新被认为是紧密联系的两个相关变量，往往具有直接关系。

在学科文化相关研究方面，学科文化被认为是决定学科建设的一个重要的软实力因素。伯顿·克拉克认为学科文化是学术信念的组成部分，根据独特的理智任务，每一学科都有一种知识传统（即思想范畴）和相应的行为准则③，学科文化的同质性文化因子包括学科知识活动的标准、价值观、行为模式、生活方式、教育方式与伦理规范等。一流学科建设研究中，人们较多考虑外在的组织框架构成、要素投入和评价体系建构，而对学科发展的精神内核关注不足，对学科文化建设研究不够，在一流学科建设实践中也存在一定程度的偏差。学科文化是大学文化的核心部分，是学者、学科、知识三者在动态过程中相互影响的产物。④

（二）学科建设与评价相关研究述评

CSSCI数据库数据结构含有引文文献数据，弥补了CNKI数据库中引文文献数据缺失的不足，同时引文文献中含有大量外文文献，本书以共被引聚类中引文文献为切入点进行文献调研。以“一流学科”为主题词检索CSSCI数据库，检索数据进行文献共被引聚类分析，通过聚类反向查找，进行文献调研。

1. 一流学科的特征与评价方面，随着“双一流”政策的发布，学界围绕什么是世界一流学科及其主要特征进行了相关研究，同时围绕学科评价进行了

① 宣勇：《大学变革的逻辑（下篇）——学科制构建：公共治理的视角》，人民出版社2009年版。

② 翟亚军：《大学学科建设模式研究》，科学出版社2011年版。

③ 参见［美］伯顿·R.克拉克：《高等教育系统——学术组织的跨国研究》，王承绪等译，杭州大学出版社1994年版。

④ 参见陈锡坚：《学科文化价值的取向与发展》，《教育评论》2010年第4期；孙进：《德国的学科文化研究：概念分析与现象学描述》，《比较教育研究》2007年第12期；袁广林：《学术逻辑与社会逻辑——世界一流学科建设价值取向探析》，《学位与研究生教育》2017年第9期。

相关思考。周光礼、张鹏、康翠萍、朱冰莹、刘瑞儒等从一流学科的特征以及评价的思考出发进行了相关研究,认为一流学科应具备一流的学术队伍、一流的科研成果、一流的学生质量和一流的学术声誉。还有学者认为除了从评价标准层面来界定世界一流学科的内涵之外,还可以采用学科排名、国家战略、大学规划、人才培养、知识创新、大学财务、自我理想、办学特色等 8 种定位方法来诠释,单独使用任何一种方法都存在局限性。① 同时此类文献主要从以下两个角度进行研究:一方面,主要通过分析若干世界较为公认的一流学科评价体系,其评价指标主要基于诸如设备设施、经费平台、团队师资、制度文化等学科要素分析,提炼出世界一流学科的共性特征;另一方面,以学科评价为逻辑起点,剖析当下中国大学学科各类要素及其构成,比较其与世界一流学科的共性与差距,为进一步的要素投入指引行动策略。

2. 学科建设逻辑方面,学界有大量关于学科建设逻辑形而上探讨的文献。有学者曾提出大学学科建设必须转向"组织化"建设的基本立场,形成基于学科组织的认知取向、行动取向和规范取向;②另一种观点认为学科建设逻辑应从"实体型思维"转向"关系型思维"。学科建设是一个复杂的系统工程,需要处理好院系谋划与学校顶层设计的关系,处理好学科、专业与课程的关系,处理好学科规划、实施与评价的关系等。③ 学科建设的实践逻辑和价值逻辑发生了根本性的转变,如表 2.1 所示。学科建设的逻辑演变基本遵循了事物基本发展规律和演变趋势,归根到底是围绕着提高高等教育整体实力,建设教育强国的目标前进。

表 2.1 学科建设的逻辑演变

价值嬗变	政治化—现代化	功利性—人本性	分析重构—系统思维
实践转变	学科建设—学科治理	科研为重—以本固本	学科评价—学科监测 要素驱动—生态系统

① 参见耿有权:《世界一流学科:八种定位法及其价值探析》,《江苏高教》2017 年第 1 期。

② 参见凌健:《学科"组织化":介入世界一流学科建设的路径选择》,《中国高教研究》2016 年第 5 期。

③ 参见张德祥:《高校一流学科建设的关系审视》,《教育研究》2016 年第 8 期。

续表

价值嬗变	政治化—现代化	功利性—人本性	分析重构—系统思维
行动主体	政府驱动—学科自治	科研—教学	政府/学校—学校/学科—学者与学术群体
场域特征	行政场域—学术场域	行政场域—学术场域	行政场域—学术场域

3. 学科建设应然研究方面，如果说关于“建什么”属于形而上的观点争论，那么“如何建”则属于形而下的实践探讨，关于一流学科战略任务的研究主要集中在办学理念、人才培养、战略要素、管理制度等方面，具体内容如下：(1)学科战略与办学理念是一个学科发展的指南针。学科发展理念主要有两个维度，一是从学科发展规律出发的学科发展理念，即尊重知识、尊重学者、尊重创新的发展理念；①二是认为服务国家和社会是开展学术研究的重要源泉。② 一流学科需要打造一流的软实力，主要从学科组织文化与学科组织制度两方面强调学科软实力的培育。③ (2)学科建设更加重视人才培养，树立了“内涵建设”“以本为本”的学科改革，强调本科教育是一流学科和一流大学的重要基础，高校亟须改革本科人才培养模式。④ (3)鉴于目前“重资源投入、轻管理创新”的困境，以“学科组织”为核心的制度建设与管理改革成为学科建设应然研究的重要流派，其中学院治理是一流学科建设的制度基础，以现代学院制度的建立为突破口，重点进行教师聘任、院长选拔、财务制度等改革，以期优化学科建设的制度环境。⑤ 从管理改革来看，当下的学科组织管理问题较为突出，应当着力改革大学学科管理模式，比

---

① 参见刘经南：《树立大学科建设理念　推进一流学科的跨越式发展》，《中国高等教育》2005 年第 Z1 期。

② 参见刘国瑜：《在服务国家和社会中追求学术卓越——我国高校创建世界一流学科的思考》，《学位与研究生教育》2016 年第 8 期。

③ 参见张鹏：《一流学科需要打造一流的软实力》，《中国高教研究》2016 年第 5 期。

④ 参见钟秉林、方芳：《一流本科教育是“双一流”建设的重要内涵》，《中国大学教学》2016 年第 4 期。

⑤ 参见郭书剑、王建华：《论一流学科的制度建设》，《高校教育管理》2017 年第 2 期。

如确立专人负责的学科管理责任机制，成立专业研究生院、改革集权制管理机制方式等。①

4. 学科生态系统及学科治理方面，通过文献梳理，找到学科建设的价值逻辑嬗变的趋势，即从“建学科就是建组织”到“建学科就是建系统”的转变，从“学科建设”到“学科治理”的转变。当前，已经有不少学者用“系统科学”研究学科建设，学科研究的组织化取向，即通过研究学科的组织使命、组织结构、制度安排、学者队伍、组织资源以及组织文化等，曾在一定时期对我国学科建设实践具有重要指导意义。后来，“实体思维”转向“关系思维”，学者在研究组织个体问题的时候，注重学科与环境的关系问题，并注意处理好学科内部各种关系的问题。学科与高校的卓越程度绝非简单线性关系，他们之间是协同互动、共生演进的非线性关系，具有开放复杂巨系统的基本特征。② 而任何一个生态系统都具有一种自我内在调节和平衡的能力，这种能力取决于系统功能的多样性和结构的复杂性。学科就是一个复杂的生态系统，其组织结构、功能定位、系统层次以及时间演化，很大程度上决定着学科系统的稳健性以及学科建设者的施策。用系统科学研究学科建设具有科学性和恰切性。

另外，现在提出学科“治理”，就是基于关系逻辑基础上的一种价值主张，治理本身即是一种注重处理好各种关系的管理思维，主张凝聚学科集体的共识以形成学科统一的观念力量和治理诉求，加强学科共同体信念及治理文化的培植以建构相应的文化生态。③ 推进国家治理体系和治理能力现代化，是完善和发展中国特色社会主义制度的必然要求。加快推进教育治理体系和治理能力现代化是教育领域改革的重要举措和行动。高校应从自身做起，建立

---

① 参见刘路、刘志民：《我国大学学科管理模式变革探索：英、美、澳一流学科的建设经验与启示》，《教育发展研究》2016 年第 17 期。

② 参见武建鑫：《学科生态系统：核心主张、演化路径与制度保障——兼论世界一流学科的生成机理》，《高校教育管理》2017 年第 5 期。

③ 参见陈金圣：《大学学科治理：现实语境、多元价值与推进路径》，《国家教育行政学院学报》2019 年第 1 期；Leon Trakman，“University of New SouthWales：Modelling University Governance”，*Higher Education Quarterly*，2008(62)；Higher Education Quarterly，“Re-Balancing Modern Concepts of University Governance”，*Higher Education Quarterly*，2002(56)。

科学规范的教育治理体系，形成高水平的教育治理能力。因此，本书认为学科建设的重点应当聚焦“建系统”的思路，通过学科系统来整合学科硬实力与软实力之间的关系，来整合学科群落之间的关系，来整合学科组织与环境之间的关系，为知识创新、治理创新、协同育人、创建一流提供思路借鉴。

二、学科二元属性及其协同研究现状

学科既是一套系统有序的知识体系，也是一套体现社会建构的学术制度。学科内涵不论如何划分，大致都包含两个基本学科属性，其一是包含环境、制度、组织、权力等外界力量的“组织”维度；其二是来源于学科本质属性的“知识”维度，这一认识已经基本得到学界认同，如表 2.2 所示。

表 2.2　学科“知识”与“组织”二元属性文献梳理

作者	观点及出处	关键词
伯顿·克拉克	学科包含知识和组织两种形态的含义，一是作为一门“知识”的学科；另一个是围绕这些学科而建立起来的“组织”	知识、组织
华勒斯坦	学科是由专门的知识、保护专门知识发展和独立的制度规范及组织机构共同组成的一个完整体系	知识、制度、组织
库恩	教育实践活动的形式对学科的产生有着直接的作用	实践、知识体系
欢喜隆司	学科是教学的一种组织形态，但不是教学的唯一形态，应当先有教学后有学科，教学组织催生了新学科的产生	组织形态、知识形态
钟秉林	从本质上言，学科是一门学问的知识集成，是知识体系，同时学科还是组织	知识体系、组织
王建华	学科的发展与知识生产体制密切相关，伴随着社会对知识的规划，新兴学科不断在大学里产生，并逐一被制度化	知识生产、知识规划、制度化
龚怡祖	当学科确立之后，会同时按照知识逻辑和制度逻辑去运行，形成具有两种规范性力量的知识运行机制和制度运行机制	知识逻辑、制度逻辑
周光礼等	通过词频分析方法从已有文献中探寻“学科”概念，认为“学科是一套系统有序的知识体系”，还表现为一种“学术制度”，是“基于知识、权力和规训的制度组合”	知识体系，学术制度，知识、权力、规训

续表

作者	观点及出处	关键词
朱明等	学科水平是学科评价的逻辑起点与循环归根，学科内在的知识与组织双重特性赋予了学科水平内涵以新的解读	知识管理、组织管理
朱苏、赵蒙成	一流的学科建设既要着力于学科组织学术制度的构建，又必须着眼于学科知识体系的构建	组织制度、知识体系
朱冰莹	学科成长遵循知识发展的内在建构逻辑和外在的社会建制过程，且无论是作为知识建构抑或作为社会建制	知识内在逻辑、外在社会建制
康翠萍	学科建设是学科“知识形态”“组织形态”“活动形态”三种形态构成的动态发展统一体	知识形态、组织形态、活动形态
宣勇、凌健等	学科概念可区分为知识形态的学科和组织形态的学科，大学学科建设是为了提升学科组织的学术产出能力，建设世界一流学科就是建设一流的学科组织，实现一流的学术产出	知识形态、组织形态
潘静	学科有两个属性，一个是知识属性，另一个是组织属性，因此我们不能抛弃知识属性谈建设	知识属性、组织属性
武建鑫	学科生态系统包括组织生态子系统和知识生态子系统，两系统的协同耦合为世界一流学科生长营造了良好的学术环境①	知识生态子系统、组织生态子系统

通过文献梳理，已有大量学者认为学科有“组织”和“知识”两个属性。二者代表学科发展的两方面力量：“组织”来源于学科“他组织”力量，包括学科的战略规划、学科的组织结构、学科布局、学科制度设计以及学科文化等施加于学科发展的力量；学科的“知识”力量是学科的应有属性，是学科“自组织”力量，来源于学科使命以及功能的集中体现，其具体成果显示化为科研成果、教学成果以及知识成果转化等，其内在动力体现于学科的知识创新能力。

根据学科“组织”与“知识”的二元属性，演绎出本书的两个核心自变量——“知识创新”与“治理创新”。根据学科的两个属性，有对应此属性的学科创新动力和行动：针对“知识”属性，可以揭示学科的根本目的和本质是“知

① 参见武建鑫：《超越概念隐喻的学科生态系统研究——兼论世界一流学科的生成机理》，《学位与研究生教育》2017 年第 9 期。

识创新”；针对学科“组织”属性，可以揭示一直以来学科建设者的有力“抓手”——学科治理，而治理好学科的根本动力来源于治理创新。

三、基于系统思维的学科研究

伯顿·克拉克论述高等教育系统的时候认为由于高等教育的任务既是知识密集型又是知识广博型的，因此具有目的自然模糊性。高等教育机构被人们看作是联系松散的有组织的系统的明显例子，该系统的模糊性来自软技术、分裂的工作、进进出出的参与者以及模糊的目标。这种观点中肯地指出了在传统决策模式与学术组织现实之间存在巨大的鸿沟，学科组织的运行方式即为学术活动的学科组织形式，是学科组织在维持其自身平衡以及学科组织与外部环境间平衡的过程中进行知识传播、创新与应用的主要方式。有学者在探讨教育组织的内部特征时，认为学术组织以无序的状态存在，是组织成员间的松散结合，而这种松散结合即是学科组织的自组织运行方式的生动体现。所谓自组织，是事物通过自发、自行、自我组织起来，走向组织化或有序化的一个过程。① 学科组织表现出的自组织特征是由其知识属性决定的，是学科学术性的充分体现，也体现了学科组织系统维持自身与外界动态平衡的特点。

罗伯特·伯恩鲍姆在大学组织与领导的控制系统中论述了学术组织的系统与循环论。他认为系统是一个有机的整体，有两个或多个相互依赖的部分（或称子系统），并通过一定的界线与环境相分离。他构建了学校系统模型，其组成部分是复杂的，至少包括两个子系统：其一是技术子系统，该子系统由那些把学校系统的输入变成输出的要素组成；其二是管理子系统，包括规章制度、系主任、院长、预算以及类似的一些要素，其功能是对学校组织进行协调和指导。虽然两个子系统是不同的，但是有一些共同要素来串联，如共同拥有系主任等。他进一步研究了系统的边界、输入与输出还有系统的种类。为了弄清楚系统内部“黑箱”，研究了系统松散联合子系统的功能及其功能紊乱

① 参见凌健、王晓蓬：《生态学视野下的大学学科组织成长》，《浙江学刊》2008 年第 1 期。

性，并主张运用权变方法和循环论来进行系统研究。王沛民等在研究工程教育与工程学科时，已经运用了系统思维和系统视角，作了系统研究，如表2.3所示。

表2.3 工程教育的系统研究视角

研究视角	具体内容
过程观	把工程教育视为一系列状态构成的整体：反映时间的有序性，表现为对工程教育历史经验的批判继承和对未来发展的预测规划
环境观	把工程教育视为更大系统的一个部分：认识到工程教育并非存在于真空，工科院校也不是“象牙塔”，即系统(外)—环境(内)的二位一体
层级观	把工程教育视为一系列层次构成的整体：当规划、设计、运筹或控制工程教育改革活动时，要求从上而下的思路，力求从全局出发宏观把握问题，了解各层面的关系再逐层解决问题
功能观	把工程教育视为具有某种功能的组织，该组织由相互联系的功能点组成：借助系统结构的输入/输出变换，要辨识三个概念：输入接口处的变换称为功能或目标，结构内部的变换称为效能，输出接口处的变换称为性能或结果
结构观	把工程教育视为具有某种构造的结构，该结构是由相互联系的元素组成的：在最简单的工程教学系统中，工程学生、工程教师、工程经验和知识三种元素通过不同的组合方式决定了教与学的主次关系

资料来源，中国工程院教育委员会：《中国工程教育发展报告(2015)》，高等教育出版社2017年版。

目前，已经有一些学者开始用过程思维、系统思维和动态思维来研究学科。吴合文用系统思维审视学科建设。① 潘云鹤等认为学科生长是一个从无到有的过程，呈现螺旋式上升状态。② 宣勇等从学科组织视角，探讨了大学学科组织化以及学科基层学术组织制度，并引入了组织生命周期概念。③ 黄超以学科资源为基础，构建了4种学科能力，揭示了大学学科成长能力的形成过程及发展阶段。④ 朱明重点从学科评价角度，认为知识与组织是学科的双重

① 参见吴合文：《“双一流”建设的系统审思与推进策略》，《高等教育研究》2017年第1期。

② 参见潘云鹤、顾建民：《大学学科的发展与重构》，《高等工程教育研究》1999年第3期。

③ 参见宣勇、张金福：《学科制：现代大学基层学术组织制度的创新》，《教育研究》2007年第2期。

④ 参见黄超、王雅林、姜华：《大学学科成长能力系统构建及其路径》，《高等教育研究》2011年第1期。

特性，引入动态观念研究学科周期性评价。李春林重点从学科知识网络协同角度，运用系统思维对一流学科生成与演进进行了研究。① 武建鑫运用学科生态系统来分析世界一流学科的生成机理，重视学科群落在学科生态系统中的自组织功能，认为学科是由组织个体、组织种群、组织群落构成，围绕知识的生产等活动，形成的一个自行组织、相对开放的生态体系。②

根据已有研究成果可知，以上从系统视角研究学科的文献具有重要启示作用，但是主要有以下不足：第一，未明确定位学科的系统属性并交代其理论基础、根据和由来，直接就用"系统视角"开始分析学科。第二，部分学者将学科系统进行生态化隐喻，又走向另一个自组织极端。学科系统应当像其他组织系统一样，既有组织属性也有知识属性，二者协同创新才是充分解释学科创新系统的科学思路。第三，现有用系统思维研究学科的成果，大多停留在理念层面和定性层面，未从定量和实证角度去论证和证实。这些不足给了本书恰当的切入视角。

四、学科治理创新与知识创新协同发展研究现状

关于创新系统之间的协同问题，在企业管理学领域有着较为丰富的系统研究。Odagiri 等认为不同类型的组织，管理创新与技术创新之间应当是协同发展的。③ Daft 通过建立双核心模型，证明了组织提升创新绩效的有效途径是依靠技术创新和管理创新的互相协同，而非单一在某一个要素方面发力，通过系统论协同冲破系统的创新低效以及创新困境。④ Evangelista 通过模型证明了组织技术创新与非技术创新之间的协同与互动是决定组织创新绩效的重

① 参见李春林、刘丽丽：《一流学科的演进特征与生成机理》，《国家教育行政学院学报》2017 年第 11 期。

② 参见武建鑫：《超越概念隐喻的学科生态系统研究——兼论世界一流学科的生成机理》，《学位与研究生教育》2017 年第 9 期；武建鑫：《学科生态系统：论世界一流学科的生长基质——基于组织生态学的理论建构》，《江苏高教》2017 年第 4 期。

③ H.Odagiri & A.Goto，"Technology and Industrial Development in Japan：Building Capabilities by Learning"，*in Innovations and Public Policy*，Oxford：Oxford University Press，1996.

④ R.L.Daft，"A Dual-core Model of Organizational Innovation"，*Academy of Management Journal*，1978(2).

要因素,并且二者之间的协同程度越高,对创新效率的影响越大。① Etzkowitz 基于高等院校视角研究现代大学教育、研究和服务社会三大职能均衡协调问题,并用三重螺旋式模型推进创新效率。② Sunday 通过建立模型证实了组织内管理创新与技术创新之间的正相关关系,并系统梳理总结了两种创新之间的 3 种协同模式。③ Battisti 认为组织管理创新与知识创新协同关系应当是一种互补性的匹配关系,在组织的不同时期,二者之间存在此消彼长的涨落关系。④ 许庆瑞通过对中国企业的创新活动进行深入系统的研究,主张技术和非技术的协同创新。⑤ 郑刚提出组织的全要素协同创新理论,并通过实证证实了战略、技术、市场、文化、制度、组织 6 个方面要素的协同模型,提出全面创新管理范式。陈劲以组织创新生态系统观构建了企业技术创新系统,强调企业创新与战略管理的系统,从而提高企业创新效率。石秀通过研究新能源汽车产业,构建了企业技术创新系统与管理创新系统协同的结构方程模型。

在教育学领域,一些学者论证了学科组织(制度)与知识(学术)之间的动态匹配关系。托尼·比彻提到过学科间性问题。他认为不同的学科之间存在着微妙复杂的相互作用……许多学术范畴都有自身的学术部落,因此大学内部的协同与平衡主要包括两种类型,一种是学术组织与行政组织之间的协同问题;另一种是学术组织内部学科之间的协同均衡问题。⑥ Weick

① R.Evangelista & A.Vezzanib,"The Economic Impact of Technological and Organizational Innovations",*Research Policy*,2010(10).

② Etzkowitz,"University-industry-government Relations:A Laboratory for Knowledge based Economic Development",*EASSR Review*,2000(24).

③ O.Sunday & O.Olutunde & A.Stephen,"An Investigation of the Four Dimensions of Innovation in Small Scale Firms in Lagos State,Nigeria",*International Journal of Innovation Science*,2013(2).

④ G.Battisti & P.Stoneman,"How Innovative are UK Firms? Evidence from the Fourth UK Community Innovation Survey on Synergies between Technological and Organizational Innovations",*British Journal of Management*,2010(1).

⑤ 参见许庆瑞、郑刚、陈劲:《全面创新管理:创新管理新范式初探——理论溯源与框架》,《管理学报》2006 年第 2 期。

⑥ 参见蒋洪池:《托尼·比彻的学科分类观及其价值探析》,《高等教育研究》2008 年第 5 期。

首先提出了协同理论在教育组织中的作用，并用其来解释学校组织成员间的彼此关系问题。① Aldo 论述了知识转移与大学治理之间的协同关系问题②，陈彬论述了大学领域管理、治理的差别，强调大学的良治需要大学治理与知识生产之间的协同。③ 周光礼认为学科应当在体制、管理和技术三个层面协同，体制方面指体制与结构，核心是处理好政府与大学的协同关系；管理方面是组织与管理问题，核心是如何处理学术与行政之间的协同；技术方面是知识与课程，核心是如何处理教学与科研之间的协同。宣勇等从学科组织生命周期的视角探讨了学科组织的发展，并提出不同发展阶段是学科内部战略、制度、资源和能力几个维度之间的协同匹配过程。④ 凌健从组织管理视角研究大学治理，认为学科是大学内部治理现代化的关键，大学内部治理体系现代化旨在寻求一种既能平衡内部治理主体关系，又能平衡知识逻辑和制度逻辑之间关系的协同。⑤ Jiang 等认为中国大学应当创新现行制度，给予教授和学生更大的自主性，并且实现自我评估与自我治理的协同与匹配。⑥ Salmi 指出法治、政治稳定以及对基本自由的尊重构成了高水平大学运行的政治环境的重要方面，政治环境与高水平大学运行模式呈现适应性治理关系。⑦ 中国拥有建设世界一流大学的诸多要素，如高站位的战略规划和愿景、丰富的人力资源以及稳定的资源投入等，大学管理者也一直在努力并且探索如何更好地平衡学科学术产出数量和实际质量的问题。朱苏等提出了论一流学科建设的经济逻辑和知识生产逻辑之间应当协同互动，达到一种

---

① K.E.Weick, "Educational Organizations as Loosely Coupled Systems", *Administrative Science Quarterly*, 1976(1).

② Geuna Aldo & Muscio Alessandro, "The Governance of University Knowledge Transfer: A Critical Review of the Literature", *Minerva*, 2009(1).

③ 参见陈彬：《良法与善治：中国大学治理现代化探究》，华中师范大学出版社 2018 年版。

④ 参见宣勇、张鹏：《组织生命周期视野中的大学学科组织发展》，《科学学研究》2006 年第 S2 期。

⑤ 参见凌健：《学科制是大学内部治理体系现代化的有效形式》，《教育发展研究》2015 年第 17 期。

⑥ K.Jiang, "Chinese Evaluation of Undergraduate Teaching", *Chinese Education*, 2009(2).

⑦ J.Salmi, "The Road to Academic Excellence: The Making of World Class Research Universities", *The World Bank*, 2011.

平衡态。① 陈劲得出了组织中的系统机制模型，从整合维度和互动维度两个维度出发，认为整合维度上组织协同分为知识、资源、行动和绩效的系统，在互动维度上包括互惠知识共享、资源优化配置、行动最优同步最后达到系统的匹配协同。系统的匹配度是影响绩效的重要原因，互动的强度与创新主体改变行为的程度和频率有关，这些包括互惠信息的交换、绩效与同步行动的系统匹配。系统的整合度越高，就会需要有更多的高强度的互动合作。龚怡祖认为推进学科内在建构的动力机制来源于两个方面的协同耦合，一个来自人类社会实现知识的有序积累即知识逻辑；另一个是对知识的规制和治理，即制度逻辑。两者之间是一个动态协同过程，随着学科发展的不同阶段形成不同的协同关系。② 朱冰莹认为学科成长过程就是建成逻辑下的要素驱动他组织力量和生成逻辑下的创新驱动自组织力量之间的协同动力场关系，二者形成协同场域。朱明指出学科水平是学科评价的逻辑起点，学科内在知识与组织的双重特性决定其知识管理和组织管理的二元价值属性，并论述了二者之间的协同关系。

五、相关研究述评

通过文献综述，发现关于学科发展以及规律等方面已有较多研究成果，这为本书提供了良好的研究基础，这些文献对于研究学科生成机理和规律具有重要启示意义，但是仍然有不足之处。

(1)学科发展的研究内容方面。当前对于学科发展的论述，多从哲学、历史等角度进行论述。一部分文献从学科构建、学科评估角度探讨了学科发展规律，③并从经验性材料中论证一流学科典型特征等；④还有部分文献从实践经验、案例研究、文献计量和政策文本中探寻学科发展的主要规律等。通过梳

① 参见朱苏、赵蒙成：《论一流学科建设的经济逻辑和知识生产逻辑》，《江苏高教》2017 年第 1 期。

② 参见龚怡祖：《学科的内在建构路径与知识运行机制》，《教育研究》2013 年第 9 期。

③ 参见王建华：《一流学科评估的理论探讨》，《大学教育科学》2012 年第 3 期。

④ 李燕等：《世界一流学科的特征探析》，《学位与研究生教育》2018 年第 7 期。

理文献，可以看出当前文献对一流学科的典型特征论述多基于经验性把握，理论基础与实证依据尚显不足。本书基于学科理论基础，以学科“组织”和“知识”的二元属性为主线，通过系统理论工具和方法研究学科的硬实力与软实力，用“治理创新”代表学科软实力，用“知识创新”代表学科硬实力，并研究二者之间的协同关系规律，同时综合运用结构方程、ISM 和系统动力学仿真的实证研究方法对研究假设进行论证，丰富了当前关于学科发展的相关研究。

(2)学科建设的切入点方面。一方面，当前文献主要从“要素构建”的单维视角进行论述，如建设一流学科应该从队伍、制度、人事、文化、战略等部分着手，仍偏重机械主义和构建主义，缺乏学科建设的关系型构建和系统思维构建。另一方面，当前文献对学科软实力、硬实力之于学科发展的重要性已有论述，有关学科知识创新和学科治理、管理创新对学科创新效率有影响的相关文献也不缺乏，但是对二者之间的交互关系以及整体交互关系对学科发展的影响研究尚缺乏。有些学者已经论述了“自组织”与“他组织”的关系问题、“建成逻辑”与“生成逻辑”之间的转化问题等，但却未能对二者之间的协同关系的存在性、合理性以及实践性进行系统论述和证明，对二者交互作用的测量以及有效性验证尚未建立相应的模型或者定量方法，需要进一步的实证研究。

(3)研究方法与策略方面。一方面，有的文献已经开始运用系统思维、过程思维研究学科的文献，如运用学科生态系统对一流学科发展进行生态性隐喻等，但是在没有界定清楚系统属性、动力与边界的前提下，直接运用系统科学思想来论述一流学科的发展理念和发展规律，缺乏一流学科生成规律的解释力与科学性。另一方面，当前文献对实践策略方面的研究，多为经验性“对策”，对于策略方面的实证型的研究尚缺乏。学科建设与发展最终是要落于实践性上。本书从“静态”维度和“动态”维度两个方面，分别建立模型进行定量研究设计，给“如何建设”提供了科学依据。

(4)变量选取与变量关系方面。当前，基于知识创新、技术创新和管理创新、组织创新等变量关系的相关实证研究在管理学领域已经有较为丰富的研究基础，但在教育学领域对“知识创新”和“治理创新”两类变量之间的实证关系进行研究的文献尚待丰富。本书将两类变量及其关系问题迁移于教育学领域的学科建设问题上，在论证其教育学理论基础以及恰切性、合理性的基础上，研究了学科的“治理创新”与“知识创新”两个变量之间的关系，具有一定创新性和价值。

第二节　学科规训理论与学科的二元属性

一、学科规训理论

学科规训理论是教育学领域关于学科“知识”与“组织”二元属性及其互动关系研究的早期理论根源。米歇尔·福柯最早揭示了学科“知识”与“权力”之间的关联关系，最先使用了“规训”一词，为知识社会学开辟了一个新的领域和研究方向。华勒斯坦延续“学科规训”并完善该理论，并结合教育实践充分论述，奠定了学科“知识”与“权力”互动关联的完整理论体系。

(1)“知识”与“权力”联结中的学科规训。米歇尔·福柯以系谱学发现了“学科”与“纪律”、“惩罚”、“控制”等之间的关联。他认为以学科面目出现的临床医学、精神病学、儿童心理学、教育心理学等，实质上是对人和社会进行监控与规训的、特殊的、规范化的权力技术的集合。规训和控制是制造学科知识的手段，学科知识伴随规训和控制手段的改进得到积累与发展；同时学科知识的不断发展与完善又转而强化了对人和社会等研究对象予以控制的权力。① 一方面，借助惩罚、监视、强制等机制和技术形成的权力关系，实现一种认识解冻，造就了一种知识体系；另一方面，通过新型知识的形成与积累，使权力效应扩大。而且，不同的权力产生不同的知识，如在监狱、学校等机构中，围绕着对人的层级见识、规范化裁决和检查三种主要权力技术，产生了两个完整的知识领域，形成犯罪学、教育学。

① 参见[法]米歇尔·福柯：《规训与惩罚》，刘北成等译，生活·读书·新知三联书店 1999 年版。

（2）“学科规训”理论体系的建构以及完善。华勒斯坦等明确指出，现代学术学科是一个更大的训导规范体系中制约和被制约的元素。无论是学科知识的生产，还是学科门徒的训练，都涉及控制和规训的过程。知识的生产需要操控研究对象，以减少变数、排除多样性来发现“客观真理”；门徒的训练需要采取考试、书写、评分等细致入微的控制形式，以期使学习者“受规训而最终具备纪律”，亦即是拥有自主自持的素质。学科既要生产及传授最佳的知识，又需要建立一个权力结构，以期可以控制学习者及令该种知识有效地被内化。①

华勒斯坦探讨了知识及其生产方式怎样塑造其研究对象的同时，又揭示了如何构筑这些创造知识的主体，而这些主体又在知识的生产过程中扮演着怎样的一种历史角色，并第一次在大学学科的范围内运用学科规训的概念。因此，学科规训是在学科生成发展基础上提出的一种学科功能理论，即一个内容是知识生产，另一个内容就是对“个体”的形塑过程，也就是教育。② 因为知识生产的建制化，学科拥有了权力的力量，使得权力合法化、规范化、制度化，从而垄断了社会知识生产以及人才培养的功能。华勒斯坦认为简单的跨学科建议只会强化固有学科界限，因此提出要对制度化的学术组织进行变革，改变“19 世纪的社会科学知识论前提出发的大学体制”“重构大学的学系结构和学术会议的协会组织”。这些形成了通过学科治理创新促进学科知识创新的早期研究证据。

二、学科的“组织”与“知识”二元属性

（一）学科“知识”属性的理论根源

从学科的历史溯源角度来看，14 世纪前后学科逐渐成为新兴大学的“高等部门”“各门知识”。③ 中世纪大学的学科主要是在一些著名学者设坛讲

---

① 参见［美］华勒斯坦等：《学科·知识·权力》，生活·读书·新知三联书店 1999 年版。

② 参见彭静雯：《高等工程教育改革：对学科规训的突围》，社会科学文献出版社 2014 年版。

③ 参见万力维：《控制与分等——大学学科制度的权力逻辑》，南京师范大学出版社 2005 年版。

学,传播自己的宗教信仰、高深哲学学说或世俗学问的基础上形成的,当时有神学、法学、医学等不同学科。① 17 世纪以来,自然科学在知识体系中独占鳌头,以其确定性、客观性、可验证性的知识获得了学科的正名,这个时代的学科是在以科学为基础的现代语境下形成的。19 世纪以来,民族与国家对社会科学的需求以政治学、经济学、社会学等知识形态得到学科的确认,但是随着科学主义的盛行,人文与社会科学在整个世界学科领域仍然处于相对次要的地位,自然科学学科仍然是人类科技发展以及知识图谱延伸的主流。因此,从学科历史发展与溯源来看,不论从具有典型形式大学发展起点的中世纪大学,还是近现代大学活动,传播与发展高深"专门知识"都是大学最基本、最普遍、最常见的现象和活动形式,学科概念始终是围绕"知识"本质的不同时代带有统治阶级与社会性的选择。

学科的"知识"属性具有学科的词源基础。有学者考证,"学科"一词最初源自一个印欧字根——希腊文 didasko(教)和拉丁文 disco(学),即所教或所学的知识内容。从国内外权威词典上的"学科"概念来看,《现代汉语词典》对学科解释一是指按照学问的性质而划分的门类,二是指学校教学的科目。《辞海》对学科的解释一是指学术的分类,即一定科学领域或一门科学的分支;二是指教学的科目,即学校教学内容的基本单位。《最新牛津现代高级英汉双解词典》解释学科一是 branch of knowledge(知识分支),二是 subject of instruction(教学科目)。可见,国内外权威词典都对学科知识分支以及教学科目的两个含义做了比较统一的界定。两个界定一个是"科学学"视野中的学科,另一个是"教育学"视域下的学科,前者更加聚焦于知识客体的生产、传播与创造,后者将学科作为教学和学术生产的组织单位,赋予其人才培养与社会服务的功能。"科学学"与"教育学"两个学科对于学科知识属性的界定划分,与本书的学科"知识创新"变量有着同源性,即从科学学角度去界定,冠以教育学实践的寓意。

不论是教学科目还是知识分支,两重含义都充分说明了学科的逻辑起点

① 参见[法]雅克·勒戈夫:《中世纪的知识分子》,张弘译,商务印书馆 1996 年版。

以及核心属性是"知识体系"。华勒斯坦(1999年)在其《学科·知识·权力》中表述学科是知识发展到一定程度的产物,是专门化的知识体系,并不是所有知识体系都能发展为学科,称一门知识为一门学科,即有严格和具认受性的蕴义。能称得上学科的知识体系应该具有如下特征:(1)具有在性质上属于该学科特有的某些中心概念;(2)具有蕴含逻辑结构的有关概念关系网;(3)具有一些隶属于该学科的独特的表达方式;(4)具有用来探讨经验和考验其独特的表达方式的特殊技术和技巧。伯顿·克拉克描述了学科,"高等教育'生产车间'里聚集了一群群研究一门门知识的专业学者,这一门门知识即为'学科',组织便围绕这些学科确立而来"①。他在论述其组织视角下的高等教育系统时,始于研究知识,认为高等教育系统到处都由知识生产的群体组成,由于知识的增加、提炼和分割,知识实际上变成特别难以捉摸的和无形的物质,个体和群体都为知识行动。教育群体的组成和受控方式决定了知识组合的方式,专业学院的跨学科计划把若干学科的课程和专家结合在一起,从而构建出"知识混合体"。周川认为一门学科作为知识体系,一般主要由经验要素、理论要素、结构要素三种要素组成,一组知识体系获得学科地位的必要条件是其具备了丰富、系统的史实资料,逻辑化、结构化的问题,严密、解释力强的理论体系以及发现事实、解决问题、形成理论的有效方法。王建华认为每个学科的形成都是由知识规划和学科建制而来,②学科的演进与知识的积累密切相关,伴随着知识的进步,学科不断从初创走向成熟;学科的发展也与知识生产体制密切相关,伴随着社会对知识的规划,新兴学科不断在大学里产生,并逐一被制度化。③

(二) 学科"组织"属性的理论基础

学科作为一种组织形态也有很深的研究基础。作为一种组织,学科具有知识生产、传播与应用的基本功能,同时组织应具有组织制度、组织活动以及

---

① [美]伯顿·克拉克主编:《高等教育新论——多学科的研究》,王承绪等译,浙江教育出版社2001年版。

② 参见王建华:《学科的境况与大学的遭遇》,教育科学出版社2014年版。

③ 参见王建华:《知识规划与学科建设》,《高等教育研究》2013年第5期。

组织权力等。中世纪拉丁语中的“faculty”(学部)原义就指某一学科领域。学科组织是在人类对未知世界的探索与对系统知识的传播与应用成为个人难以完成的任务的前提下应需而生的,它的发展需要经历一个漫长的由生成到成熟再到衰退的组织化过程。① 从13世纪中期开始,“学部”一词的外延扩大,具体指按照某一学科设置的教学研究单位,可见自中世纪实践开始,学科就是既指某一知识体系,又指外延扩大了的学术组织。伯顿·克拉克从组织的观点把高等教育系统看作由生产知识的群体构成的学术组织,从高等教育内部揭示高等教育的本质特征,从工作、信念和权力三个维度分析了高等教育的基本运行规律,认为高等教育工作按照学科和院校单位构成了纵横交叉的组织模式。② 高等教育的各个部门都有自己的规范以及相关文化、价值观念等,形成所谓学术信念,又从工作组织及其伴随的信念产生各种权力关系。学科、学院等单位通过国家、市场以及学者机制协调形成复杂的学术系统,认为高等教育中社会价值观的冲突需要进行调整,权力要分享,变革要支持。学科组织是一个空间的概念,是以学科知识分类为依托而建立的,由研究、传播与应用一门门知识的学者组成的学术部落。③

伯顿·R.克拉克非常重视大学学科的研究,认为学科是组成大学组织的细胞,正是学科的组织方式使得高等教育表现出初等教育和中等教育所不太具有的超越时间和空间及国际性的特点。大学是一个由学科和事业单位组成的庞大矩阵,大多数研究高等教育的学者都以院校和学生为研究对象,但是其他学者则集中研究学科。

宣勇认为大学的基层学术组织首先兴于“教研室制”,但是由于其具有科层制特点,很少关注外界需求,为了适应现代大学办学需求,“研究所制”开始兴起,后来久而久之又出现了“教授不教”的现象,因此适用于研究型大学的

① 参见肖楠、杨连生:《学科及其“两态”互动的本质》,《中国高教研究》2010年第7期。

② 参见[美]伯顿·R.克拉克:《高等教育系统——学术组织的跨国研究》,王承绪等译,杭州大学出版社1994年版。

③ 参见[英]托尼·比彻、保罗·特罗勒尔:《学术部落及其领地——知识探索与学科文化》,唐跃勤等译,北京大学出版社2008年版。

基层学术组织"学科"应运而生。在学科组织化与学科制相关论述中，他认为，大学学科组织包括以下基本内涵：一是大学学科组织在本质上是一种知识型组织，发现、传播和应用特定知识分类体系的知识是大学学科组织的基本使命；二是大学学科组织是由学者组成的组织，是学者从事知识劳动的地方，学者的特点决定组织的特点；三是大学学科组织在性质上是大学的基层学术组织，是集约大学三大功能的大学学术终端组织；四是大学学科组织是大学依据国家知识具体分类，对应教育部学位与研究生教育发展中心在学科、专业目录分类中二级学科上建立的，集科学研究、人才培养和社会服务为一体的大学基层组织。[①] 学科组织理论从多个视角论述了学科组织化的多元价值，从特征、阶段表征、组织成长模式、学科组织蜕变等，系统化构建了大学学科组织理论。

周川、万力维等从高校学科建制的组织学诠释入手，从组织、权力等视角着重探讨了高校学科的制度与变革。[②] 翟亚军等从学科组织制度角度探究大学学科建设模式，从认受度（水平）、宽窄度（规模）和关联度（结构）三个维度探究大学学科建设模式，进一步丰富了学科组织理论。凌健认为学科制是大学内部治理体系现代化的有效形式，并回答了三个基本问题：一是学科是学术治理主体且具备参与学术决策的资格；二是作为治理主体的学科参与学术决策的目的或动机；三是治理主体参与学术决策的基本形式。

三、硬实力与软实力的理论基础

（一）治理创新的理论基础

我们找到的软实力的代理变量是治理创新。治理创新的理论源泉来自管理创新理论和组织创新理论。组织创新理论对本书具有很好的理论迁移和启发作用，也是学科"组织"属性的重要理论基础。组织创新理论源于企业管理领域，Schumpeter 的创新理论中，创新类型包括 5 种，即产品创新、工艺创新、

---

① 参见宣勇：《大学变革的逻辑（上篇）——学科组织化及其成长》，人民出版社 2009 年版。

② 参见万力维：《控制与分等——大学学科制度的权力逻辑》，南京师范大学出版社 2005 年版；周川：《高等学校建制的组织学诠释》，《教育研究》2002 年第 6 期。

市场创新、资源配置创新、组织创新。组织创新是其中的重要部分,还有学者将其归类为技术创新和非技术创新,即一个是以技术和知识为核心的硬实力创新,另一个是以软实力为代表的管理创新。① Černe 分别分析了管理创新相关概念之间的关系,包括管理创新、制度创新、组织创新、战略创新、市场创新和非技术创新,并指出管理创新、组织创新和制度创新具有一定的概念交叉关系,但是管理创新是覆盖内涵最为广泛的一个概念。② Hamel 认为管理创新旨在为实现组织目标而发明和实施新的管理实践、过程、结构或者技术。③ Damanpour 认为管理创新包括为了实现组织目标而进行的全过程管理实践、管理过程、组织结构和管理技术,从制度视角、文化视角、动态视角和组织绩效四个维度进行了论述,并运用了动态演进的思路,探讨了组织管理创新过程是一个内外各创新要素协同演进的过程。④ Damanpour 为本书研究提供了有益借鉴。许庆瑞、郑刚等从全面创新管理视角,认为管理创新包括技术、市场、文化、组织、制度和战略 6 种创新类型。⑤

在高等教育领域,托尼·比彻的学科分类观较好地诠释了学科的本质属性,对当今大学学科建设具有重要的指导意义,他认为大学学科建设包括确定学科方向、调整学科布局、完善学科组织、组建学科队伍、建立学科制度、建设学科基地、营造学科环境等内容。无论进行哪方面的大学学科建设,都要求我们一定要注意学科的部落属性,意识到学科是一种文化存在,不同的学科就有不同的文化。学科建设实质上是学科文化建设,学科的交叉、融合和发展必须以学科文化的交叉、融合和发展为基础和前提。凌健认为学科治理包括是否形成具体、清晰的学科组织使命与战略目标,是否实现在大学组织结构中的实

① 参见[美]约瑟夫·熊彼特:《经济发展理论》,华夏出版社 2015 年版。

② M.Černe & R.Kaše & M.Škerlavaj,"Non-technological Innovation Research:Evaluating the Intellectual Structure and Prospects of An Emerging Field",*Scandinavian Journal of Management*,2016(2).

③ G.Hamel,"The Why,What,and How of Management Innovation",*Harvard Business Review*,2006(2).

④ F.Damanpour,"Footnotes to Research on Management Innovation",*Organization Studies*,2014(9).

⑤ 参见许庆瑞:《全面创新管理——理论与实践》,科学出版社 2007 年版。

体化和建制化，是否与学科相关利益群体形成规范化的关系等。陈金圣等提到大学学科治理主要包括战略、制度、组织、文化，认为学科治理是指学科发展相关利益方对学科建设与发展重要事务进行决策的结构与过程，微观治理方面包括学科队伍、学科组织化建设、学科运行制度、学科学术文化等。① 彭静雯认为学科治理主要包括学术分工的制度化、科学研究在大学的制度化和以学科为中心的专业教学模式的形成。朱苏等认为要加强学科建设的制度创新等软环境建设，如战略理念创新、制度创新、文化创新等，因此高校作为高深知识的发源地，要秉承高深知识生产、传播和应用的使命，一流学科的建设应遵从学科建设的知识生产逻辑。高桂娟认为通过组织创新促进大学知识创新的举措包括战略创新、制度创新、结构创新和文化创新。②

（二）知识管理理论与 SECI 知识创新模型

硬实力的代理变量是知识创新。知识创新分为广义和狭义，广义知识创新包括技术创新、市场创新和管理创新等所有的知识增量的创新；狭义知识创新仅指技术创新等硬实力，是知识的产生、创造、传播和应用的全过程，不仅包括通过学术活动获得新知识的过程，还包括新知识的传播和应用的过程。本书采用后者的界定。知识创新具有综合性、多样性、实践性、累积性和动态性等特征。③

知识是组织获得持续竞争力的根源，④Nonaka 等提出 SECI 知识创新模式⑤，提出组织知识的分类思路：从认识论维度来讲，认为组织知识分为显性知识和隐性知识；从存在论维度来讲，认为组织知识分为个体知识、团体知识、组织知识和组织间知识。根据显性知识和隐性知识的相互转化机制，其把知

① 参见陈金圣、邹娜：《论高校的学科治理》，《高教探索》2019 年第 6 期。

② 参见高桂娟：《大学知识创新与组织变革》，《中国地质大学学报（社会科学版）》2007 年第 3 期。

③ 参见邱均平主编：《知识管理学概论》，高等教育出版社 2011 年版。

④ R.Grant，“Toward a Knowledge-based Theory of the Firm”，*Strategic Management Journal*，1996(17).

⑤ I.Nonaka，“A Dynamic Theory of Organizational Knowledge Creation”，*Organization Science*，1994(1).

识创新分为 4 种模式，即社会化、外显化、组合化和内隐化，如图 2.2 所示。①同时，他们认为知识创新需要不同的情景“场”(ba)，作用是提供新知识产生的平台，具体有起源场、对话场、系统场和实验场。

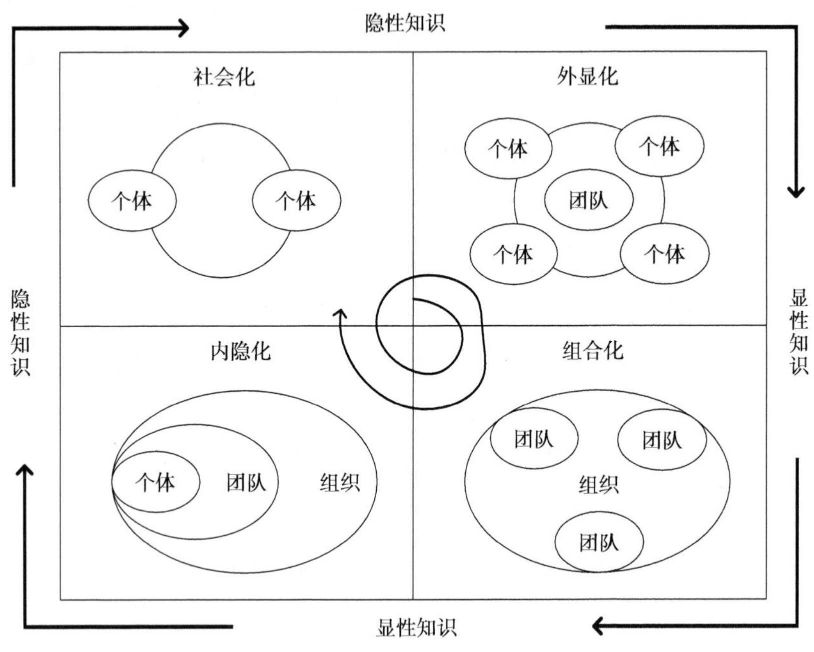

图 2.2　SECI 知识创新模型

资料来源：I. Nonaka, "A Dynamic Theory of Organizational Knowledge Creation", *Organization Science*, 1994(1).

Nonaka 后又提出知识螺旋模型，如图 2.3 所示。组织需要利用由个体所创造及积累的隐性知识，通过 SECI 4 种模式在组织层次上得以放大，隐性知识和显性知识的相互作用就是从一个较低水平动态上升到一个较高水平，形成一个螺旋。②

① I.Nonaka & H.Takeuchi, *The Knowledge-creating Company*, New York, 1995.

② I.Nonaka & R.Toyama & N.Konno Seci, "Ba and Leadership: A Unified Model of Dynamic Knowledge Creation", *Long Range Planning*, 2000(1).

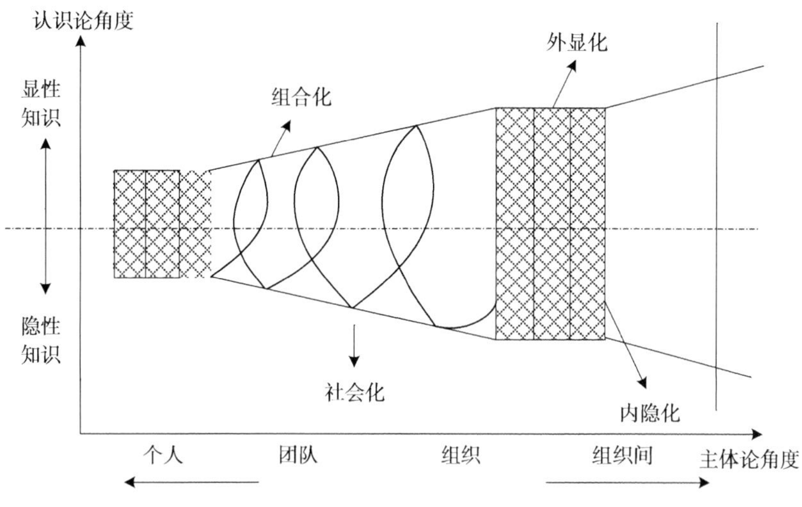

图 2.3　知识螺旋模型

资料来源：I. Nonaka. "A Dynamic Theory of Organizational Knowledge Creation", *Organization Science*, 1994(1).

第三节　系统理论与创新系统观

系统理论视角给我们提供了一个研究复杂系统协同问题的有效工具，用来研究学科的创新问题。为了研究知识创新与治理创新两个变量之间一种"形而上"的协同问题，我们引入系统理论方法工具，首先构建学科创新系统，再分别构建学科知识创新系统和组织创新系统两个学科子系统，进而研究两个学科子系统之间的协同问题。

一、系统科学理论及系统思维构建

（一）系统科学理论

自 20 世纪 60 年代以来，系统科学为创新系统观认识提供了方法论和基础。系统科学发生了从"老三论"到"新三论"的历史转变，如表 2.3 所示。"老三论"包括一般系统论、控制论、信息论，而"新三论"则包含耗散结构理论、协同学和突变论。“老三论”主要特征是围绕系统结构及其相互作用展开，因而是以构成论为思想基础；“新三论”则围绕系统的生成过程，以生成论作为系统基础。构成论与生成论有机结合的思想，将会成为一种推动社会经济发展的科学的世界观与方法论。从学科研究来讲，从构建主义学科研究到生成主义学科研究的转变，决定新时代新形势下，生成论为主导的系统科学思想将是研究学科对象的有益工具。① 基于系统科学典型理论的创新系统观认知见表2.4。

表2.4 基于系统科学典型理论的创新系统观认知②

典型理论类别	典型理论	基本解释	创新认知
“老三论”	系统论	研究与认识事物的基本出发点在于整体和系统，其由相互作用、相互依赖的部分构成，包含要素与关系；系统处于积极的运动状态，实现其整体的功能大于单一个体功能的综合	创新意味着对生产要素的重新组合
	控制论	研究探讨系统的状态、功能、行动方式与演化趋势；基于系统不同控制规律可以实现系统向不稳定状态运行	创新要素的构成、组合方式的演化受外部控制条件的影响
	信息论	基于概率统计研究系统信息的获取、加工、处理、传播及管控的全过程，强调信息是保持系统稳定状态、实现系统功能的核心基础	信息是企业组织创新源的基本单位
“新三论”	耗散结构理论	所有开放系统在远离平衡状态的条件下，通过与环境的非线性交互的自组织活动引发能量耗散，从而形成稳定的宏观有序状态	特定技术变革与产品创新最终趋于稳定
	突变论	一般系统往往处于结构渐变之中，但当控制因素达到某一临界值时，系统脱离控制实现突变与质变	渐进创新与突破性创新的异同
	协同学	系统在序参量的引导下，通过与环境发生物质流、能量流、信息流之间的交互，最终实现混乱状态向有序状态的转变	协同创新的涌现与溢出

① 参见金吾伦：《从复杂系统理论看传统思维方式的历史演变》，《杭州师范大学学报（社会科学版）》2008年第3期。

② 参见陈劲：《企业创新生态系统》，科学出版社2018年版。

系统理论可被用来有效表达和解释包含多个要素、复杂关系、变化环境扰动等的复杂系统及其演化。学科系统不仅处于国家创新系统、高等教育系统、高校内部系统之中，而且内部还包含复杂子系统和要素。学科系统又是高密度、高迭代的知识型系统，有不同行为主体的共同参与，学科处于复杂化、多样化、多元化的外部环境之中，以上均说明学科系统的复杂性特征。本书运用系统思想作为学科创新的有效解释工具，为打开学科创新这个复杂的内部"黑箱"提供基础。

本书构建的学科创新系统本质同于控制论，是一门综合研究系统整体的科学，两者的区别在于控制论的研究对象为没有人的系统，而学科创新生态系统的研究对象是以学科人为核心的复杂巨系统。

（二）开放复杂巨系统理论

本书的系统科学理论基础源于钱学森在 1990 年发表于《自然》的《一个科学新领域——开放的复杂巨系统及其方法论》。钱学森提出开放复杂巨系统的观点，认为子系统种类很多并且具有层次结构，它们之间关联关系又很复杂，即复杂巨系统；如果这个系统与外界存在能量、信息或物质的交换，则其具有开放性，即开放复杂巨系统。① 而学科是特殊的开放复杂巨系统，因为它是以学科人为主体的系统，系统中还包括由人制造出来的具有智能行为的各种机器。因此，其"开放性"尤其以信息交换为核心，而且各子系统可以通过"学习"获取知识与信息；其"复杂性"又因为知识及其表达、传递、学习的差异性而更复杂。

钱学森还提出解决开放复杂巨系统的研究方法，以解决社会问题为例，运用复杂巨系统理论方法。为了解决问题，首先由经济学家、管理专家、系统工程专家等依据他们掌握的科学理论、经验知识和对实际问题的了解，共同对系统经济机制（运行机制和管理机制）进行讨论和研究，明确问题的症结所在，对解决问题的途径和方法作出定性判断（经验性假设），并从系统思想和观点

---

① 参见钱学森：《一个科学新领域——开放的复杂巨系统及其方法论》，《城市发展研究》2005 年第 5 期。

出发把上述问题纳入系统框架，界定系统边界，明确哪些是状态变量、环境变量、控制变量（政策变量）和输出变量（观测变量）。这一步对确定系统建模思想、模型要求和功能具有重要意义。

复杂性理论是研究协同机制的一种有效视角。复杂性理论对本书的重要启示是：创新过程是一个复杂自适应系统，各创新要素（如技术、战略、市场、文化、组织、制度等）之间的相互作用是复杂的非线性作用，各要素间竞争和协同的过程也是共同进化的过程。影响创新绩效的各创新类型可以看成是决定创新系统走向有序（创新绩效提高）的序参量，研究各序参量如何通过自身涨落及竞争、协同所产生的涨落，使系统走向有序，对于丰富和发展创新管理理论和指导学科创新实践都有着重要的意义。

（三）组织系统理论与系统管理理论

组织系统理论提出者是贝塔朗菲，他的主要观点如下：第一，组织是开放系统，有持续的投入、转换和产出的循环，组织从社会环境这一系统中不断输入资源，并经过自身的生产转化，再将产品和服务输出到社会环境中，实现动态平衡；第二，组织系统本身由很多子系统组成，包括目标与价值子系统、技术子系统、社会心理子系统、结构子系统和管理子系统。侯光明（2017年）借鉴系统科学理论和组织系统理论，面向中国实践提出以人为核心的组织管理系统理论，并运用"环境—功能—结构"的分析维度来分析我国组织系统。①

系统管理理论是在一般系统理论与组织系统的理论基础上发展而来，曾被称为20世纪最重要的管理理论之一。Johnson等比较全面阐述了系统管理的观念，建立了系统管理理论基本框架，如图2.4所示。② Kast等认为组织是一个系统，各局部要素组成的最优不等于整体最优，管理人员的工作就是将各子系统协同和有机整合，达到最优、实现组织目标。系统管理理论还认为组织

① 参见侯光明：《面向中国创新发展实践的组织管理系统学构建思考》，《中国软科学》2018年第7期。

② R.A.Johnson，"The Theory and Management of Systems"，*Journal of the American Statistical Association*，1963（303）.

是一个开放系统，不断与外界环境产生相互作用和影响。① 组织系统理论与系统管理理论给本书的启示与借鉴是，基于学科"组织"维度构建学科系统具有可信性与科学性，并且具有较高的理论价值。

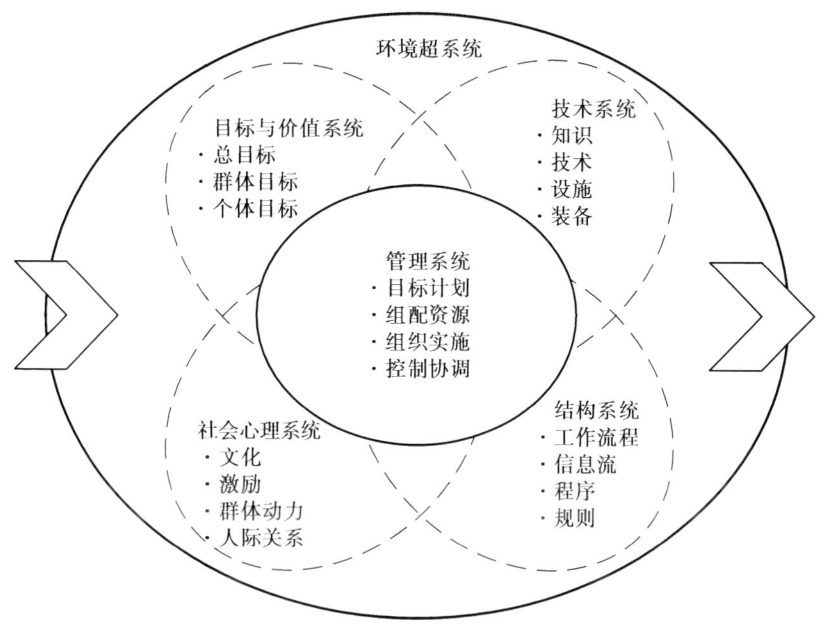

图 2.4　系统管理理论基本框架

资料来源：R.A.Johnson，"The Theory and Management of Systems"，*Journal of the American Statistical Association*，1963(303).

二、国家创新体系及学科创新系统观

创新管理理论始于熊彼特的创新理论，国外主要理论奠基人有 Freeman、Lundvall、Nelson，国内则主要为路甬祥。Freeman 提出国家创新体系中高效协同的知识生产体系、知识流通体系及知识应用体系为国家创新体系驱动社会进步与发展发挥作用。② Lundvall 认为系统主体协同与互动应成为国家创新

① F.E.Kast，*Organization and Management*：*A Systems and Contingency Approach*，Mcgraw-hill，1979.

② C.Freeman，"The National Innovation Systems in Historical Perspective"，*Cambridge Journal of Economics*，1995(1).

系统运行的关键。Nelson 联结了技术与经济的交互关系，聚焦知识生产、知识传播、知识扩散、知识应用及制度环境等相关主体的相互作用。路甬祥从技术创新、知识创新两个方面，全面界定我国创新系统的要素构成、核心主体、其他主体、主要功能，如表 2.5 所示。

表 2.5 国家创新系统的系统结构及功能关系①

要素构成	核心主体	其他主体	主要功能
知识创新系统	国家科研机构、教学研究型大学	其他高等教育机构、企业科研机构、政府部门、基础设施	知识的生产、传播和转移
技术创新系统	创新型企业	科研机构、教育培训机构、政府部门、中介机构和基础设施	学习、革新、创造和传播技术
知识传播系统	高等教育系统、职业培训系统	政府部门、其他教育机构、科研机构、企业等	传播知识、培养人才
知识应用系统	社会、企业	政府部门、科研机构等	知识和技术的实际应用

根据表 2.5，高校在国家创新体系中占据重要作用。知识创新系统的核心主体是科研机构与高校，主要发挥着知识生产、传播和转移的作用；知识传播系统中的核心主体之一也是高校，其主要作用是传播知识和培养人才，同时在技术创新系统以及知识应用系统中，作为创新主体的重要部分，也在创新网络中发挥重要作用。王永杰等提出在知识经济时代，建设国家创新体系需要高校的深度参与，高校在知识经济时代起着越来越重要的作用。②

技术创新类型应用于教育系统的适切性，源于我们不关注技术创新的具体工作机理和对象，而指的技术创新这一行为——组织内的知识创新过程，并有大量文献研究了大学这一组织情境下的技术创新过程。绝大多数学者首先将创新理论应用于企业这种典型组织的研究，有大量关于企业技术创新与管理创新两种创新类型之间互动协同关系的文献。但从组织理论视角溯源，组

① 参见路甬祥主编：《创新与未来：面向知识经济时代的国家创新体系》，科学出版社 1998 年版。

② 参见王永杰等：《研究型大学在知识创新中的地位和作用》，《科学学研究》2000 年第 2 期。

织理论学者使用的是技术的广义概念，即指组织所做的工作。[①] 技术创新是与智力或者知识过程相结合的物理过程，通过这个过程，某种形式的物质转换成组织的产出。[②] 技术系统指这些知识应用于特定组织情境和工作环境的具体方式，[③]Thompson 和 Litwak 等后来进一步研究了适用于不同类型的组织的适用性，比如国家创新体系、大学等。

---

① Orlikowski & J.Wanda, "The Duality of Technology: Rethinking the Concept of Technology in Organizations", *Orgnization Science*, 1992(3).

② Hulin & L.Charles & M.Roznowski, "Organizational Technologies: Effects on Organizations Characteristics and Individuals Responses", *Research in Organizational Behavior*, 1985(7).

③ Weick & E.Karl, "Technology as Equivoque: A Sensemaking in New Technologies", *Technology and Organizations*, 1990(1).

第三章　硬实力与软实力协同之基

我们研究硬实力与软实力以及二者的协同，需要找到可以测量、建模的“抓手”，也就是恰切的理论基础和合适的代理变量。之前章节已经论述了治理创新与知识创新的理论基础，本章将系统阐释如何将学科硬实力与软实力协同发展问题转化为一个科学命题的理论基础。

第一节　学科创新系统与创新类型的界定

一、“治理创新”“知识创新”及其关系界定

党的十九大报告指出，创新是引领发展的第一动力。创新问题始终受到国内外理论界和实践领域的关注与讨论，不论国家、区域，还是组织个体，创新都是不同组织为实现自身生存与发展的必然选择。2018 年，习近平总书记在全国教育大会上提出，改革创新是教育事业发展的根本动力，大力推进教育体制改革创新，才能使我国教育越办越好、越办越强。目前，我国教育还存在一些突出问题和短板。要解决这些问题，就必须大力推进教育体制改革创新，更加注重教育改革的系统性、整体性、协同性，及时研究解决教育改革发展的重大问题和群众关心的热点问题，以改革激活力、增动力。本书聚焦高校工程学科治理创新（软实力创新）和知识创新（硬实力创新）两种创新类型的协同问题，对当下破解学科建设创新困境具有重要意义。

Damanpour 界定了创新的基本内涵，即组织适应环境的变革或促使组织

变革的一种方式。①

（一）治理创新的界定

“治理”一词来源于公共管理领域，联合国全球治理委员会对治理的定义为“治理是各种公共或私人的个人和机构管理其共同事务的方法的总和，是使相互冲突或不同利益得以调和并采取联合行动的持续过程”。“治理”在当今时代成为主流关键词。党的十八届三中全会明确提出全面深化改革的总目标是完善和发展中国特色社会主义制度、推进国家治理体系和治理能力现代化。2014 年召开的全国教育工作会议提出“深化教育领域综合改革，加快推进教育治理体系和治理能力现代化”，阐释了在教育领域内从“管理”到“治理”的深刻转变。党的十九届四中全会审议通过的《中共中央关于坚持和完善中国特色社会主义制度、推进国家治理体系和治理能力现代化若干重大问题的决定》明确提出建设人人有责、人人尽责、人人享有的社会治理共同体，并提出了到 2035 年基本实现国家治理体系和治理能力现代化的发展目标。

“学科治理”是超越“学科管理”的概念，也代表一种新的管理理念和思维模式。习近平总书记指出，“治理和管理一字之差，体现的是系统治理、依法治理、源头治理、综合施策”②。管理与治理都指组织主体按照一定规则通过实施计划、组织、协调、指挥与控制，从而实现一定组织目标的活动与行为。Leon Trakman 首次将“治理创新”概念用于大学组织，并且特别提到了学科治理的模型应用，周光礼提出高校内部“治理创新”的政策框架，③陈金圣、周光礼、宣勇、凌健等通过学科治理来研究当下学科建设关键问题。④ 学科治理与学科管理相比，表达含义和范围应用具有一致性。除此之外，“学科治理”有以下差异化特征：

（1）在治理目的上，“治理”特别强调了“创新”与“改革”，与本书具有天

① F.Damanpour & W.M.Evan，“Organizational Innovation and Performance：The Problem of Organizational Lag”，*Administrative Science Quarterly*，1984（3）.

② 习近平：《论坚持全面深化改革》，中央文献出版社 2018 年版，第 95 页。

③ 参见周光礼：《高校内部治理创新的政策框架》，《探索与争鸣》2017 年第 8 期。

④ 参见陈金圣、邹娜：《论高校的学科治理》，《高教探索》2019 年第 6 期。

然的恰切性。我国创新社会治理方式的实践过程就是一场创新与改革的协奏曲。在社会治理领域，当社会管理面临新情况新问题，必须通过深化改革，实现从“传统社会管理”向“现代社会治理”的转变。“治理”指多元利益相关者参与重大事务决策的结构和过程，或者关于组织内多元化主体间权利配置和行使的制度化安排和互动关系的总和，其核心和精髓是多元参与、协商共治，是高校达成合作的最佳状态。本书源于“问题”导向的改革与创新，随着外界教育环境的不断变化，为了破解当下教育领域的创新困境、难点问题——学生创新精神、实践能力有待进一步提高，办学活力不够，教育与经济社会发展的联系不够紧密，国际竞争力不强等问题，创新治理方式，要把该放的放掉，把该管的管好，做到不缺位、不越位和不错位，因此提出“学科治理”。

(2)在治理本体上，学科治理是大学治理现代化的有效抓手。办大学就是办学科，学科治理是大学内部治理体系现代化的有效形式，大学治理创新要从学科治理创新抓起。学科建设的实际运行既包括以学科重大事务的决策为中心的学科治理环节，又包括以教学、研究乃至服务为核心内容、以教师为“生产者、劳动者”的学术生产活动，还包括执行学科建设。凌健认为大学内部治理体系现代化旨在寻求一种不仅能平衡内部治理主体关系，更能在制度安排上恰好吻合知识逻辑，即基于知识劳动规律的治理形式，这就要求在大学内部治理过程中必须发挥其细胞——“学科组织”的基本作用。

(3)在治理主体上，治理的精髓强调治理主体的多元化。在高校内部，学科首先有不同的群落主体——不同学科(群)之间的共治问题。学科还有不同组织主体——院系、行政部门等不同组织之间的共治问题。学科还有不同的参与者主体(教师、管理者、学生等)，还有不同的功能主体(教学、科研与应用等)。学科建设需要兼顾学科发展的内在逻辑(知识的逻辑)和外部逻辑(社会的需求)，依循国家、地方(省市)及学校有关学科总体布局、结构规划、重点方向和发展战略等宏观、中观、微观诸层面的指导意见，并且包括确定学科方向、选拔学科带头人、组建学科梯队、调整学科机构、建设学科基地以及营造学科环境等核心内容，是一项多元主体共同参与的系统工程。

(4)在治理“抓手”上，去行政化和扩大基层办学自主权是学科治理应有之义。在当前学科深度交叉融合的大趋势下，在大学内部这个复杂巨系统下，内部组织架构、运行机制、利益协调以及内外关系处理异常复杂，因此抓治理、抓创新的关键在于必须将治理重心下移，充分发挥学科主体的作用，实现学科自主、自治的协同共治局面。

(5)在治理本质上，治理的本质重在协调与协同。治理机制应用于复杂的组织和系统的协调问题由来已久。理论层面上，治理理论的兴起源于社会科学某些范式不足以解释和描述现实存在的二元矛盾，开始探讨在传统范式以外的协调机制。学科治理强调“适应性治理”，即治理应该根据环境变化、知识规律、教育规律、发展阶段等不同特点进行调整变化，治理有协调、配合、协同、调解的本义，与本书硬实力与软实力协同问题同根同源。本书探究治理创新与知识创新两个变量，本质是研究一直以来探讨的行政力量与学术力量之间的关系和协同的治理问题，这是大学治理以及学科治理问题的应有之义，因此用“治理创新”比用“组织创新”“管理创新”等词语更符合当下语境，对问题更有针对性，更贴近现实意义。

(6)在治理过程上，治理有“过程控制”的本义。这符合本书用系统理论、过程观念来研究学科发展问题的初衷。

(7)在治理的范围上，不研究治理的“法理”层面问题。在研究对象界定上，无意于探究大学层面治理架构问题和大学章程、法律等方面的治理问题，本书首先基于学科组织，探究组织层面的治理/管理问题。

因此，本书认为学科治理指在复杂多变的教育环境下，学科为了适应变革的要求，以知识劳动者(学科人)和知识体系为核心，以全面促进学科知识创新、提高学科创新绩效为目标，作出持续寻求学科不同内部治理主体、要素和系统间协调平衡的一系列组织、制度与管理安排和过程。

学科治理创新指为了应对复杂多变的学科外部环境，作出的一系列适应性变革的学科创新行为和过程，兼顾学科发展的内在逻辑(知识的逻辑)和外部逻辑(社会的需求)，适时调整学科总体布局、结构规划、重点方向等宏观、中观、微观诸层面的战略规划，作出调整学科结构、创新学科制度以及营造学科环境、文化等安排，是一项多元主体共同参与创新的系统工程。

（二）知识创新的界定

知识创新在政策话语体系中早已在教育领域试用。围绕知识创新及其能力提升发布若干政策，提高高校及学科知识创新水平和能力已经成为业界共识。

在企业管理领域，有大量关于企业技术创新与非技术创新的文献。周光礼认为作为一个组织及环境的整体模型，大学的“生产单位”是系、所、讲座等基层学术组织，系、所、讲座是围绕学科建立的，学科的“技术核心”是教学与科研，其产品是专业与课程，因此所谓技术突破，对大学来说就是学术突破、知识创新。①

广义的知识创新指通过创造、演讲、交流和应用等整个过程，将新思想转化成产品和服务，最终达到企业经营成功、国家经济振兴和社会全面繁荣的目标。② 将知识视为创新实践的核心要素，所提出的知识创新概念涵盖了知识的创造、传播、共享和应用的全过程，反映了知识在知识经济社会发展中的广泛应用。从研究范围来讲，广义的知识创新把知识创新的内容归纳为技术知识创新、市场知识创新和管理知识创新，狭义的知识创新指硬实力创新，仅指技术与知识创新。③

狭义的知识创新指通过科学研究获得新的自然科学知识、社会科学知识和技术科学知识的过程。科学研究包括科研活动和学术活动，学术活动特指在高等教育领域的教学、科研和社会服务过程中发生的活动。本书采用狭义的知识创新定义，即学科通过学术活动（教学、科研和社会服务过程中发生的所有活动），通过知识的获取、整合、共享和应用等一系列知识创新活动和行为，不断地追求新发现、探索新规律、创立新学说、创造新方法以及积累新知识，并不断地将其转化成学术成果（科研成果、教学成果、人才培养、科技成果

① 参见周光礼：《“双一流”建设的三重突破：体制、管理与技术》，《大学教育科学》2016 年第 4 期。

② D.M.Amido，“The Challenge of Fifth Generation R&D”，*Research Technology Management*，1993(4).

③ 参见吴保根：《大学科技园知识管理的理论与实证研究——基于知识创新视角》，东华大学博士学位论文，2012 年。

转化等)，从而显著地推动学科发展。

（三）治理创新与知识创新之间的辩证关系

学科治理创新在本书中代表学科软实力，是促进学科软实力提升的主要动力和活动，是学科管理者的“他组织力量”，包括学科战略创新、学科结构创新、学科制度创新和学科文化创新；学科知识创新代表学科硬实力，是促进学科硬实力提升的主要动力和活动，是学科的“自组织力量”，包括学科知识传播、学科知识生产与学科知识应用，代表着学科的教学、科研和社会服务等重要职能。学科治理创新和知识创新的目的都是促进学科创新效率的提升，最终实现学科的良好发展。学科治理创新与知识创新都是学科建设中的“创新”行为。创新与改革是促进学科发展的动力，学科治理创新和知识创新可以相互促进、相互影响、相互耦合、协同发展，但是不能互为因果，二者之间存在复杂的耦合和交互关系。任何仅偏重一方面的创新行为都不能真正促进学科发展，只有做到治理创新与知识创新有效协同发展，学科才能真正实现进步。

二、学科创新系统及其实施主体的界定

（一）学科创新系统

根据国家创新系统理论以及学科的创新系统观，我们认为学科创新系统指在高等教育的环境下，通过充分发挥高校内学科人(教师、管理者等)的能动性、积极性，以知识体系为核心围绕知识传播、生产与转化应用等知识创新活动，以学科创新战略、学科结构、学科制度以及学科文化等学科创新为组织基础，针对不同学科发展阶段的具体情境，实现学科治理创新与知识创新的协同，并以“输入—转化—输出”的形式使学科内外要素相互影响、相互作用，形成一个有机、开放和动态的系统，如图 3.1 所示。

学科创新的根本目的是通过推进创新过程实现学科价值增加、价值创造和价值的有序传递。而学科协同创新管理的目的是在硬实力与软实力协同需求诊断的基础上，通过硬实力与软实力协同推动创新的有序发展，实现学科创新绩效提升和学科的全面发展。基于学科复杂系统的恰切性认识，运用复杂

巨系统理论、组织管理系统理论来分析学科系统发展的组织与知识机理。在空间域上，通过系统环境、结构、功能分析，构建学科创新系统，并通过研究治理创新子系统与知识创新子系统之间的协同，研究学科发展机理，阐述“自组织”与“他组织”的耦合规律，试图运用系统思想揭示学科构成论与生成论在一流学科过程中的协同机理；①在时间域上，阐明学科生成过程的动态演化机理，揭示学科在不同发展阶段中，治理创新与知识创新的适应性匹配与耦合的机理，并为一流学科未来路径提供借鉴。

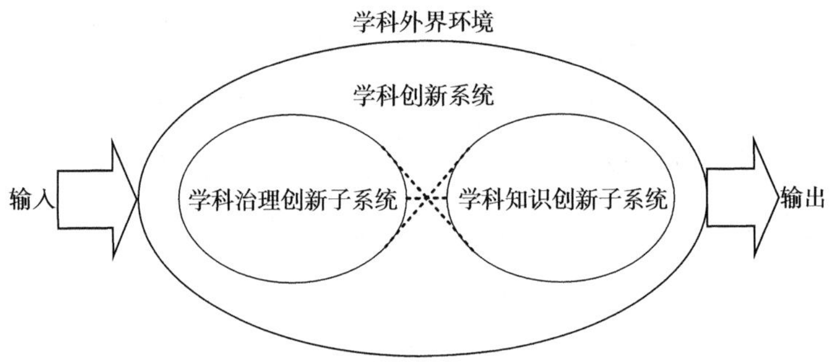

图 3.1　学科创新系统分析框架

（二）硬实力与软实力协同的实施主体

人的主要特点是有思维、会学习、集大成、出智慧，②学科人是学科创新系统的核心动力。教师是学科创新系统中的主要学科人，由于其主观能动性以及创造性，通过教学、科研以及社会服务等学科活动，通过科研合作、产学研合作、国际交流与合作等组织行为，实现着知识传播、创新与转化应用的知识生产功能，他们是学科知识“工厂”的生产者，又是学科系统的组织主体，参与学科的运行、管理、发展以及水平提升。作为学科这个特殊的知识型组织，学科的主体——教师，其不仅归属于院系等组织，也归属于学科，为学科贡献新知，因此教师对组织与学科具有双向忠诚度；教师不仅是知识生产主体，促成了知识的输入、转化与输出，同时教师还在组织中具有社会属性，是组织的管理运

① 参见鲁品越：《从构成论到生成论——系统思想的历史转变》，《中国人民大学学报》2015 年第 5 期。

② 参见钱学森等：《论系统工程》（新世纪版），上海交通大学出版社 2007 年版。

行者，正是因为教师具有组织与知识的二元属性，因此学科也具有组织属性与知识属性。

学科人中的学科管理者是学科创新系统的另一重要动力源泉，通过学科管理者为学术研究的自由开展寻求组织制度的适切性保障的组织行为，对知识创新系统进行组织的有效引导。学科管理者通过敏锐的洞察力，识别学科创新系统外部环境变化以及学科内部组织与生态状况，通过远见卓识的战略布局确定学科目标，根据环境不断调整组织与管理策略与强度，以实现学科朝科学、健康、一流方向发展。学科教师与管理者不是截然分割的，学科人的一个重要特点和趋势是很多学科人同时担任着学科教师与学科管理者的双重身份。

三、学科知识创新系统及其创新类型界定

伯顿·R.克拉克是学科知识创新系统的理论奠基人，其在《高等教育系统——学术组织的跨国研究》中充分论述了学科的知识起源，也是其整个高等教育系统体系的逻辑起点和基点。克拉克把高等教育系统中的知识按照科研、教学和社会服务等学科功能分为知识生产、知识传播和知识应用。他提到，知识是包含在高等教育系统的各种活动之中的共同要素，科研创造它，学术工作保存、提炼和完善它，教学和服务传播它。① 从知识管理理论来讲，Alavi 等将知识管理活动分为创造、存储/检索、转移和应用 4 个基本过程②。李浩分析了当前基于知识管理理论的文献，认为主要分为知识转移、知识创造和知识应用 3 个领域。③

按照高校和学科的三大职能来论述知识创新三分类型已经得到了很多学者的充分论述和研究基础。早期创新理论中的技术创新模型被认为是基于

---

① 参见[美]伯顿·R.克拉克：《高等教育系统——学术组织的跨国研究》，王承绪等译，杭州大学出版社 1994 年版。

② M.Alavi & D.Leidner, "Knowledge Management and Knowledge Management System: Conceptual Foundations and Research Issues", *Mis Quarterly*, 2001(1).

③ 参见李浩：《社会资本视角下的网络知识管理框架及进展研究》，《管理世界》2012 年第 3 期。

"投入—产出"线性模型，这种模型由于缺乏对主体交互作用及递归机制的考量，逐渐被非线性模型替代，典型非线性模型包括国家创新系统（NSI）、三螺旋模型（TH Model）、"知识生产模式3"等。① 路甬祥等在论述国家创新体系理论研究时，论述了国家创新体系中不同创新主体的主要创新过程，其中高校作为知识创新子系统，主要以知识传递和高素质人才培养为主，同时进行知识创新和知识转移，说明学科知识创新包含的三个知识创新维度；三螺旋模型（TH Model）、"知识生产模式3"本质上都是从知识外部网络视角和知识内部网络视角对知识创新的功能性分类基础；②金薇吟以克拉克知识与学科的理论为基础，论述了科学研究是学科知识的创造，人才培养是学科知识的传递，社会服务是学科知识应用的学科分化理论；③刘则渊④、潘黎⑤等从知识活动系统的全息性出发分析了大学基本职能和大学知识活动系统，认为大学知识活动分为知识创造系统（科技系统，知识再生产）、知识传播系统（教育系统，智力再生产）和知识应用系统（经济系统，物质再生产）；周光礼等通过科学的文献计量分析，归纳出学科的内涵和外延，其中学科概念的重要外延即"教学科目"、"活动形态"和"社会服务"，他认为这说明学科的功能是发现知识、传播知识和应用知识，学科的表现方式是教学科目、学术活动或社会服务；李春林⑥、武建鑫、宣勇等在研究学科机理时均将学科知识创新作了功能视角的分类。

学科知识创新系统指学科通过学术活动进行知识的获取、整合、共享和应用等一系列知识创新活动和行为，不断地追求新发现、探索新规律、创立新学

① 参见许长青：《三螺旋模型的政策运用、理论反思与结构调整》，《高等工程教育研究》2019年第1期。

② 参见武学超：《模式3知识生产的理论阐释——内涵、情境、特质与大学向度》，《科学学研究》2014年第9期。

③ 参见金薇吟：《克拉克知识与学科理论发微——兼论学科的分化与综合》，《扬州大学学报（高教研究版）》2004年第5期。

④ 刘则渊、韩震：《知识活动系统与大学知识管理》，《大连理工大学学报（社会科学版）》2003年第2期。

⑤ 潘黎、刘元芳、林莉：《基于知识活动系统全息性的高校分类的理论构建》，《辽宁教育研究》2006年第8期。

⑥ 李春林、丁云龙：《创新型大学一流学科及知识网络建设研究》，《价值工程》2012年第23期。

说、创造新方法以及积累新知识的创新综合体。

因此，本书将学科知识创新系统按照学科功能视角划分为三种创新类型——学科知识传播、学科知识生产与学科知识应用。三种类型对应着学科教学与人才培养、学科科学研究与学科社会服务三种职能。各类知识创新的显性成果表现为教学、科研与科技成果转化方面的各种成果形式，即学科评估中常说的“硬指标”，如教学方面的课程、教学成果、人才培养等；科研方面的论文、学术成果、科研获奖和项目等；科技成果转化方面的专利、社会经济效益等（本书第八章对此会有进一步论述）。

学科知识传播指学科教学与人才培养活动以及过程中的知识创新行为。本书界定的代表学科知识传播的教学不是狭义的“课程教学”“教师对学生”这一种形式的教学，而是在学科创新活动中发生“教”与“学”互动功能的所有形式，具体包括 SECI 知识创新模型中本体论划分的个体、团队、组织（学科）之间的知识转换过程。它包括个体与个体之间的知识传播、个体与团队之间的知识传播、个体与学科之间的知识传播、团队与团队之间的知识传播和团队与学科之间的知识传播，这些知识传播形式可能出现在产、学、研、用等学科知识协同创新的各个环节，如科研团队组会产生的知识创新、学术研讨会议产生的知识创新、科研合作过程中产生的知识创新等。

需要特别指出的是，高校人才培养体制机制模式创新在这本书中被视为学科治理创新，但由于我们将“课程”看作教学过程的知识创新成果，因此课程体系重构则被视为知识创新行为。

学科知识生产主要指学科科学研究活动以及过程中的知识创新行为。学科科学研究过程通过各种（非）正式形式、各类学术活动、各种科研机制及模式等开展，实现学科知识的社会化、外部化、综合化和内部化，在知识转化与流动过程中形成持续的知识螺旋上升过程。

学科知识应用指在学科的社会服务职能（具体指科技成果转化以及产业化过程）方面的相关活动以及过程中的知识创新行为。

此外，在当前工程教育变革背景下，现代化高科技手段和工具直接被用来促进知识传播、知识生产和知识应用的情况日益增多，如在知识传播过程中运用智慧课堂、大数据、引进智慧技术促进课堂教学、未来教育等，在知识生产过程中引进先进实验仪器设备和先进技术工具等。我们把这种直接促进知识创新的行为和活动归入学科创新的硬实力——知识创新部分。在管理学科，企业技术创新的内涵界定分为产品创新和工艺创新，二者体现了“制造什么”和“如何制造”的本质特征，因此教育技术的改进以及科研仪器的引进等直接促进知识创新的手段在逻辑上属于技术创新的“工艺创新”。

四、学科治理创新系统及其创新类型界定

学科治理创新系统指为了应对复杂多变的学科外部环境，整合学科内外部资源，作出一系列适应性变革的学科创新想法、步骤、行为、流程等，兼顾学科发展的内在逻辑（知识的逻辑）和外部逻辑（社会的需求），对学科战略、结构、制度和文化等要素进行调整、重构、完善和优化的创新综合体。

本书聚焦学科组织，探究组织层面的治理/管理问题，综合 Damanpour①、邹晓东、高桂娟②等学者的观点，认为学科治理创新系统包括 4 种创新类型，分别为学科战略创新、学科结构创新、学科制度创新和学科文化创新。

根据 Dennis、Lea Pennock③、李洪修④等学者观点，学科战略创新指面对复杂外部环境，为了保持学科发展势头和竞争优势，组织作出的学科战略方面的重大的、战略性的创新。本书中提到的学科战略创新包括学科布局、学科战略规划等有关的行为或活动。

根据 Sahay⑤ 等学者观点，目前广义的结构创新包括组织战略、组织结构、文化、流程、制度等方面的创新，本书学科结构创新接近狭义的定义，指学

---

① F.Damanpour，“Footnotes to Research on Management Innovation”，*Organization Studies*，2014(9).

② 高桂娟：《大学知识创新与组织变革》，《中国地质大学学报（社会科学版）》2007 年第 3 期。

③ Lea Pennock，“Assessing the Role and Structure of Academic Senates in Canadian Universities，2000-2012”，*Higher Education*，2015(3).

④ 李洪修：《大学治理的制度逻辑及其选择》，《大学教育科学》2012 年第 6 期。

⑤ Y.P.Sahay & M.Gupta，“Role of Organization Structure in Innovation in the Bulk Drug Industry”，*Indian Journal of Industrial Relations*，2011(3).

科组织结构或流程方面的创新。

根据万力维、赵炬明①等学者观点，学科制度创新指组织中各类宏观、中观和微观制度的重构和优化的创新行为。学科宏观制度创新包括激励方式、评价制度、治理结构、资源安排制度或管理制度等；中观制度创新包括与教学、科研、社会服务职能直接相关的体制机制变革，如人才培养模式改革、产学研模式创新、知识产权制度等；微观层面制度创新包括具体进行创新活动过程中所作出的促进学科创新活动的体制机制创新。

根据 Sehein②、程刚③等学者观点，学科文化创新指学科观念、教育理念和价值观方面的创新。

第二节　学科治理创新与知识创新协同的界定

一、协同的界定

协同最初始于 Haken 提出的协同理论，并应用于管理科学。他认为协同是系统内部各要素间、要素和系统整体间、系统与系统间的一种相互作用模式和机制，通常通过有序架构构建，实现 2+2>5 的整体效应和部分效应相结合的协同效应。协同机制与其他机制的特征比较如表 3.1 所示。

表 3.1　协同机制与其他机制的特征比较④

特征维度	协同机制	其他机制（如整合、协作等）
分析层次	要素和整体	要素
作用基点	系统结构重构	现有要素基础上的信息联系

① 赵炬明：《精英主义与单位制度——对中国大学组织与管理的案例研究》，《北京大学教育评论》2006 年第 1 期。

② E.Sehein，"Organizational Culture"，*American Psychologist*，1990（2）.

③ 程刚等：《高校校园文化对大学生知识创新的影响》，《情报探索》2018 年第 7 期。

④ 参见陈劲、王方瑞：《再论企业技术和市场的协同创新——基于协同学序参量概念的创新管理理论研究》，《大连理工大学学报（社会科学版）》2005 年第 2 期。

续表

特征维度	协同机制	其他机制(如整合、协作等)
效应	强调要素和整体的价值增加和创造,以及系统整体属性的质的变化	强调要素的价值增加和整体效率的提高,1+1>2
管理重点	最小控制和自我	最大控制
进化	强调有序的非平衡态,内部要素联系促进系统不断进化、有效适应环境	短期性,不涉及进化或固化的流程,很难改变
内在机理	讲求系统的冲突与一致并存,通过一致获得效率,通过冲突实现发展和创新	系统取得一致性努力的过程,讲求和谐和相互匹配,因此有路径依赖性

协同是实现复杂系统自组织的良好途径。协同概念给本书的逻辑借鉴是,通过序参量的确定降低创新过程的复杂性,从系统各要素相互作用的过程中产生有序的序参量集合,序参量集合之间通过合作、沟通、互动、相互作用等最终形成系统的唯一序参量(硬实力与软实力协同),该序参量使得组织达到最终有序状态并决定了有序状态的程度(学科创新绩效)。

二、硬实力与软实力协同的内涵与特征

通过学科创新系统及学科创新类型的界定,学科"治理创新与知识创新协同"的实质是学科治理创新系统与知识创新系统两个系统之间的协同(以下简称"硬实力与软实力协同")如图 3.2 所示。

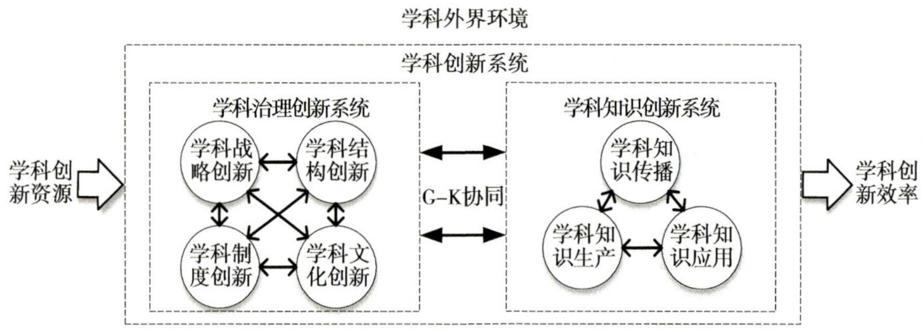

图 3.2 硬实力与软实力协同概念示意图

因此,硬实力与软实力协同指通过学科治理创新子系统与学科知识创新子系统之间的互动机制推动学科创新系统整体朝着更优化的结构与功能方向演进的创新管理过程,以提升学科创新绩效并实现学科的良好发展。

本书聚焦学科治理创新系统与学科知识创新系统协同发展问题,将硬实力与软实力协同作为一个"整体概念",研究其"是什么"、"为什么"和"怎么做"的问题,通过两个创新子系统各创新维度之间形成的复杂耦合关系,研究硬实力与软实力协同。通过探索性案例分析,对复杂的学科治理创新与学科知识创新之间的协同关系进行分析,从实践中探索硬实力与软实力协同是什么;运用结构方程模型,分别对学科治理创新、学科知识创新各维度测度,并最终测度出硬实力与软实力协同指标,探索硬实力与软实力协同是否是影响学科创新效率的关键因素;运用 ISM 模型,将硬实力与软实力协同、学科治理驱动力、学科知识生产驱动力、学科环境驱动力等复杂错综的学科创新驱动力因素,通过系统路径探索,揭示高校工程学科硬实力与软实力协同的静态策略;通过系统仿真模型,将学科生命周期引入,探索随着时间推移,学科硬实力与软实力协同的动态规律和策略。

但是,学科治理创新系统内部各个创新维度之间的影响关系以及之间如何协同,学科知识创新系统内部各个创新维度之间的影响关系以及之间如何协同的问题,属于延伸的研究范畴,为了聚焦研究问题,本书暂不涉猎;同时,学科治理创新系统某个创新维度与学科知识创新系统中某个创新维度之间的影响关系以及之间如何协同,也属于另一个细分、延伸的研究领域,为了聚焦研究问题,本书也暂未涉猎,在此有必要特别说明。

硬实力与软实力协同的主要特征:一是整体性,学科创新系统是各种创新要素的有机集合而不是简单相加,其存在的方式、目标、功能都表现出统一的整体性;二是动态演进性,学科创新系统是不断动态变化的;三是涌现性,学科创新系统是一个复杂系统,因此硬实力与软实力协同是发生于子系统自组织要素之间、交叉创新要素之间、系统之间三个层面的复杂耦合与交互,最终实现动态平衡与 1+1>2 的涌现协同效应。

第二篇

一流学科协同的实践

第四章　学科协同发展实践:宏观视角

为了回答高校工程学科中硬实力与软实力协同的"存在性"和"是什么"问题,本章首先对工程学科知识体的演进和变革进行论述,对我国高校工程学科发展当前的环境和现状做总体分析,通过本体维和生态维两个维度,确立案例选择标准,选取典型的 4 个高校工程学科案例进行案例研究,对当下工程学科发展现状与实践进行总结,并归纳工程学科发展主要特征,基于案例研究构建高校工程学科硬实力与软实力协同发展的理论模型,揭示学科知识创新系统与治理创新系统之间的协同机理以及发展规律,解释高校工程学科"硬实力与软实力协同是什么"的问题。

在探讨世界一流学科生成过程中,由于人文学科、社会学科、自然学科、工程学科各自有着内在的独特性和成长规律,从普遍意义上探讨世界一流学科的组织特征仍然缺乏深刻性和指导意义。经过比较分析,本书选择工程学科作为高校一流学科成长规律的研究对象:一方面,工程学科是中国大学的主体。《中国工程教育质量报告》指出,中国已经建成了层次分明、类型多样、专业齐全、区域匹配的世界最大工程教育供给体系。数据显示,中国普通高校工科专业招生数、在校生数、毕业生数稳居世界首位,数量比紧随其后的俄罗斯、美国等国高出 3 至 5 倍。另一方面,工程学科是国家工业化发展的重要支撑。《中国制造 2025》提出了制造业创新中心、智能制造工程、工业强基工程、绿色制造工程、高端装备创新工程五大工程。这些工程均需世界一流工程学科的支撑。同时,新工科是在新工业革命促使高等工程教育改革背景下提出来的概念,其包括一批新兴工科专业,也包括传统工科间、工科与其他学科间的交叉融合。新工科是针对主动应对新一轮科技革命与产业变革,服务创新驱动发展、实现“中国制造2025”等一系列国家战略提出的。因此,以工程学科为例展开论述,将为国家科技、产业以及教育战略的布局提供有益借鉴。

第一节　工程学科知识体的演进与变革

立足高校工程学科的研究对象,对其实践基础与整体现状进行研究,从系统学的过程视角论述工程学科知识体演进与变革,符合本书的系统维与过程维的整体技术路径,也印证了外界整体环境是我国高校工程学科变革共性特征的主要外部动因。对整个工程学科知识体演进的梳理,有助于剖析高校工程学科的硬实力与软实力协同规律。

工程学科知识体起源于职业与经验总结,后进行了技术体系的改进和发展,又经历了自然科学的锻造与锤炼。科学维与技术维是工程学科知识体在整个历史变迁中演化并系统化的两个重要维度。在两个维度相互协同影响下,工程学科知识体进入大学后开始学科化,后在产业革命和技术革命的牵引下迎来工程实践回归。工程学科知识体是一个不断演进的动态过程,应当从梳理工程历史过程中,剖析工程学科知识体的演进规律,这也有助于把握硬实力与软实力协同的本质规律。综合王沛民、林健等对工程学科与工程教育的历史阶段划分,本书将工程学科知识体划分为四个阶段。

一、“艺徒制”的经验知识形态(18世纪中叶之前)

18世纪中叶之前,工程知识体始于“艺徒制”,这符合人类劳动分工的起点。劳动从制造工具开始,即物质生产的工程经验是从劳动中的模仿开始的。以冶金技术出现为标志,人类开始进入文明时代,陶器、冶铁等复杂工艺技术需要通过师徒传授的方式来传播工程知识,工匠技术与工匠精神是早期工程知识体的雏形。工匠作为一个独立的社会职业,是古代工程事业发展的基本力量。

这一时期的工程知识除了存在于靠经验、技巧和操作传承的手工艺的师徒传递当中,还存在于以国家意志为主导的大型工程中,如中国的长城、都江堰,罗马的竞技场,埃及的金字塔,等等。在这些大型的工程中,人们逐渐形成了对工程的初步体系构架，但是这个时候的工程知识体仍然处于封闭的、局部的、经验传承的时期，未形成体系化、结构化的架构。

直到18世纪后半叶，欧美开始工业革命，机器大工业开始代替手工业，工程知识体中"艺徒制"的经验形态逐渐瓦解。这一个时期，数学、化学、物理等自然科学得到了迅速发展并获得了正式的学科地位，但这个时期工程知识体未得到科学技术的体系化影响，一直存在于经验层面的技术、技艺当中，而自然科学却不断从工程知识体中汲取营养。

二、工程技术的学科化（18世纪中叶到20世纪初）

自博洛尼亚大学成立后，高校一直是人类文明的阵地。大学历史经历了两次范式转变：洪堡大学的"科学研究"是第一次学术革命，威斯康星大学的"社会服务"革命是第二次学术革命。工程教育在高校中出现始于1747年的巴黎路桥学校，进入大学主要分为技术主导期、科学主导期和回归工程期，如图4.1所示。①

18世纪中叶起，技术工程教育范式即指艺术、技艺、技巧、技能、技术的应用。1862年的"莫奈法案"和"赠地学院"促使工程教育开始从车间走向教室，大量现场和实验课程开始出现，但是这个时期很少结合科学理论与数理分析。建于1830年的莫斯科鲍曼大学是工程专业化技术类大学的典范。美国工程学科发展也是从技术范式开始，重视实践与实训，强调"hands-on"的经验，仍然继承了工匠培育的传统。1949年，MIT发布了《刘易斯报告》，集中表现了这一时期工程学科知识应追求实事求是的专业精神，并注重实践和实训。因为工程技术学科化，教材与课程开始出现，工程学科知识体开始朝着结构化、规范化和系统化的方向演进。另外，随着学科化的推进，工程实验室开始出现，如早期德国建立了化学工业研究所、机械研究所等，美国建立有阿贡国家实验室、洛斯阿拉莫斯国家实验室、国家航空航天局、阿诺德工程发展中心等，学科基层组织机构开始出现，有利于工程学科知识体进一步朝科学性、学

① 参见邹晓东、王沛民等：《关于科学与工程教育创新的思考》，《管理工程学报》2010年第1期。

科性方向演进。

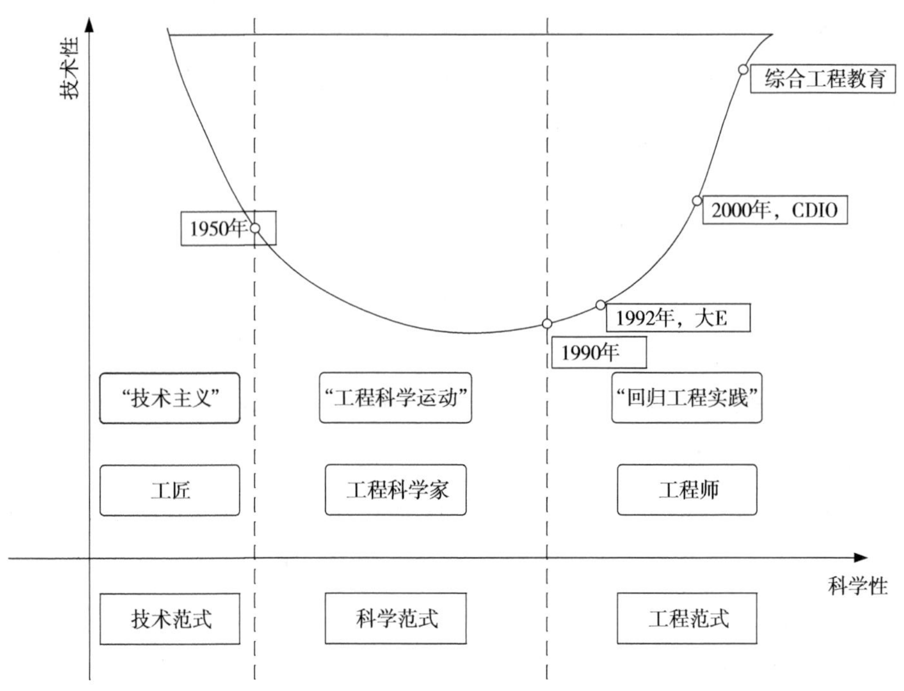

图 4.1　工程学科知识体演进图谱

三、工程学科的科学化(20世纪50年代至90年代)

随着工程知识体学科化的推进,对工程知识体学术性、科学性的要求也越来越高,因而工程学科知识体迎来了一段重要发展时期,即“学科化”到“科学化”的转变。工程教育的科学范式引来了工程学科科学革命。1950年左右,美国工程学科发生范式转变,标志是自然科学与工程科学出现在工程学科课程设置中,实践和设计课程被挤占和削减。这是以技术和实践占主导的传统工程教育被以科学和理论占主导的新兴工程学科取代的革命。①

美国引领了此次工程学科知识体的科学革命。从麻省理工学院、佐治亚理工学院为主的技术类大学开展工程教育,到哈佛大学、密歇根大学、耶鲁大

① 参见王沛民:《中国工程教育研究(EER):式微与复兴》,《高等工程教育研究》2013年第6期。

学等传统高校建立工程学科,工程学科知识体实现了“科学化”的彻底转型。此时的工程学科重科学、技术、工程、数学(STEM)形态成为主流,但随之又产生“过度科学化”的倾向,人们又开始意识到高校工程学科的实践部分的欠缺,导致其与产业脱节。

四、回归实践的大工程观(20世纪90年代至今)

随着工程知识体学科化与科学化的深入,工程研究逐步脱离了产业与实践,更倾向于在实验室进行虚拟实验和模拟,高校培养的工程科技人才也逐步开始被诟病缺乏实践能力和创造能力。美国高校最先开始觉察出学科发展的问题,由MIT发起发布了《美国制造:重振生产力的优势》报告。报告指出战后工科课程向工程科学方向演进是不可避免的,但是目前看,过度科学化将严重威胁到美国的竞争力。实践应当是工程学科的基本灵魂和起点,科学导向过度的后果就是远离实践导向。MIT提倡在新的综合科学与技术工程范式下回归“大工程”,即更加注重跨学科、系统化和综合性。斯坦福大学通过校企合作、创新创业,带动了美国硅谷的崛起与发展。Moses和Bordogna等分别提出了大E工程与整体观,重视工程情境性和工程环境,为工程范式提升了理念高度。[①] 2000年,以产品全生命周期贯穿为特色的CDIO理念更是将工程范式下的回归实践和产业推向高峰。值得强调的是,回归工程实践的“实践”不等于最初的技术范式的实践,工程范式面向实践是建立在一定的工程科学基础上的,属于科学与技术的集成范式,是工程学科知识体的螺旋式递进过程。

通过归纳工程学科知识体的演进史,有以下几点启示:

第一,工程学科知识体始终受到科学维和实践维两个维度的交替影响,经历了艺徒制—学科化—职业化—科学化—回归实践的曲线发展,在两个维度的系统影响下不断演进。工程学科知识体的演进与变革历史就是随着宏观环

① J.Moses,“Engineering with a Big E: Integrative Education in Engineering”, *Long Range Plan*,1994(1).

境不断变化的过程,也是人们认识世界和改造世界的过程,是人类现代文明的历史缩影。

第二,工程学科知识体演进史表明外界整体环境是高校工程学科变革共性特征的主要外部动因,研究工程学科需要充分考虑外界环境对工程学科的影响作用。

第三,工程学科的科学性要求其具有极强的知识创新性,而工程学科发展过程中,又受到实践性、职业性、科学性、情境性、系统性等多种因素的制约和要求,工程教育在发展过程中有"改革"的内在要求。因此在工程学科发展建设过程中,要求知识创新与治理创新协同发展。

第四,工程学科发展具有复杂的系统性,其受到多种因素影响,不同因素构成不同的结构、层次和功能,并且其在不同的外界环境以及发展阶段呈现出不同的结构和功能。除了从整体宏观把握外,我们还应剖析工程学科发展建设过程中的具体实践案例。

第二节　高校工程学科发展环境与现状

一、高校工程学科面临的外界环境及挑战

(一) 工业革命与新经济推动工程学科变革与新工科

当前,以新技术、新产业、新业态与新模式为特征的新经济呼唤新工科。第四轮科技革命不断催生新事物。人工智能、虚拟现实、基因工程、物联网、大数据等新技术正在加速兴起,带动新产业的快速迭代。工业机器人正在颠覆传统劳动力市场,集成电路、卫星应用、通用航空和生物智能等不断更新人才知识架构。平台经济、分享经济、协同经济等新模式广泛渗透,线上线下融合、跨境电商、社交电商、智慧家庭、智慧城市等新业态不断涌现。产业结构转型不断要求动力转换、结构调整、方式转变,新时代新经济要求传统工程学科的升级换代,进行供给侧结构性改革。工程学科领域正在进行新一轮新工科的创新变革,对传统工程学科的新要求和新兴工程学科建设,不断重构着学科建

设体系。

（二）人工智能等科学技术发展亟待工程学科知识创新

随着互联网、大数据和云计算等技术的快速发展,人工智能迎来了第三次发展浪潮。全球主要国家抢抓人工智能发展的重大战略机遇,积极推动人工智能与众多领域的融合不断深入。这给各国的科技创新能力和人才培养能力提出了新挑战。美国于2016年10月发布了《国家人工智能研究和发展战略计划》,并且确定了七大战略方向;英国于2018年4月发布了人工智能发展计划能力、志向的规划;欧盟于2018年3月发布了人工智能时代确立以人为本的欧洲战略;2017年7月,我国政府发布《新一代人工智能发展规划》,确立了“三步走”目标和六个方面重点任务,要求到2030年我国成为世界主要人工智能创新中心,并指出要完善人工智能教育体系,加强人才储备和梯队建设,形成我国人工智能人才高地。我国传统工程学科受到工业革命、技术变革、颠覆性技术涌现等因素影响,工程学科知识体系以及运作模式正在面临新一轮重构。

（三）国家系列发展战略对工程学科创新的新要求

目前,我国正在实施创新驱动发展战略、网络强国战略等。为响应国家战略需求并为国家战略提供基础性支撑,突破关键核心技术,在未来全球创新生态系统中占据战略制高点,通过新兴产业实现弯道超车,我国高校迫切需要建立适应未来社会发展所急需的工程学科。“中国制造2025”提出的基本方针是创新驱动、质量为先、绿色发展、结构优化和人才为本,着力实施国家制造业创新中心建设工程、智能制造工程、工业强基工程、绿色制造工程和高端装备创新工程五大工程,到2025年迈入制造强国行列。建设航天强国、海洋强国等战略,也为传统工程学科提出新的要求。时代发展变化与国家战略需求是推动工程学科发展、创新与改革的动力引擎。

（四）“双一流”政策的时代变革要求学科创新

2015年国务院发布的《统筹推进世界一流大学和一流学科建设总体方案》遵循“以中国特色、世界一流为核心,以立德树人为根本,以支撑创新驱动发展战略、服务经济社会发展为导向”的指导思想,坚持以一流为目标、以学科为基础、以绩效为杠杆、以改革为动力，支持一批高水平大学和学科进入世界一流行列或前列。2018 年 8 月，教育部、财政部、国家发展改革委印发的《关于高等学校加快“双一流”建设的指导意见》，专门部署了一流学科建设任务。

一流学科建设是培养一流创新人才、锻造一流师资队伍、打造一流科技平台、产出一流科研成果、传承创新优秀文化的关键基础。为了一流学科的建设目标，必须尊重当下动态评估、动态发展的现实要求，不断注入改革动力，深化教育领域综合改革，不断创新学科治理机制，不断提高创新水平和创新绩效，这是“双一流”政策的内在要求。

（五）“工程教育变革”大潮推动工程学科创新

“双一流”政策正在与我国工程教育改革经历时空相遇。近年来，我国工程教育改革政策不断涌现，一是实施“卓越工程师教育培养计划”；二是开展工程教育专业认证的推广；三是推广 CDIO 人才培养模式；四是推广“新工科”改革。2010 年正式启动的“卓越工程师教育培养计划”主要以面向工业界、面向世界、面向未来的理念培养拥有创新能力的卓越工程师；开展工程教育专业认证则是以我国 2013 年加入、2016 年成为正式成员的《华盛顿协议》为标志的，以 OBE（学生中心，产出导向，持续改进）为导向和标准的工程教育改革；CDIO 人才培养模式是引进麻省理工学院、瑞典皇家工学院等四所大学的工程教育改革理念，一方面要求工科学生毕业时具备解决工程寿命周期全过程问题的知识和能力，另一方面强调遵循工程寿命周期的思路设计和实施工程人才培养方案；“新工科”改革是 2017 年“新工科”三部曲（“复旦共识”“天大行动”“北京指南”）吹响的为应对新经济挑战，从服务国家战略、满足产业需求和面向未来发展的高度，提出的一项持续深化工程教育改革的行动计划，主要包含三个层面：传统工科的信息化、智能化改造，应用理科向新兴工科的积极拓展和针对新产业需求的新型工科建设。

为了培养国家发展建设需要的科技人才，传统工科专业的升级改造以及新兴工科培育是工程教育改革的必然产物。学科建设要与时代发展相适应，为国家和社会输送高品质专业人才是高等学校的职责，学科作为高校履行其职能的基本功能单位,其体量和动能的大小,不仅决定着人才培养的质量与水平,也决定着学校自身品质与社会声誉。学科建设在不同历史时期,其内涵和外延是不同的,随着时代的变化,学科的内涵和外延也要发生变化甚至是颠覆性变化。

（六）“学科交叉”是学科创新与改革的必然要求

在当前知识网络技术环境下,知识的可整合性、学科边界的可渗透性都不断增强。在复杂多变的外界环境下,起源于19世纪的学科制度以及分科大学模式正在面临严峻的挑战,因此学科运行以及生成规律不论在理论界还是实践界都存在热烈的研究探讨。① 为了应对大科学、技术汇聚的挑战,必须制定更科学的创新战略,有效实施全球创新资源获取整合,不断推进学科交叉和融合。这对推进我国自主创新具有深远的现实意义和理论意义。② 促进“学科交叉”,创新是应有之义,一方面,学科交叉的本质目的在于促进知识创新,创新是实现引领的途径和动力,只有不断创造出新的学术思想和工程技术,学科水平才能持续提升;另一方面,促进学科交叉,需要学科有效治理的创新。破除传统条块分割的组织体系和学科模式,就需要创新学科发展战略、创新学科组织结构、创新学科运行制度并创新学科包容文化。

二、我国高校工程学科发展现状

（一）总体情况

中国拥有世界规模最大的工程教育体系,工科专业的学生数占世界三分之一以上,九成以上的高校拥有工程学科。中国高等教育系列质量报告之《中国工程教育质量报告》显示,2014年我国工程教育在校生规模占全国普通高校本、专科在校生总数的38.2%,本、专科工科专业布点数分别达到15718个和23875个,规模位居世界第一。截至2018年年底,我国有1100多所学校举办工程教育,共有1.9万多个工科专业,在校生约550万人,毕业生120多万人。

---

① 参见王建华:《学科的境况与大学的遭遇》,教育科学出版社2014年版。

② 参见陈劲、阳银娟:《协同创新的理论基础与内涵》,《科学学研究》2012年第2期。

工程学科在"双一流"政策中也具有举足轻重的地位。2015 年,国务院公布《统筹推进世界一流大学和一流学科建设总体方案》,全国各高校拉开了建设一流大学和一流学科的序幕。国家第一批共遴选了 42 所一流大学建设高校和 95 所一流学科建设高校,部署到 2020 年若干所大学和一批学科进入世界一流行列,若干学科进入世界一流学科前列。从目前我国各高校的学科实力看,一流学科的阵容中最有潜力冲击世界一流的当属工科门类。数据显示,一流学科建设名单中,共有 150 个工科门类学科入选,占全部 465 个学科的三分之一,是各学科门类中数量最多的。根据 2019 年 QS 学科排名来看,进入世界前 20 名的我国高校 22 个学科中有 10 个学科属于工学门类,占比接近二分之一。① 当前工程学科的发展正面临空前的历史机遇,经济、产业与科技快速发展的时代背景,对工程学科深度参与创新驱动发展战略的实施、推进原始创新和协同创新、加快成果转化提出了更高的要求。面对第四轮科技革命,世界各国和一流高校也纷纷作出回应,推动工程教育的改革,创新工程学科发展模式。工程教育改革也是世界一流大学的共同趋势。

我国工程学科整体质量稳步提升。随着 2016 年我国成为《华盛顿协议》(国际本科工程学位互认协议)正式成员,截至 2017 年底,教育部高等教育教学评估中心和中国工程教育专业认证协会共认证了全国 198 所高校的 846 个工科专业。通过专业认证,标志着这些专业的质量实现了国际实质等效,进入全球工程教育的"第一方阵"。

近年来,我国工程教育不断取得新突破,结构布局得到不断优化,培养层次、类型、种类设置更加注重与工业发展相适应、与区域发展相协调,为同期经济社会发展提供了充足的后备人才,成为中国工业发展的坚实基础和有力支撑。

(二) 我国工程学科改革与创新的探索

我国在工程教育改革发展方面积累了丰富的经验。在宏观层面,不断进

---

① 参见尤政:《建设世界一流工科,引领工程教育发展》,《清华大学教育研究》2019 年第 3 期。

行政策创新。2005 年，我国便开始借鉴国际工程教育改革的新理念，即 CDIO 工程教育模式，探索新时期工程教育人才培养新模式。截至 2017 年 4 月，我国已有 104 所高校自愿加入“CDIO 工程教育联盟”。2010 年开始，我国陆续实施了“卓越工程师教育培养计划”“2011 计划”等，支持建设了一批国家级实验教学示范中心、虚拟仿真实验教学中心等。这些举措很大程度上提升了我国工程学科实力。在微观层面，为了保证工科专业人才培养质量，构建了三级专业认证体系：一级认证是指基于信息化技术建成的国家最大的高等教育质量保障数据库，该数据平台对应基本质量标准认证，如果院校达不到该标准，就会得到黄牌警告，整改后再达不到就要停办；二级认证是指国家质量标准认证；三级认证是指国际质量标准认证，与国际标准实质等效。通过开展高水平、高起点、高标准的专业认证，我国工程学科质量显著提升。

2016 年，中国成为国际本科工程学位互认协议——《华盛顿协议》的第 18 个正式成员。这为中国高等工程教育改革带来利好消息的同时，也迎来了新的挑战。加入此协议意义不同凡响，这标志中国的工科毕业生可以通过互认走向世界。

2017 年，教育部又启动实施“新工科”建设，改造升级传统工科专业，加快发展新兴工科专业。中国从工程教育大国逐步走向工程教育强国。近年接连推出的“复旦共识”“天大行动”“北京指南”等，吹响了“新工科”建设号角，开启了工程教育改革新路径。如今，越来越多的高校参与到“新工科”建设中，推动现有工科专业的改革，主动设置新兴工科专业。

（三）存在的问题与挑战

在整体实力与水平方面，国内工程学科“大而不强”，工程学科布局不够合理；产出成果数量规模虽然与日俱增，但成果质量和含金量还有待提升；培养“真正大师”以及世界先进技术工程师等领军人才还有很长路要走；面对新工业革命的变革背景，领跑世界一流工程学科制高点的能力还有待提升。

在规模与结构方面，工程专业与产业脱节现象仍然存在，工程教育与工作实际耦合度较低，高质量工程人才紧缺；工科毕业生供给结构性过剩与短缺并存，专科层次和研究生层次工科毕业生供给不能完全满足企业和行业需求；适应新兴产业和制造业十大重点领域的人才培养存在提升空间，区域性工科人才规模与产业规模之间的精准匹配等体量与结构上的问题需要尽快解决。

在质量内涵与支撑要素方面，质量建设“最后一公里”有待真正落地，工程学科的教育理念、课堂教学、支撑条件、教师队伍建设、学生能力发展等内涵要素均有较大持续改进空间。

在顶层设计与动态调整方面，人才培养链与国家创新链、产业链对接有待增强；专业动态调整机制亟待完善；产学合作教育的广度和深度亟待加强；质量评估检查保障力度不够，质量文化建设有待完善。

通过对我国工程学科面临的环境以及现状的梳理，有以下几点启示：

第一，我国工程学科虽然整体发展向好，但是整体距离世界一流学科还有距离，我国工程学科整体仍然存在“大而不强”的特点，工程学科建设与发展仍然需要找准“问题”对症下药，持续推进创新改革。

第二，我国工程学科已经取得一定成绩，但是在“新工科”背景下，应对新的外界环境变革浪潮，工程学科发展仍需不断创新：一方面，在知识创新方面，要不断引领传统工科转型升级和新兴工科领域的成果产出和人才培养；另一方面，在治理创新方面，要不断推动学科创新与改革发展，推动工程学科在战略布局、结构制度与管理、文化等若干方面协同发展。

第三，我国工程学科发展仍然存在二元创新困境，一方面，重视成果产出，发表论文、申请项目、投入资源、申报奖项、申请专利数量等不断提升，但是仍然面临含金量不足等问题，距离世界一流水平仍有差距，根本原因还是学科软实力有待提高；另一方面，很多高校不断改革创新，“工程学科综合改革”“工程教育模式创新”等层出不穷，但是高质量的知识创新产出和硬核成果仍需增多。因此，学科建设过程中，只有实现软实力与硬实力的协同发展，才能探索出我国工程学科发展之路。

第五章　学科协同发展案例:个案研究

本章试图通过案例分析,揭示硬实力与软实力协同是否在高校工程学科发展过程中现实存在,硬实力与软实力协同如何存在于高校工程学科发展过程中,硬实力与软实力协同到底有何特征。在对工程学科知识体的演进和变革进行论述和对当前工程学科发展现状进行论述的基础上,采用探索型案例研究方法,通过"学校+学科(群)"的"嵌套式"系统的案例分析范式,从本体维和生态维两个维度选取典型的4个高校工程学科案例进行案例研究并归纳工程学科发展主要特征。最后对案例进行综合分析得出相关结论。

第一节　案例分析研究方法与研究框架

罗伯特·K.殷认为在决定采用研究方法之前所必须考虑的三个条件是:①该研究所要回答的问题的类型是什么;②研究者对研究对象及事件的控制程度如何;③研究的重心是当前发生的事,或者是过去发生的事。[①] 本书是通过实践进行归纳,试图回答硬实力与软实力协同"存在性"和"是什么"的问题,研究对象属于过去发生的事实,不存在所谓条件控制性。案例研究方法也是一种实证研究方法,其关键在于剖析某情境下案例对象的动

① 参见[美]罗伯特·K.殷:《案例研究方法的应用》(第3版),周海涛等译,重庆大学出版社2014年版。

态过程。① 案例研究方法强调缜密的研究设计与案例选择有效性，本书是为了探究一流学科拥有较好的学科创新效率的情况下是否存在"硬实力与软实力协同"问题，以及它在一流学科发展过程中"是什么"的问题，因此采用探索性案例研究方法。探索性研究有利于充分理解未被理解的现象并对现象提供新的洞见，②可以原原本本保留学科与大学的矛盾运动特征，如学科生态环境、学科之间的竞合关系、学科交叉融合关系以及学科组织与高校之间的委托代理关系，高校对学科发展的治理与干预等。基于以上分析逻辑，本书采用案例分析，通过对 4 个案例进行纵向剖析，分析高校工程学科硬实力与软实力协同的"存在性"和"是什么"的问题以及在学科发展实践中的内在机理和规律。

一、案例选择范式

本书选择的案例范式采用"学校+学科(群)"案例叙述范式。从学科创新生态系统来看，学科的案例剖析分为生态维、本体维，既要考虑学科所在高校整个的学科生态环境(生态维)，又要考虑学科内部的结构与功能(本体维)；不仅需要分析单一学科内部的硬实力与软实力协同问题(本体维)，还要考虑学科生态维，即把单一学科放在"高校教育系统"整体环境里分析，包括学校的顶层布局、宏观制度等，同时也需要把学科放在"学科生态系统"中去剖析学科布局、学科生态以及学科群落族群发展等。仅从本体维角度来看，单一的学科介绍不足以分析生态系统内整个的学科布局、发展规划以及学校制度等，特别是从工程学科整体环境分析可知，跨学科性以及学科群发展是工程学科建设的主要特征和趋势。另外，还要从生态维角度论述案例，因此本书的案例选择范式为"学校+学科(群)"的"嵌套式"系统分析范式。

① 参见李平、杨政银、曹仰锋主编：《再论案例研究方法：理论与范例》，北京大学出版社 2019 年版。

② 参见李春林、刘丽丽：《一流学科的演进特征与生成机理——以 H 大学 C 学科为例的探索性研究》，《教育发展研究》2017 年第 21 期。

二、案例选择标准

本书选取了4个国内一流高校的一流工程学科(群),综合考虑数据可得性和案例分布典型性等特征,选择标准见表5.1所示。从学科生态维和学科本体维两个维度设立案例选择指标体系,学科生态维指所选高校是一流综合高校或者知名工科强校两个维度综合考量;学科本体维从传统工科学科、新型工程学科、国内领先工科、行业特色工科4个维度进行选取。

1. 本书的基本假定是硬实力与软实力协同对学科创新绩效有显著影响,因此案例选择暗含的基本假设是学科具有较好的创新绩效。本书选择"双一流"高校,说明本学科具有较好的学科创新绩效水平。为了聚焦研究问题,案例研究中不对学科创新绩效水平作过多的介绍和论述。

2. 为了避免指代性、典型性等问题,本书隐去高校名称,并为了防止对标对应,对部分非关键信息采取匿名处理。研究目的不在于典型性传播推广和示范,而在于通过案例揭示本书学科"硬实力与软实力协同"这一研究问题。

3. 本书的案例分析思路采用"证据型""聚焦型""典型性"基本模式。为了找到研究问题,对揭示研究问题的论点进行论证,无意于探讨案例对象所有背景、成绩等情况,即案例的维度分析不在于面面俱到,而聚焦具有典型性的维度和论点进行论述,旨在全方位整体揭示本书的研究问题。

4. 在案例研究过程中,本书通过面对面访谈、电话访谈、现场调研、参加会议等方式获取了大量一手资料,同时通过网站信息、内部报刊、新闻报告、专业杂志、会议资讯等方式对二手数据进行整理和编码,并通过反复验证和比较,得到了尽可能详细、真实的信息,符合三角测量法的要求,增强了本书的信度和效度。

表5.1　案例选择标准与维度

高校	学科(群)	学科生态维		学科本体维			
		一流综合高校	知名工科强校	传统工程学科	新兴工程学科	国内领先工科	行业特色工科
S大学	电子信息大类	★		★		★	

续表

高校	学科(群)	学科生态维		学科本体维			
		一流综合高校	知名工科强校	传统工程学科	新兴工程学科	国内领先工科	行业特色工科
T 大学	智能建造	★			★	★	
J 大学	智能学科群		★	★	★	★	
B 大学	机械工程新能源汽车专业		★	★		★	★

三、案例分析维度和逻辑

1. 我国高校工程学科整体环境分析。本书重要研究假设和调节变量即高校工程学科的外界环境变化,论述了我国高校工程学科所处的整体环境。

2. 主要论述学科在面对不断变化的环境的情境下,所采取的学科战略布局,规划学科战略创新、专业教育理念创新与学科在教学、科研与科技成果转化等各方面的知识创新的学科硬实力与软实力协同。

3. 学科结构创新与学科在教学、科研与科技成果转化等各方面的知识创新的协同,如论述关于跨学科的学科群(学部)组织结构设计和重构学科组织模式等方面促进知识创新的学科硬实力与软实力协同。

4. 学科制度创新与学科在教学、科研与科技成果转化等各方面的知识创新的协同。主要论述人才培养模式变革、重视课程体系创新、产学研一体化重构、创新创业实践模式、管理制度系统设计(评价、激励、信息化等)与学科治理机制等方面促进学科教学、科研与科技成果转化方面的学科硬实力与软实力协同。

5. 学科文化创新与学科在教学、科研与科技成果转化等各方面的知识创新的协同。主要论述关于塑造包容学科文化、创新创业实践导向、以学生为中心、结果导向、持续变革等文化创新促进教学、科研与成果转化等知识创新的协同。

案例分析思路框架如图 5.1 所示。

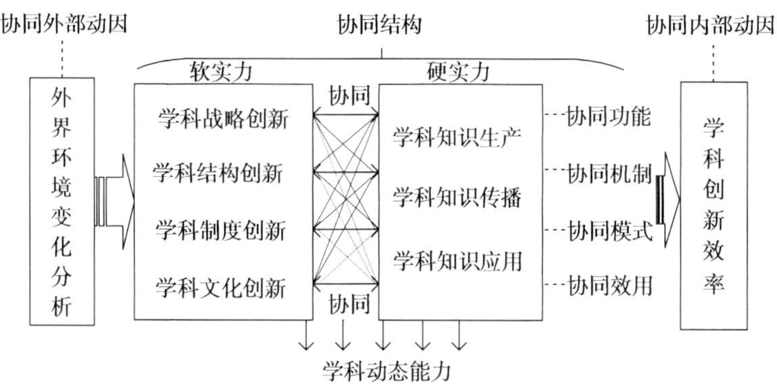

图 5.1　案例分析思路框架

第二节　S 大学电子信息学科群

一、顺潮流、高站位、大战略

S 大学是国内一流综合性高校,电子信息与电气工程学院是该高校内规模最大、办学实力最强的学院,也是全国高校中规模最大的同类学院之一。该学科历史悠久,素有中国电气工程师“摇篮”之美称。该学科群拥有电气工程、控制科学与工程、计算机科学与技术、软件工程、信息与通信工程、电子科学与技术、仪器科学与技术和网络空间安全等一级学科,其中诸多学科属于国家重点学科。

该学科一直思考面向世界、面向未来进行超前布局,让学术成果为国家、为民族、为人类贡献力量,随着历史发展和外界环境的不断变化,S 大学适时而变,勇立潮头,不断调整学科发展战略以及组织的杠杆作用,调结构、促功能,实现不同时期的战略目标和相应的发展。得以存续、发展、壮大和再发展的光辉历程成就了当前的一流工程学科。通过系统科学的“环境、结构、功能”分析维度,①S 大学电子信息学科群组织结构历史沿革与创新发展分析如表 5.2 所示。

① 参见于景元:《钱学森系统科学思想和系统科学体系》,《科学决策》2014 年第 12 期。

表 5.2　S 大学电子信息学科群组织结构历史沿革与创新发展分析

时间	第一阶段	第二阶段	第三阶段	第四阶段	第五阶段
时期	学科积淀期	恢复发展期	快速发展调整期	学科大发展时期	大电类协同发展期
环境及其变化	新中国成立以前	新中国成立初期	改革开放,教育与科技的春天	国家开始重点学科的评选与支持;部、校合作的大发展时期	新形势、新环境、新科技下工程教育变革;国家启动学科动态评估
目标及其功能	培养工程技术人才,引进西方先进性理念	支援共和国建设;秉承"门槛高、基础厚、要求严"的教学传统	根植基础、率先发展、抢占先机战略;组织调整变革战略	人才需求培养战略;扩张型战略	学科交叉融合战略;协同发展战略
结构及其治理	广聘名师,借鉴国外高校电气工程教育方案修定课程设置,建立实验室	随着国家战略以及需要调整,经历院系调整、校址迁移、合并与分离、汇合分流等;坚持为国家国防现代化作出重要贡献	成立电工及计算机科学系;学校以电工及计算机科学系和电子工程系为基础,成立了电子电工学院	成立电力学院;电子电工学院更名为电子信息学院;精密仪器系并入电子信息学院	根据人才培养大势,合并成立电子信息与电气工程学院,大电类学科整合完成

资料来源:根据官方网站相关资料及访谈整理。

同时,电子信息学科群具有良好的学科内部生态系统，学校学科布局全面有序,即具有学科集群性优势,既保持了工科的主体性同时有效促进学科交叉,又具有学科综合性支撑优势,学科具有较为体系化、综合化布局,为学科创造了良好的发展生态土壤,如图 5.2 所示。

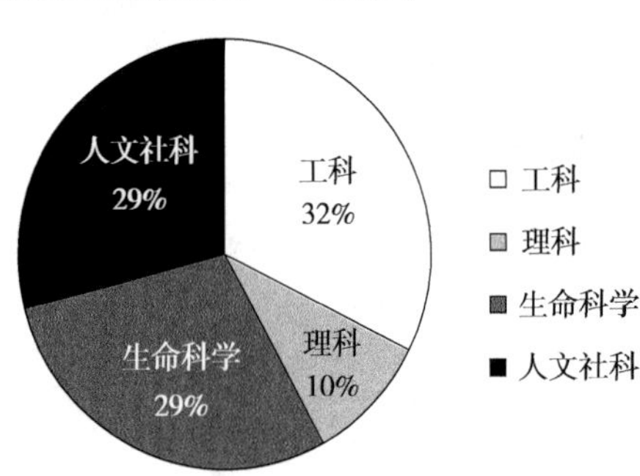

图 5.2　S 大学学科内部生态环境之学科布局

二、应对电子信息领域变革需求,不断思考并明确学科发展战略

电子信息类专业始终是工程学科中最“新”的。电子信息类专业相关技术领先,是科技革命与行业进步的“发动机”。过去半个多世纪,全球科技发展步伐不断加快。以“摩尔速度”发展的电子信息技术,与其他领域技术交叉融合,使其成为科技创新发展的密集区。当前,电子信息领域的数字化、网络化、智能化特征愈发明显,其广泛渗透性正加速推动其他领域的创新发展,电子信息工程科技水平已成为一个国家现代科学技术发展水平的重要标志。通信、计算、控制等电子信息技术高速协同发展和交叉融合,电子信息领域对人才的需求向综合型、创新型方向发展。该学科的领导者始终思考建设一流学科的要旨,并始终坚持顺应潮流,持续进行学科建设改革。

特别是面对“新工科”背景,传统学科要适应“新工科”大数据、云计算、互联网、智能制造和智慧城市等新技术、新情境、新变化和新要求,亟待进行教育理念和体系重构。同时,在当前工程教育国际化变革下,S 大学大电类学科建设存在着诸多现实问题:传统的按专业招生与培养的方式限制了对多学科复合型人才的综合培养;校企之间双向信息交流较少;传授的知识老化,学生创新意识有待提高;大电类学生就业范围广,面临“就业”和“能力”压力,需要进行“知识更新”;当前专业教育与课程仍侧重按专业的“知识供给”,而以 OBE 等工程教育国际标准来讲,人才素养需要的是“按能力供给”。

基于以上问题,S 大学大电类学科制定了对应的解决方案:第一,打造学校一体化工科平台,形成了“大类招生”新教学体系;第二,顶层设计人才培养模式,构建新的知识体系、课程体系、实践体系;第三,构建“学研创一体化”人才培养体系,建设专业群,按照专业学习需求的相关性和区别性,重新更新了培养方案;第四,建设模块化课程,在专业群的基础上,满足个性化学习;第五,优化学校与学科资源配置。解决方案层层设计,恰切地与学科发展阶段、外界环境需求、学科动态能力还有知识创新特征匹配,共同促进了学科创新绩效与学科水平的提高。

三、打造学校工科平台，建立多学科大院制结构促进学科交叉融合

工科平台的建设目标是打通机、电、船、材等工科学科人才培养方案，建设"工科创新人才培养平台"，培养应对未来需求的多学科交叉的复合型人才，并实现三点尝试：以试点学院为依托实施工科大类提前批招生；建立以兴趣和能力为导向的专业分流规则；探索跨学院、跨学科交叉培养创新人才模式。

工科平台建立后，前 1.5 学年依托平台培养，后 2.5 学年分流到各学院进行专业培养，在平台内采取统一教务的教学集中管理模式和分布的学生管理模式。各专业同学编班住宿、学习生活在一起，提供工科交叉融合讨论交流的环境，如图 5.3 所示。

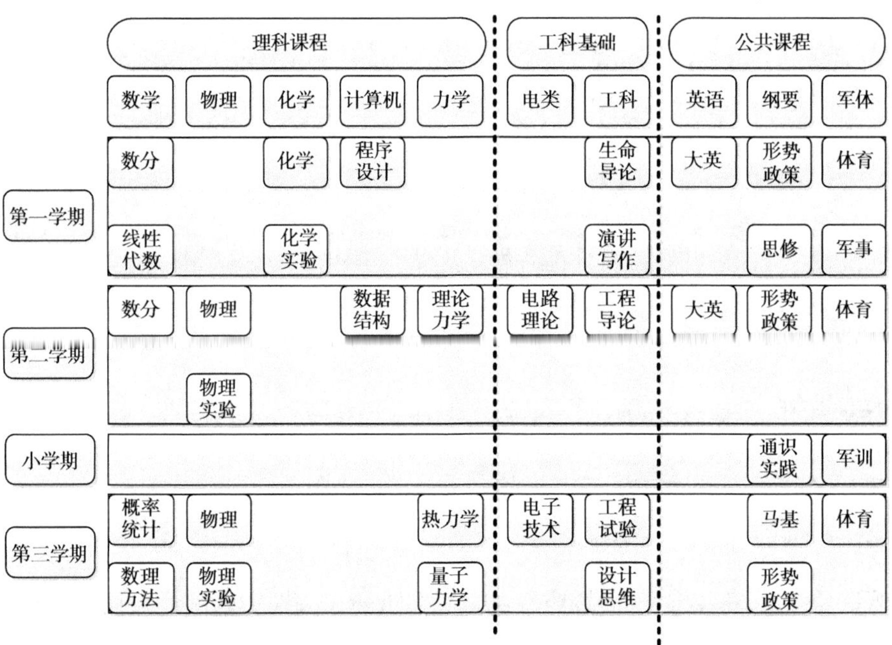

图 5.3　校工科平台培养计划（前 1.5 年荣誉课程体系）

资料来源：根据会议资料、访谈资料、文献资料整理。

在"新工科"形势下需要不断更新知识，持续改进课程体系。该学科构建"平台基础课+特色专业课"的培养课程体系，根据各专业构成的学科群共同

需求,构建平台基础课程,平台课程体系注重各专业知识模块的交叉融合,实现宽口径平台培养,同时加强通识、人文、环境等通用基础,加强梳理分析能力课程及工程导论;模块化专业培养促进学科交叉和资源整合,建立跨专业的平台课程,螺旋式提升学生创新实践能力和素质;凸显特色化培养,结合不同培养目标设立特色班级,对接人才培养需求,构建适应性强的知识结构,完善大电类人才培养的顶层设计。

四、构建学研创一体化模式,持续改进学科文化,促成学科创新与水平提升

S大学电子信息学科群拥有着世界一流的学科创新绩效,得益于学科持续改进的学科文化和与之匹配的强大的组织柔性能力和资源整合能力。为应对当前工程教育认证等新要求、新标准,电子信息学科构建了学研创一体化模式,旨在促进学生创新能力、创新素质的提高和创新人才的培育。学生大一阶段实现“学”课程,实现工程认识、基础工程训练,大二和大三注重项目“研”的培育,并结合工程实践、精品实验课程以及大学生创新实践项目等实现,在大四阶段通过各类大学生学科创新竞赛“创”的促进,最终实现学生全面创新能力的形成。

通过校企联合培养,通过创建校内外实习基地等增进校企交流。校内基地主要指国家级实验示范工程训练中心、电工电子国家级教学实验中心、对应9个专业的实验室、学生实践创新工作室等;校外实习基地包括签署的各个知名企业等。学生通过系统的工程实习实践,工程实践创新能力明显提升。该学科创新开设了IEEE试点班,IEEE培养计划如图5.4所示。该学科通过一体化设计的学科治理创新与知识创新的协同,切实促进了学科创新效率。

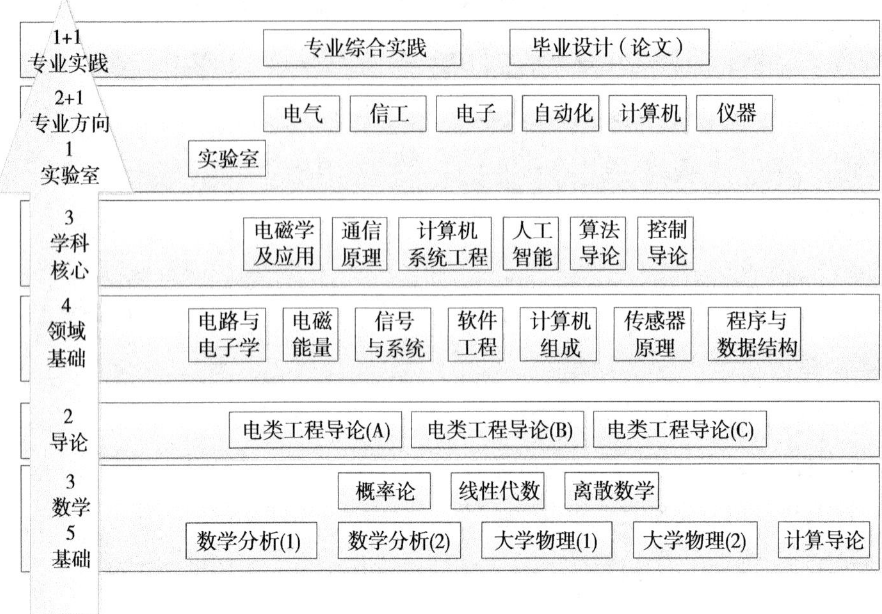

图 5.4　S 大学电子信息学科 IEEE 试点班培养计划

资料来源：根据会议资料、访谈资料、文献资料整理。

五、以人为本的治理创新和激励体系，全面建成世界一流学科

S 大学的发展目标是要成为国家创新体系的发动机，全校为每个学科的创新发展构建了四大卓越的治理创新体系，分别是创新人才培养体系、科学技术创新体系、文化传承创新体系和社会服务支撑体系。学科发展的根本动力是制度激励。该学科把握学科新阶段发展规律和阶段特征，调整战略方位，将外部资源驱动模式转为学科内生动力驱动模式。该学科在过去 10 年将工作重心放在了学科发展模式、学科管理方式和学科激励机制方面。学科发展模式方面，S 大学电子信息学科从原来行政主导学科发展转变为学术主导学科发展；学科管理模式方面，从学校办学科转变为学科自治；学科激励机制方面，从原来的学校进行学科建设转变为每个学科人共同发展学科。学科的基本治理思路从资源激励改革转为制度激励，从资源驱动转为内生驱动，并在自主办

学的同时接受社会监督。

第三节　T 大学智能建造学科

一、深刻把握“新工科”背景下知识革命,不断创新调整与之匹配的治理变革

面对工业领域、工程领域不确定因素增多的未来环境,T 大学率先以创新思维和超前部署来积极应对。学校加强学科顶层设计与布局,围绕国家战略性新兴产业布局,匹配学校对应学科群的知识领域,围绕新一代信息技术产业、生物产业等五大领域进行了学科群规划,并超前布局了空天海洋、信息网络等四大领域,率先申请了若干“新工科”专业,如图 5.5 所示。

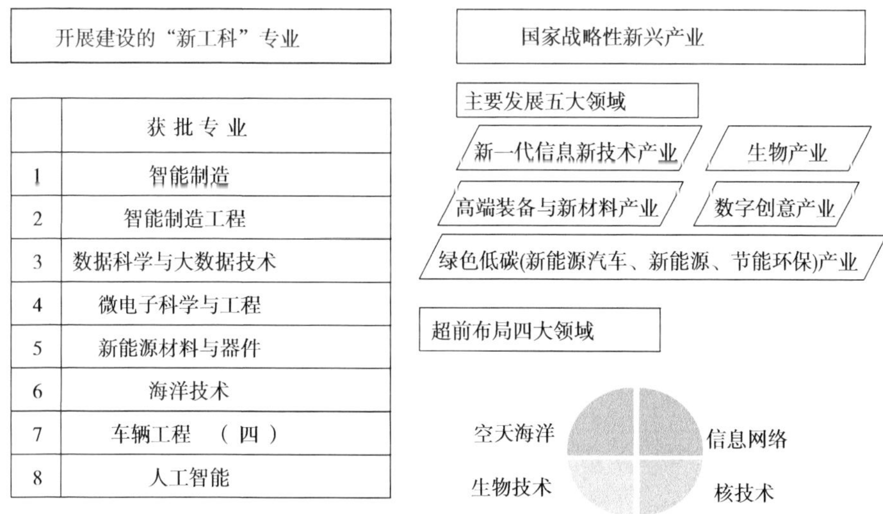

图 5.5　T 大学“新工科”背景下学科布局与战略创新

资料来源:根据会议资料、访谈资料、文献资料整理。

特别是在人工智能领域,T 大学始终走在前列,10 年前就已经开始对人工智能领域进行超前学科布局、人才队伍布局以及科学前沿发展布局,目前已经建成了相关领域的一流科研平台,汇聚了众多一流专家学者。依托 T 大

学,M 市 S 智能科学中心建成。该中心充分发挥多学科优势,集聚 M 市及全球力量,致力于解决人工智能重大前沿科学难题,培养我国当前急需紧缺的人工智能高端人才,助力 M 市建设具有全球影响力的科技创新中心。针对未来人工智能发展的重大战略需求,该平台致力于学科交叉融合,围绕“自主与感知”“协同与群智”等关键科学问题,建设大科学设施和若干个研发平台,着力推动智慧城市、智能建造、智能制造、智能医疗、智能交通等领域的产业变革。平台以“人工智能+”赋予传统学科新的发展动能,T 大学于同年申请增设了“智能建造”“新工科”专业,是国内该领域的佼佼者。

T 大学智能建造专业是新建成的工程学科专业。在学科发展战略理念上,该专业秉承创新思维导向,以体制机制变革与创新为引擎,旨在借力传统工科学科群优势,合力促进新兴学科快速成长,呈现出学科成长的“涌现效应”。新兴学科发展之初的顶层理念设计即以知识变化与环境变化为纲,作出与之匹配的一揽子治理创新变革。

为了应对当前经济、文化以及互联网对人的思维、心理、能力、诉求的影响,T 大学智能建造学科以学生为本,遵循学生成长规律与教育规律,注重学科战略的“主体性”、“针对性”以及“规律性”和“有效性”等原则;应对当前颠覆性的学习革命,创新第一、第二课堂协同的人才培养模式;从工程能力以及未来能力维度,构建同心圆式的育人格局,旨在塑造工程学科下的全人教育;顺应当前工程学科交叉的主要趋势,以“新工科”的基本内涵为纲构建智能建造这个新兴工程学科的建设方略。

二、以传统学科为主轴,多学科交叉螺旋式催育“新工科”专业

在学科结构创新上,建筑学作为一个传统的学科,本身具有学科交叉性,甚至跨越自然科学、人文科学、社会科学等学科门类的边界。这样本身具有交叉学科属性的学科类别,具有天然孕育新兴交叉学科的学科基因和孵化条件,其在接收其他学科新知识上具有较好的开放性和包容性,同时应用性、行业性学科也更贴近环境变化和新形势新要求。这些学科具有与时俱进不断更新知识的学科惯性。

人工智能给建筑业带来颠覆性变革。作为新兴的工程学科,智能建造学科不仅拥有传统交叉学科基础,同时还有着新兴工科专业的交叉基因。围绕智能建造学科知识体系的学科基础和背景,T 大学构建了智能建造中心。该中心采用土木工程学院牵头,机械、建筑、环境等优势学科群共同构建学科组织结构模式,本科生由学校本科生院统一招生培养,研究生根据细分专业进入各专业进行继续深造,如图 5.6 所示。

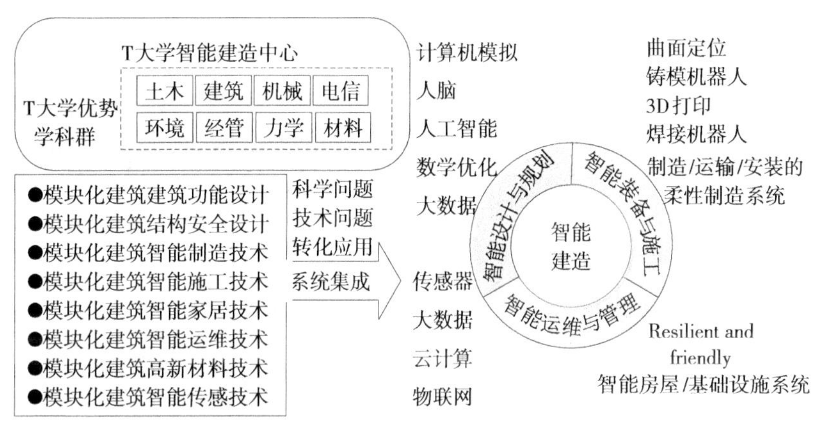

图 5.6　T 大学智能建造学科知识体系结构与学科结构创新

资料来源:根据会议资料、访谈资料、文献资料整理。

学科加强学科生态群落环境的多线协同沟通机制创新。学校统筹规划,由本科生院牵头,12 个工科学院、部分理科学院及发展规划部、招生办公室、教学质量管理办公室等部门共同参与,建立协同合作与沟通平台,促进各类学科群落之间、不同创新主体、创新系统之间信息、资源的共享和交流。

三、基于全培养链条设计,多学科深度交叉探索工程人才培养模式

T 大学通过学校的学科结构创新设计,从理念、目标、标准、课程体系、实践体系、师资队伍、评价指标等各方面对学科发展方案进行了立体化设计,从而不断完善和更新人才培养体系,并提供一系列的制度、机制保障,构建面向未来、面向新经济的"新工科"人才培养体系。

学科交叉方面,T 大学依托国家重大战略需求,优化学科专业布局,促进

现有工科的交叉复合、工科与其他学科的交叉融合;专业建设方面,拓展工科专业的内涵和建设重点,从培养方案、教学内容、质量保证体系等方面,打造工程学科专业的升级版;课程建设方面,建设一批以交叉融合为特点的新课程,通过高端人才进课堂,促进科教融合。

T大学智能建造学科注重“课程”在学科发展中的杠杆与基础作用:第一,课程整体理念设计创新,完成了从以专业教育为主到通识教育和专业教育相融合的转变,学部通识课程以文、理、工、医四大学部科技发展前沿为主,建设跨学院、跨专业交叉;基础通识课程包括校级核心通识、课程思政、交叉课程、长青系列课程、T大学烙印课程。第二,课程选择多样化的设置理念,进行交叉课程建设、开放课程建设(专业基础课全面开放、本研课程相互开放)和先导课程建设。该学科通过建设交叉课程,推进拔尖创新、交叉复合人才培养,交叉课程是涵盖两个以上学科门类或专业的知识和不同的认知方式,强调文理工的相互交叉和渗透,坚持多元文化和历史的观点,鼓励设置融合T大学的学科特点、彰显T大学学科优势的跨学科或跨学院交叉课程,鼓励开设跨学科门类、跨一级学科、跨专业交叉课程。

注重完善教学基层组织建设。所有从事教学工作的教师全部加入教学基层组织,建立常态化、可考核的制度与机制;鼓励学科围绕学校人才培养目标,基于学科专业特点和学科发展方向,自主设置结构合理、制度健全、运行有效的教学基层组织,按照教学研讨、教学组织、教学实施采用“学院—学科、专业、系—教研室/教学团队/课程组”模式运行,同时还鼓励跨学科、跨学院交叉设立教学基层组织,教学基层组织建设环境不断活化;提倡传帮带、以老带新,教学经验丰富的教师听年轻教师的课,给予授课指导;承认听课教师教学工作量,在薪酬中予以体现。

T大学智能建造学科注重完善学术治理体系。建立完善责任教授制度,构建学科责任教授、专业责任教授、课程责任教授的三级架构:学科责任教授负责学科发展的总体工作;专业责任教授对本专业教学改革、教学建设、教学质量负全面责任,引领教学基层组织建设的教学运行;课程责任教授负责课程的全面建设,加强跨学科课程及交叉课程建设。三级学术治理架构有效统筹院校两级管理目标，有效统筹学科发展各个层面的协同治理，有效统筹学科—专业—课程的一体化建设逻辑。

四、制度创新，以人为本构建招生培养一体化改革与教育质量监测体系

为应对当前高考改革，学校迅速捕捉外界环境变化和新要求，迅速响应进行学校招生培养一体化全链条改革。实行大类招生，实行新生院，建立教学管理办公室、综合办公室和学生工作办公室三体联动的管理架构，进行试验班模式培养，实现宽口径、重交叉、显特色、重个性、复合型的自主专业学习模式。建立全覆盖的本科生导师制度和教学工作委员会制度，适应新形势、新知识变革、新个性发展特色变化，加强了T大学学科的组织柔性和制度柔性。

引进现代教育技术，直接促进学科知识传播创新。“互联网+教育”为中国高等教育提供重大发展机遇，信息技术与教育教学深度融合推动学校教育教学改革。T大学智能建造学科作为新兴工科专业，在学科建设初期就把握时代脉搏，用现代教育技术来打造高质量的教学。加强优质在线开放课程开发，建设优质在线教学资源，T大学在慕课、超星、智慧树、学堂在线等平台共开设慕课41门。其中，“高等数学”选课人数超过85万，“大学计算机基础”选课人数超过12万。智能建造学科开展线上线下混合式教学，促进教学内容、方式与方法改革，提高教育教学质量，不断加强优质课程引进，结合在线课程进行跨校辅修等创新。

建立教学质量全过程监测体系和360度评估体系。学科构建了全方位监控、本研全覆盖、循环闭合和持续改进的教育教学质量保证体系，并充分利用新媒体和大数据技术辅助管理测评。同时，学科落实资源筹集与配置机制，构建科学合理、建设成效与资源配置相挂钩的有效激励和管理体系。学科还以新理念、新方法推进人才培养体系，设计了中国特色、世界一流的评估制度，以学科审核评估、合格评估为导向，建立学科自我评估、院校评估、专业认证、国际评估和常态监测五位一体的评估体系，构建学科发展的治理保障系统，如图5.7所示。

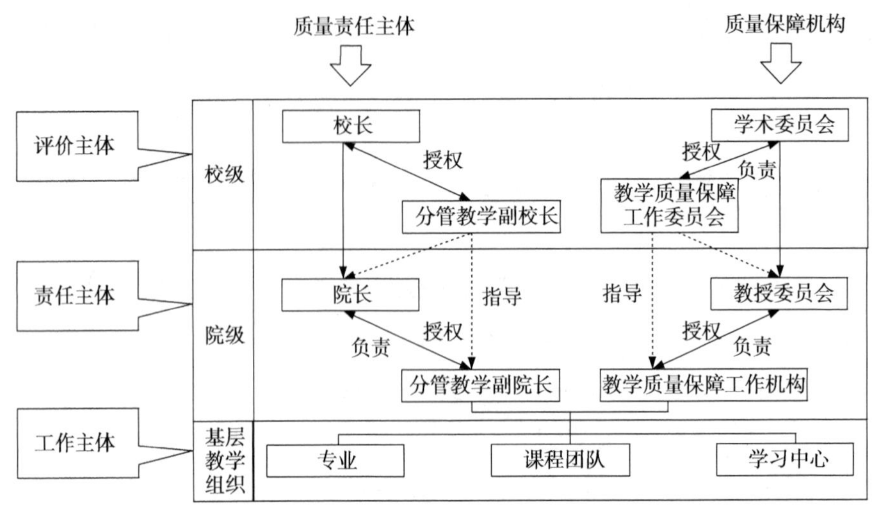

图 5.7　T 大学智能建造学科教学治理结构

资料来源：根据会议资料、访谈资料、文献资料整理。

五、硬实力与软实力协同并蓄，构建国内领先的创新创业文化氛围

T 大学智能建造学科具有浓郁的创新创业氛围，这得益于其建设之初就具有创新创业的文化基因。学科文化创新与学科知识创新协同，发生 1+1>2 的协同效应。T 大学智能建造学科还率先开展"创新创业+"的人才培养创新试验区计划，设置了创新创业的"四学"协同机制，即学时、学分、学程、学历全程协同推进。学科老师、导师、学生、管理者、领导者等全员具有创新创业思维和创新创业素养。创新创业文化协同效应在全学科渗透，学科的创新创业教育实现全覆盖，50%的学生完成创新创业教育学程，10%的学生创办优质的创业企业。

第四节　J 大学智能学科群

一、应对时代需求和人才缺口，深刻把握知识体系规律构建工科新业态

随着"智能+"时代的到来，人工智能正逐步深入影响社会各阶层的改革

和运作。高等教育作为培养高质量人力资本的主要方式,更迎来了颠覆性改变。国家高度重视人工智能的发展。2016 年 5 月,四部委联合发布《“互联网+”人工智能三年行动实施方案》,明确提出要培育发展人工智能新兴产业、推进重点领域智能产品创新、提升终端产品智能化水平。2017 年,人工智能首次被写入《政府工作报告》,标志着国家对人工智能领域的政策扶持将会进一步加大。党的十九大报告指出,要推动互联网、大数据、人工智能和实体经济深度融合。人工智能领域的相关政策发布集中且密集。

智能领域目前在全球范围内有巨大的人才缺口,各行各业急需大量人工智能人才。智能应用正在深入各行各业,智能领域的人才培养需求具有持续性、长期性。针对人工智能普适性、渗透性、应用性强的特点,高校应加快布局建设人工智能领域学科,发挥已有基础和优势,积极构建产学研协同育人模式,实现与行业的对接,提升学生的创新能力和创业意识。

智能学科群具有高知识密集度体系、高学科交叉、宽知识口径、高知识迭代的特征,因此需要与之匹配的、完善的学科体系去驾驭。例如,人工智能是计算机科学的一个分支,旨在了解智能的实质,并生产出一种新的能与人类智能相似的方式作出反应的智能机器,该领域的研究包括语音识别、图像识别、机器人、自然语言处理、智能搜索和专家系统等。机器学习是目前被大量采用且重要的一种解决人工智能问题的方法,而深度学习是机器学习研究中的一个新的领域,也是机器学习当中比较流行的一个方向,仅深度学习技能知识体系就可延展出庞大分支。一般来讲,建设当下人工智能学科,应在已拥有的人工智能、机器学习、数据挖掘、虚拟现实等知识基础上,增加一些新的结合产业应用需求的前沿信息知识,比如图像识别、语音识别、文本处理、深度学习、量子计算、自动驾驶等前沿信息知识。J 大学相关学科在认知计算、数据科学、智能技术与应用等方面具有长期的积累,在认知计算、机器学习、数据挖掘、模式识别、计算机视觉、语音信号处理、自然语言处理等领域已取得了一大批成果,已经具备智能学科建设的知识基础。

面对当下内外环境变化,J 大学在思考学科战略创新时,深入分析当下建设智能类学科面临的机遇和挑战,充分认识到智能类学科群建设对于当下学科知识体系、课程体系、科研队伍体系以及学科体制机制体系提出的较高要求和严峻挑战，审时度势，按照国家和J市建设新一代人工智能的总体部署，成立了智能与计算机学部，抢占了智能领域的学科建设先机。J大学将以成立智能与计算机学部为契机，建设中国特色、世界一流的智能与计算机学科群，推进计算机科学与技术、软件工程、网络安全、人工智能等学科的发展。

二、学部制实体化运营，发挥学科组织创新杠杆作用

J大学智能与计算机学部建立是学部实体化运营的典型代表，实体"实"在其本科招生培养一体化的人才培养单位，这样在根源上真正促进了组织创新对学科交叉融合的杠杆性作用。智能与计算机学部是在国家全面实施"双一流"建设的背景下，为进一步优化学科布局，促进交叉融合而组建，学部共设四个学院：计算机科学与技术学院、软件学院、网络安全学院、人工智能学院，其中网络安全学院和人工智能学院是新组建的隶属于学部的学院，其下有新增"新工科"专业——人工智能专业和网络空间安全专业，计算机科学与技术学院和软件学院是原有的拥有较强基础实力的大学院。该学部构建体系如图5.8所示。

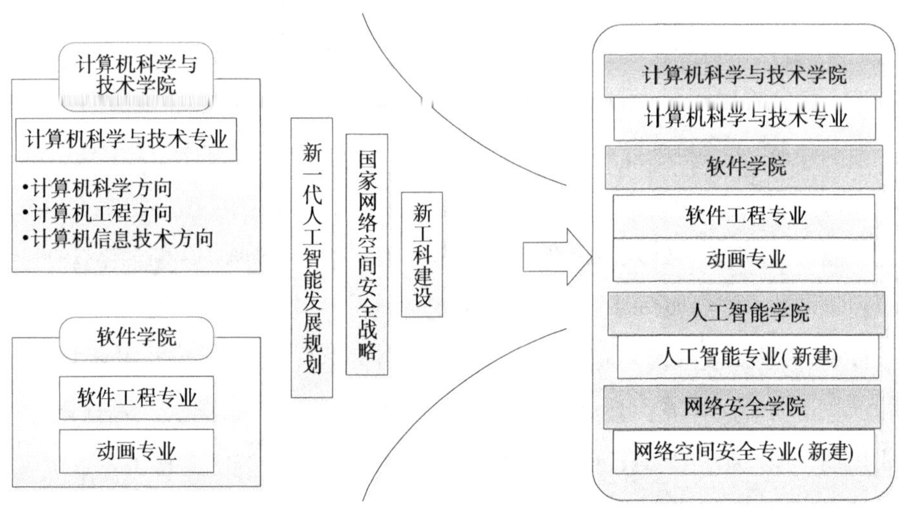

图5.8 J大学智能与计算机学部构建体系

资料来源：根据会议资料、访谈资料、文献资料整理。

“学部实体化运营方式,保持传统学科独立建制,兼顾建设新学科、新学院并保持独立建制”的组织结构创新模式,具有以下优点:第一,学部实体化运营,从组织上保障了智能学科群的整体性和统一性,避免了“貌合神离”“各自为战”的“虚假合并”“虚假交叉”问题;第二,保持原博士点一级学科软件工程和计算机科学与技术学科独立建制,继续发挥其主干和传统优势,强基固本,为冲击新一轮学科评估作了组织保证;第三,新工科的培育,给了其充分的独立性、自主性,以及良好的培育空间和土壤,避免了新生学科出现被“弱肉强食”的艰难困境;第四,这种组织结构创新模式,对充分整合资源、促进学科交叉、优化学科布局、合力推进一流等诸多方面都有先天性良好的组织条件。J 大学除了智能与计算机学部内部之间的“小生态”学科交叉,还构建了跨学科门类的“学科大生态”交叉学科平台,给全方位促进“人工智能+”的学科交叉与知识创新创造了良好的协同平台。

J 大学智能学科群学部的创立承载了社会各界的关注以及全体师生的期待。学部坚持以“一个输入、三轮驱动、三翼护驾、一个输出”为主线,充分结合国家“双一流”建设背景、J 大学“新三步走”规划和自身实际情况进行事业发展规划,主动融入大局,优化资源配置,以人才培养、科学研究和社会服务为驱动,以教师队伍建设、体制机制建设和文化氛围建设为保障,抓住千载难逢的时代机遇,加快一流学科建设。

三、构建“实验—实训—竞赛—培训”四位一体创新创业体系,发挥制度创新与知识创新协同作用

J 大学根据智能学科群知识体系按模块分类,同时将学生综合素养按梯度划分,设计阶梯式、模块化人才培养体系。根据智能学科能力养成维度,构建 AI 创新思维启发、AI 创新能力培养、AI 创新理论强化和 AI 创新能力实践四阶课程体系,并匹配不同阶段的人才培养模式和体制机制保障。

J 大学智能学科群构建了“实验—实训—竞赛—培训”四位一体创新创业体系,分为支撑平台层、基础课程层、核心知识层和实景实训案例层四层次教学体系,全面培养学生的人工智能素养。其中,人工智能实验教学平台以国际

化、复合型、实用型人才为培养目标,构建了以大数据与云计算为基础的天算平台体系,一体化、多运维实现学生实训实战、创新创业、实验教学和高端培训的教学过程。

四、校友文化耦合机制提振学科整体创新创业精神

J 大学智能学科群的校友文化已经形成学科内部耦合,作用于学科内部各个系统以及系统间的交互。学科的校友文化首先根植于学科的创新创业精神。学科实行三重递进式工程实践培养:在"体验认知"环节,从源头抓起,学生在一、二年级即进入国有大型企业进行认知体验,了解专业使命,培养家国情怀;在"验证综合"环节,小步探索,难度渐增,从简单系统验证到复杂系统设计,梳理课程间的衔接,从"系统能力""复杂工程能力"培养的角度设计整个实践培养体系,以期学生在这个阶段夯实计算基础、逐步培养系统能力;在"探索创新"阶段,引入知名企业资源工程实训模式,融会贯通专业知识、开发实际项目,真正激发了学生的创新精神,培养了学生的国际化视野。J 大学智能学科引入工程教育认证理念,聚焦"深广新",加强基础,强调对学生的工程能力、创新与可持续发展能力的培养;以新工科建设为契机,推动产教融合,让每个专业与业界有影响力的企业进行深入共建。2017 年,与国内知名互联网公司创建"新工科试验班",开展新工科人才培养模式探索。J 大学工程学科学生在入校之初就感受到了浓厚的创新创业实践氛围。企业实践的引导与校友榜样的领航使得创新创业文化氛围浓厚。

广泛的校友基础塑造了学科特定的知识网络族群,如首家 A 股独立上市的游戏企业、自动驾驶高精地图的领军企业、区块链领域的领军企业等诸多企业均由 J 大学智能学科群校友领衔。同时,J 大学智能学科群校友还分布于智能大数据、智能医疗康复、智能语义与舆情、智能人力资源系统等各个"人工智能+"的领域,浓厚的校友创新创业文化为学科的创新扩散奠定了良好基础。

学科知识创新系统文化与学科治理创新系统文化会在要素的相互联系、互动影响的动态过程中,形成学科的文化并交织融合。学科文化产生于学科

系统又反过来影响学科系统,形成一个良性反馈。

第五节　B大学机械工程学科新能源汽车专业

一、面向国家重大需求布局学科创新战略,重构学科知识体系

1. 学科方向布局

B大学是我国知名工科强校,其工程学科占全校学科比例过半。围绕工科核心,B大学具有良好的工程学科生长的学科生态环境。B大学的科技创新与学科战略秉承面向世界科技前沿、面向经济主战场、面向国家重大需求的原则,同时促进学科交叉,注重"优势工科+特色理科"的融合。B大学的机械工程学科是B大学的传统优势学科,在车辆总体、车辆传动、车辆结构强度与振动噪声等方向达到了国内先进水平,在车辆传动、电动车辆、智能车辆等研究方向上形成了鲜明的特色和优势。在独有的学科生态环境下,B大学积极进行顶层设计,布局新工科。

"交叉、前沿、新兴"是新形势下B大学机械工程学科战略创新的基本理念,已有科研方向通过"交叉"与"前沿"的结合,衍生成新兴学科方向;通过"交叉"和"新兴"相结合,衍生出前沿领域。B大学机械工程学科以"四个精准"确立了学科战略创新主线,即准确把握科技热点、超前布局前沿领域、着力打造新兴方向和推陈出新的传统特色。新工科专业——新能源车辆专业依托B大学机械工程学科,并与动力、控制、电子、计算机、信息、材料、工业工程等多个学科交叉建成,面向汽车行业的最新发展趋势,瞄准新能源汽车驱动电力化、驾驶智能化、车辆网联化三个关键技术趋势,培养在新能源车辆领域具有家国情怀、国际视野、多学科交叉融合的创新型卓越工程科技人才。

2. 学科发展战略

面对当前激烈的竞争形势,立足客观实际,B大学选择"弯道超车"的学科发展路径。学科的谋篇布局中,B大学紧紧抓住学科发展内涵,坚持人才培养、学术团队、科研创新"三位一体"总体战略,在项目、平台、成果和团队等方

面重点发力，集中优势资源发展一批有基础、有平台、有成果、有人才的潜力学科及新兴前沿交叉学科。其中，机械工程学科就是有着较好基础的学科，新能源汽车专业是机械工程学科重点建设的新兴方向之一。B 大学着力打造学科高原高峰，从而引领辐射带动学科整体水平提升。B 大学学科布局与新工科生态环境如图 5.9 所示。

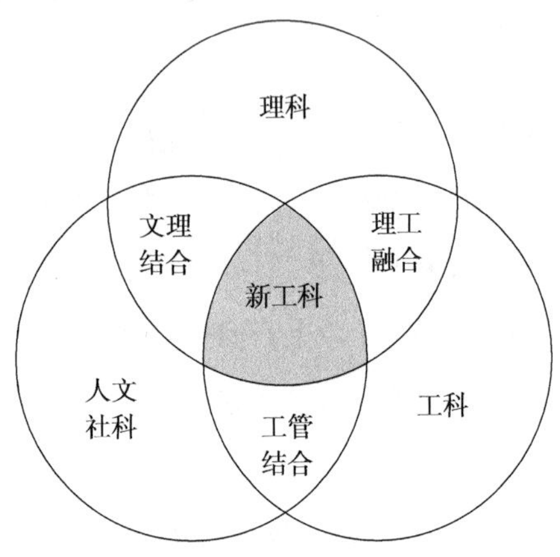

图 5.9　B 大学学科布局与新工科生态环境

3. 学科科研战略

学科用科研强校战略打造“高精尖”方向，重点瞄准重大前沿科学问题和重大工程的科学问题，充分体现交叉融合、集成创新的理念。机械工程学科的新能源汽车专业既凸显了自身优势又凸显了学科自我特色。科研战略采用推动“大交叉”，汇聚“大团队”，构建“大平台”，作出“大贡献”，依托国家重大项目、国家创新平台和领军人才汇聚队伍，谋划和实施重大项目，推动重大成果产出。

激发教师活力，引入新人才，共同组建学术团队，通过有序组织和自由探索开展有高度的研究。通过打造领军人才、问鼎重大成果和建设国家级创新平台，激发新动能。同时，通过“促交叉、增前沿、育新兴”和创新平台建设，进一步打造开放共享的平台，实现优势资源汇聚，实现学科的突破性生长。

二、变革顶层人才培养体系,学科知识创新系统面临重塑

1. 学科结构创新

为了适应当前高考改革、人才培养新要求以及学科交叉融合的现实需求,B 大学通过学科大类培养改革,促进了书院制组织结构调整变革,通过实体化变革,真正通过组织结构创新重塑了学科架构和知识体系。书院按照学科大类分为 6 大书院,同时根据各类别、各功能、各方向共分为 9 大书院。书院的实体化运营,加强了在物理空间上的独立性,逐步形成大类书院的特色文化沉淀和学科文化交融,对于适应新高考改革下大类招生,增强了组织结构的杠杆优势。B 大学书院的实体化运营,不仅从物理空间上实现独立和实体,更从招生模式、培养体系上作出相应的一体化匹配,各专业学院已经由过去的条块分割变为仅提供专业课程,不作为本科生的实体培养单位的根本性变革。对于专业的选择,B 大学引入学科专业课程的竞争生态环境,有效促进了学科健康竞合环境的良性循环。

2. 目标、理念、模式、体系、特色一体的人才培养顶层设计

B 大学采用自上而下顶层设计的方式,梳理了学校各学科发展方略。通过顶层制度创新,提出"寰宇人才培养计划"。学校在现有大类培养、大类管理的基础上,进一步跨学院、跨学科、跨专业,实现全校共建交叉培养体系。

为了应对产业和未来技术对传统工科的新要求,对标国际工程教育创新理念以及新工科的新要求,B 大学通过专业体系顶层设计、人才培养模式、创新创业能力提升、课程建设、教与学激励机制整体设计,注重管理体制机制改革,聚焦人才培养中心工作,构建创新人才培养"新生态",全面实施大类招生、大类培养和大类管理人才培养改革。

3. 重构课程知识体系

B 大学机械工程学科新能源汽车专业有着基础宽厚、学科交叉、新兴前沿的课程体系,课程内容注重与时代发展的结合、与国家发展需求的结合。学校注重引入信息化、智能化技术手段,加强核心课程建设,特别是基础核心课程、通识核心课程、专业核心课程建设,让先进的、具有启发性的、体现时代特征的内容进入课程体系,突出核心课程的核心性和不可替代性;加强核心课程管

理,开设系统性通识课程,增强课程的融合度和实战性,综合理论讲授、课程设计、实验实践,实现教学、科研、实践的互动,构建以高素质人才培养为中心的"跨学校、跨国家、跨层次"高层次合作。

三、产学研制度创新重新编码学科知识创新架构

学校通过加强协同创新实施产学研合作培养,实现交叉、前沿、新兴人才的孕育,打造"全链条、多协同、突特色、大平台"一体化贯通式创新创业教育体系,构建开放式"双创"活动交流平台。通过课堂、国家工程实验室、奥运会等社会服务实际运用和参与国际国内汽车竞赛等产学研创新模式,不断促进新能源汽车专业的知识创新与成果转化。

四、红色基因铸造学科文化基因与学科创新发展的耦合效应

B 大学的历史可以追溯到抗日战争时期,具有国防军工特色。这引领了 B 大学的办学道路,筑牢了 B 大学的办学基石。B 大学的红色文化精神是学校办学的宝贵财富。B 大学重视国家使命和担当,一直将自身发展与国家的发展和命运联系在一起。新时代学科发展战略的转型和调整,也深受学科文化基因影响。B 大学逐步走出了一条具有鲜明特色的世界一流大学建设之路。

第六节　案例总结与主要结论

通过对 S 大学、T 大学、J 大学和 B 大学四所一流高校中的工程学科(群)案例进行分析发现,我国高校工程学科发展显现出一定规律和趋势。4 所高校工程学科显示出硬实力与软实力协同的实践共性是受当下共同的外界环境变革影响,显示出的个性与不同则是各个学科发展阶段、发展状况、学科内部生态环境、学科动态能力等各个因素共同决定的。高校工程学科的硬实力与软实力协同问题总结为以下主要特征。

一、应对新工科和工程教育变革背景,各高校积极抢占战略制高点

当前,外界环境快速变化,工程教育变革加快,人工智能、大数据等前沿技术不断迭代更新,这要求学科知识体系重构。传统工业面临转型升级,要求与之对应的学科专业知识、能力结构具有匹配性;国家根据外部环境变革需求,不断推出重大发展战略,这要求作为创新重要主体的高校工程学科阵地基础性、创新性进一步夯实。我国高校工程学科发展呈现出典型的持续改进的创新常态,即表现出高度的硬实力与软实力协同创新发展态势。应对外界环境变化作出第一响应的应是学科战略创新,表现在高校工程学科方面,即为传统工科升级和培育新兴工程学科的战略布局,如图 5.10 所示。

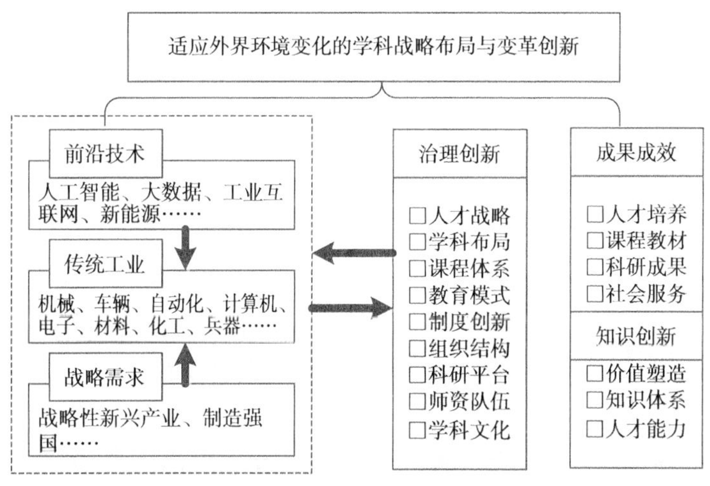

图 5.10　高校工程学科适应外界环境变化硬实力与软实力协同

4 所大学工程学科的共同特征都是学校在学科战略规划上进行顶层布局和理念创新,以一流学科建设为目标,以学科创新绩效(成果、成效及投入等)为导向,不断变革,促进学科治理创新与知识创新的协同,具体表现为布局良好的学科生态环境,通过顶层设计促进学科交叉和催育新工科,以人为本树立人才培养是学科建设根本的理念,不断优化学科治理结构和制度环境,助力工程学科实现一流目标。

二、学科交叉融合是当下工程学科发展主流,学科组织创新是促进高校工程学科跨学科发展的重要引擎

学科交叉融合在当下工程学科发展建设过程中已成为重要趋势和共识,各个高校纷纷通过学科结构创新来促进学科交叉和知识创新活动,如图 5.11 所示。

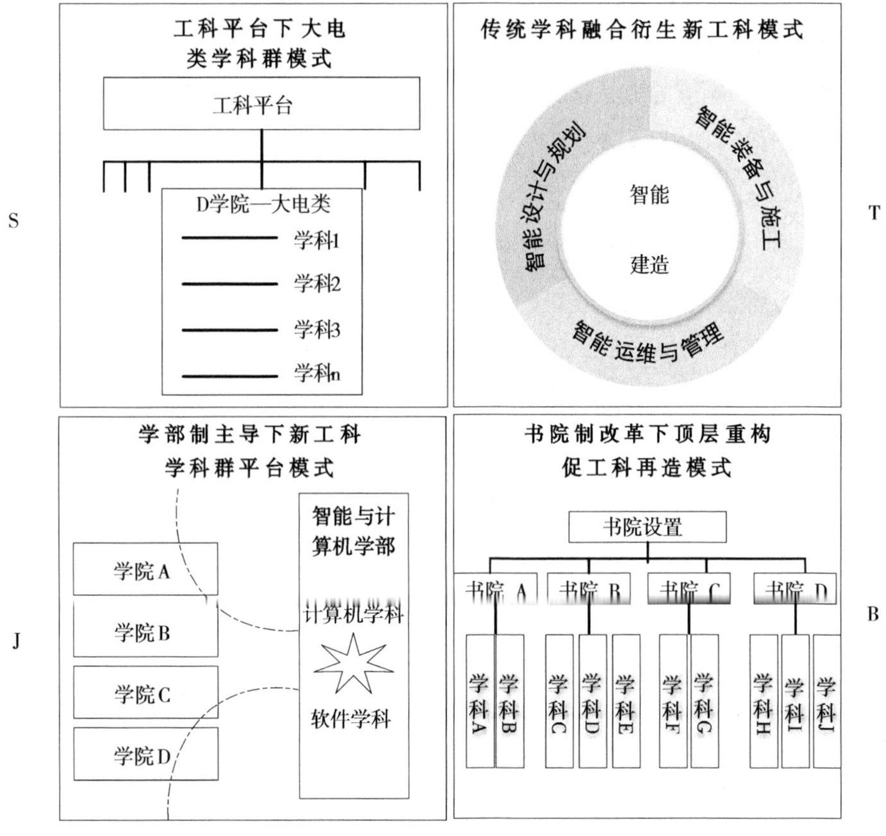

图 5.11　学科交叉趋势下高校工程学科的组织创新与知识创新协同

S 大学电子信息学科群采用工科平台下大学院培育大电类学科群模式。这是基于学科现实状况即大电类学科群的既有发展基础和学科交叉的高耦合性。D 学院具有百年的历史,具有深厚的积淀文化。这种组织结构模式既保护了现有学科群落和生态的稳定性,也有利于促进在同一工科平台下学科门类的进一步交叉融合。

T 大学的智能建造学科采用传统学科融合衍生新工科模式。这是基于智能建造是在传统学科基础上孕育的新型工程学科特点,其初步的建立既需要传统优势工科的基础和资源支撑,也需要融入更多交叉学科和知识体系的协同,因此采用 T 方式的组织结构更有利于智能建造学科的生成和发展。

J 大学智能学科群采用学部制主导下新工科学科群平台模式。这是 J 大学审时度势决定建设智能学科群的宽口径决定的,需要庞大的、分门类的知识体系的深度融合交叉,并通过学部制的实体化运作模式既保证了学科交叉融合的实质性,也保护了传统优势学科和新生工程学科的独立性。

B 大学采用书院制改革下顶层重构促工科再造模式,根据学科发展现状进行了系统的顶层布局,实现弯道超车,从学校顶层的书院制结构改革重塑学校整体学科生态群落,使作为传统优势工科的机械工程学科不断增强学科竞争力与吸引力,催育新能源汽车专业。

三、人才培养是高校工程学科建设之本已成共识,人才培养模式创新与课程体系重构成为典型的硬实力与软实力协同创新

当前的工程教育改革是工程学科发展过程中的核心议题,工程教育的核心就是以人为本的教育模式变革,学科发展的根本是人才培养已经成为业内所有学科人的共识。在过去相当长一段时期,阶段性和环境论决定了学科建设追求以科研为核心的功利导向,而随着工程教育理念和变革的推进,高校工程学科在学科建设发展中率先转变为以学生为中心进行系统化变革的学科。以学生为中心的学科建设体系要求各要素、各系统都围绕人才培养这个核心进行运转并设计学科结构,协同实现教育、科研和社会服务等学科功能,共同实现一流学科发展的最终目标,如图 5.12 所示。

高校工程学科硬实力与软实力协同的本质是学科治理创新系统与学科知识创新系统的螺旋协同发展过程。人才培养模式创新是典型的学科制度创新,通过人才培养制度与模式重构,变革人才培养理念、范式、教学设计、学习范式以及实践模式,而课程体系设计是典型的知识创新过程,课程作为人才培

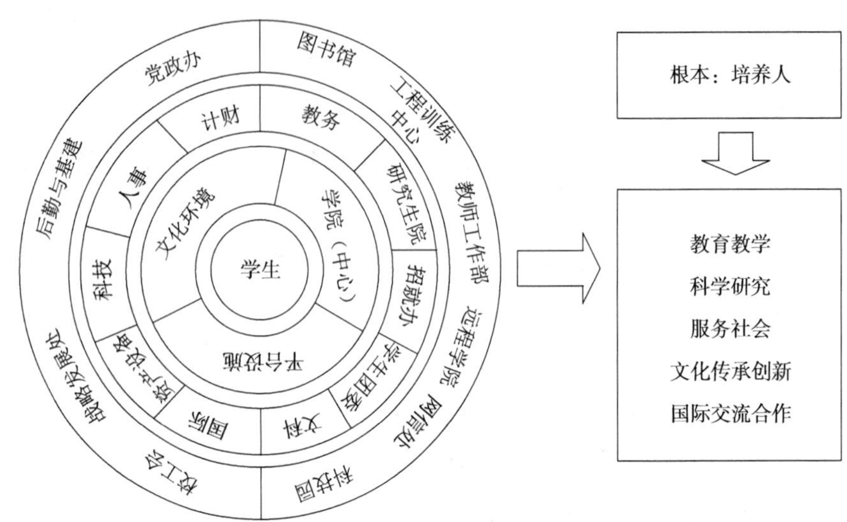

图 5.12　以学生为中心的学科建设体系

养的知识创新成果，其课程设计过程就是学科知识创新的过程。二者的匹配设计，需要围绕人才培养这个核心目标的制度与知识的深度耦合，最终实现系统的优化和功能的实现。当前，各个高校工程学科都在围绕人才培养核心进行学科治理创新，人才培养模式创新与课程体系创新是典型的硬实力与软实力协同现象，如图 5.13 所示。

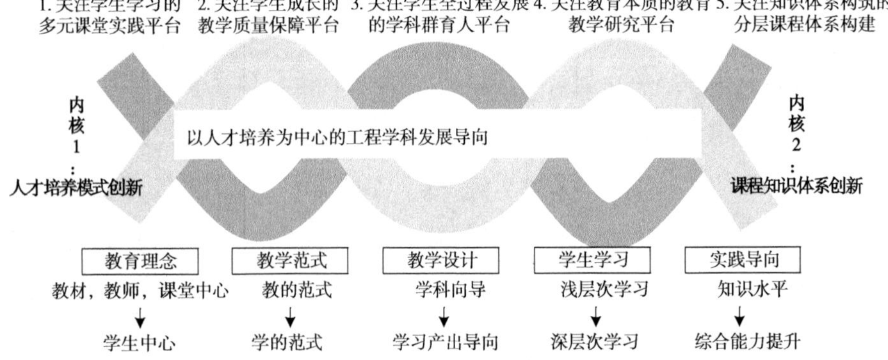

图 5.13　硬实力与软实力协同的人才培养模式创新

四、国家使命、人才为本、创新创业、社会服务、持续改进是当下高校工程学科建设的文化基因

学科文化创新与学科知识创新的协同是一个复杂的系统协同作用过程。如图 5.14 所示,横轴代表学科发展周期,纵轴表示学科发展水平。本书的研究假设就是学科治理创新 G(软实力)与学科知识创新 K(硬实力)在协同过程中螺旋上升,促进高校工程学科的发展,而学科文化创新就是在硬实力与软实力协同作用下耦合产生的。学科文化创新虽然是无形的软实力,但是其协同作用却是在高校工程学科硬实力与软实力协同中最为高阶的存在。良好的学科文化创新与知识创新耦合是学科发展的根源性驱动力。国家使命、人才为本、创新创业、社会服务、持续改进,是当前我国高校一流工程学科的共性学科文化特征。

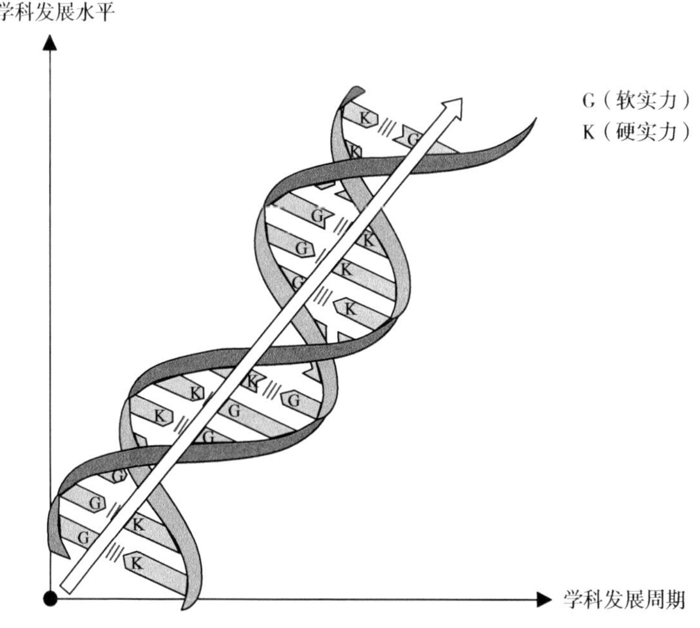

图 5.14 学科文化创新生成模式

五、变革背景下，一流工程学科整体体现出较高环境感知能力、资源整合能力和组织柔性能力

通过对 4 所高校的 4 个学科进行案例分析，可以看出，在变革环境下进行有效的学科创新需要学科的动态能力匹配，包括环境感知能力、资源整合能力和组织柔性能力。环境感知能力包括获取信息力和信息响应力；资源整合能力包括学科对内部资源的配置力还有在各个系统、各个单位之间的协调力；组织柔性能力包括学科应对主要目标，快速响应进行组织结构调整的变革力还有根据目标进行组织结构调整的重塑力。以上 3 个能力综合对应各个学科的能力位置，这是学科进行硬实力与软实力协同的基本保障，如图 5.15 所示。

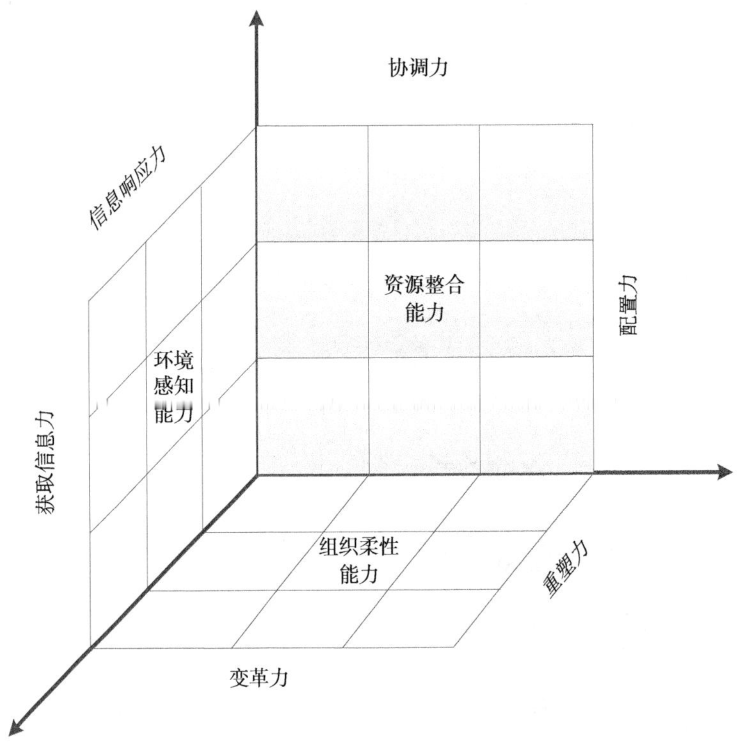

图 5.15　学科动态能力结构

第六章 硬实力与软实力协同的理论构建

通过上一章对高校工程学科案例的总结与分析,我们进一步希望知道硬实力与软实力协同在高校学科发展运行过程中具体体现在哪里,硬实力与软实力协同在学科发展过程中的显性模式及存在形式是如何呈现的。总结出“一总两线”的学科矩阵模式,进一步更直观地揭示硬实力与软实力协同“是什么”的问题。基于案例研究分别阐释了硬实力与软实力协同发展的显性模式、发展机理及发展模型。

第一节 高校工程学科硬实力与软实力协同的显性模式

为了将抽象的硬实力与软实力协同概念以“显性”形式呈现出来,我们提出学校“一总两线”的学科矩阵模式。学科治理创新与知识创新协同(硬实力与软实力协同)的学科运行实践基础,存在于学校两条重要的运行主线及其交互中。学科治理创新主要存在于学科组织管理主线中,是学科组织管理主线中的创新行为;学科知识创新主要存在于学科知识生产主线中,是学科知识生产主线中的创新行为;硬实力与软实力协同存在于两条主线的交互与耦合当中。

一、一个学科发展总目标:硬实力与软实力协同前提

硬实力与软实力协同的重要基础和条件在于学科两条主线共同服务于一

个目标,即学科发展目标,并以此编制整套学科发展规划。学科发展目标分为长期目标、中期目标和短期目标,长期目标更多的是高校与学科发展的愿景与最高理想,中期目标往往是聚焦中长期发展规划。在“双一流”政策指引下,多数高校的中期发展目标应当是建成世界一流学科,短期目标则是在建成一流学科目标的情况下,更具体、细化、可操作性更强的目标。正是因为学科知识技术线和学科组织管理线共同围绕一个学科发展目标,所以两条主线才有着天然趋同、耦合、联动等协同的动力基础与运行机制。

二、两条学科发展主线:硬实力与软实力协同基础

我国高校经过特有的学科历史发展路径,形成了学科发展的两条主线,分别是学科组织管理主线与学科知识技术主线。两条学科发展主线基于学科的“组织”属性以及“知识”属性,这在世界学科发展过程中是一致的。知识技术主线即以学科责任教授为统领的学术层级结构,组织管理主线即以高校组织行政建制为主体的组织层级结构,如图 6.1 所示。随着一流学科建设过程中综合改革不断深化,少数高校出现“个例”等特殊情况,与两条主线的内部层级结构有所出入,但在学科建设为主导的历史发展过程中,两条主线始终是我国高校践行的主流。

以学科责任教授为主体分别构成的两条线的学科(群)组织,是两条学科发展主线协同的共同基础。知识技术主线中学科责任教授组成的学科(群)组织在我国的发展基础是以科研学术为主导的“学部制”。知识技术主线中学科责任教授组成的学科(群)组织往往有上级管理机构,根据不同学校的行政部门设置职能不同,往往归于学校办公室、发展规划处、研究生院、学位与学部办公室、人力资源部等职能机构,这也是组织管理融合于知识技术主线的一个证明。一个学科(群)组织(委员会)中,每个学科责任教授往往领衔该学科若干研究方向,负责整个一级学科的发展方向与建设,具体负责学科建设规划、学科评估、学科建设等工作。一个学科也许是跨行政院系组织的,这也保证了学科的统领性、整合性。一个学科(群)组织内的委员应是动态调整的。这既保证了传统主干学科的动态管理,也保证了不断充实并发展新兴交叉学科。

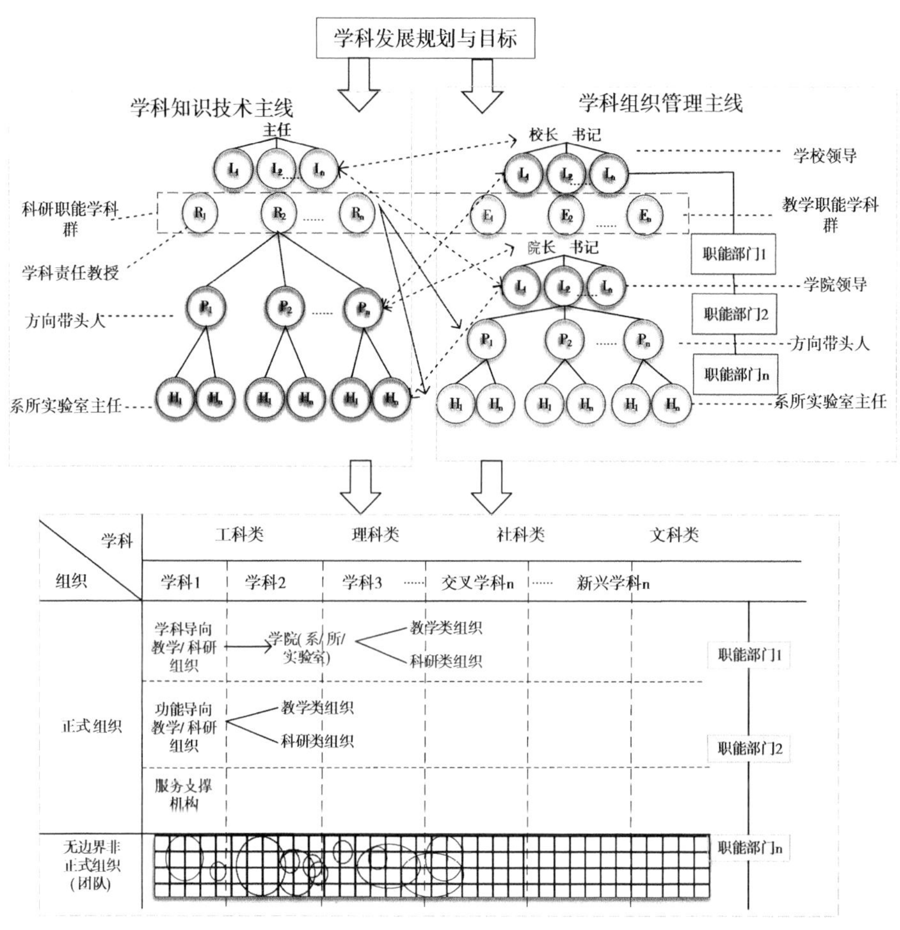

图 6.1　我国高校硬实力与软实力协同发展下的显性模式

组织管理主线中学科责任教授组成的学科(群)组织在我国的发展基础是以教学与人才培养为主导的“教授(学术)委员会”,主要负责把关高校与学科人才培养规划、培养方案及学位授予等。为了发挥学科群优势,共享资源,促进学科交叉融合,培养学科交叉型综合性人才,许多高校在人才培养学术机构上遵循了学科群的设置模式,如案例中提到的工科平台大电类学科群、学部制下学科群模式及书院制改革等,即大类招生、大类培养、学科交叉融合。它们是在学科群大类基础下建立的人才培养机构。

书院制改革源于世界高等教育学科组织变革历史——英国的学院制、大部制和美国的文理学院。英国大学的学院制与大部制是典型的书院制前身。英国古典大学——剑桥和牛津实行的学院制对消解学科组织壁垒、促进学科融合有积极的作用。学院不是以单一学科为划分依据,不仅是教师和学生休息、社交、教与学的场所,更是不同学科的教师和学生相互交流的平台。由于学院组织与学科组织的交叉影响,教师和学生都有着双重忠诚与归属,阻止了学科组织间分裂的加深。美国大学的文理学院与本科生院制度也是美国典型的高校结构,其包括文理学院(包括本科生院、文理研究生院)和专业学院。专业学院是以单个学科为主干的专业性学院,相当于我国高校中的"学院";文理研究生院则具有极强综合性,将跨越多个学科领域的学科聚合在其中。这与美国通识教育的传统是分不开的。文理研究生院包含学科群内共用知识基础,并与文理本科生院的教学相对应,实现一体化发展;文理学院中的本科生院对应我国部分高校实行的书院制,对培养交叉学科研究的后备人才有积极作用。①

三、两条学科发展主线间的交互:硬实力与软实力协同显性机制

学科组织管理与知识生产两条主线不是相互独立分割的。在学科运行过程中,两条主线时时刻刻需要发生交互,从而实现协同。

(1)学科人统筹的交互。学科人一个人同时统筹两个角色以及两条主线的事务,有助于统筹交互,促进学科良性发展。

(2)沟通联动的交互。两条主线在学科运行过程中另一重要交互是通过沟通协同机制。两条主线同时在一个高校学科生态系统内,在学科运行发展时需要不断沟通,方能保证系统统一性。当具有自上而下或自下而上的行政属性沟通时,学科发展事务在上传下达过程中,必须坚持两条主线之间的充分沟通,这是学科发展方向、学科运行畅通、学科内部民主团结的重要保证;在重大事务上,我国学科发展事务常通过组织(专家)会议制度进行民主商议与表决,非正式事务往往需要组织管理主线与知识技术主线学科人之间进行民主

---

① 参见胥秋:《学科融合视角下的大学组织变革》,《高等教育研究》2010 年第 7 期。

协商的沟通。在一些学科发展探索事务上,还通过教学科研成果应用转化项目以及教研教改项目等项目合作形式进行研究式交互。

(3)学科职能的交互。两条主线交互的另一个重要机制是通过职能的协同。科研职能在知识技术主线的知识本质体现是知识创新,科研职能是知识技术主线中学科人的重要职能。同时在组织管理主线中,科学研究同样是高等学校学科组织的重要职能之一,组织管理主线中设有科研管理部门及辅助支撑机构进行科研管理服务。教学职能在知识技术主线中的知识本质体现是知识传播。教书育人与人才培养是教师的重要职能和本职工作,教学运行与管理一般由组织管理主线中的组织机构进行统筹组织与管理运行。在教学职能上,两条主线显示出高度的协同性。社会服务职能的知识本质体现是知识转化与应用,其主要组织机构指学校的支撑服务机构,如技术转化办公室、大学科技园、学科性公司等。在两条主线共享的学科责任教授组成的学科(群)组织,知识技术主线主导的科研职能(如学部)与组织管理主线主导的育人职能(如书院等人才培养单位的学术/教授委员会等)实现了两条主线在教学与科研职能上的协同。

(4)学科功能的交互。组织管理主线与知识技术主线的协同还体现在二者在功能上的深度渗透和耦合。知识技术主线是学科知识生产的主体,负责学科学术发展方向和进度;组织管理主线是学科治理的主体,负责学科的规划、指挥、协调与控制。二者围绕学科发展目标统筹推进,分工负责、相互渗透、相互支持、相互补充,有机联结为集中统一、畅通灵敏的学科系统。

四、"两线"耦合下的学科矩阵模式:硬实力与软实力协同作用域

知识技术主线与组织管理主线在协同作用下,形成我国高校学科的主要模式,即学科矩阵。学科矩阵呈现以下特征,构成了硬实力与软实力协同的存在基础。

第一,学科主体仍然以教育部一级、二级等学科目录为主线,高校内部学科发展管理方式逐步以学科群为统领。2018 年,习近平总书记在北京大学师生座谈会上的讲话中指出:"要下大气力组建交叉学科群和强有力的科技攻

关团队,加强学科之间协同创新,加强对原创性、系统性、引领性研究的支持。”①学科群建设和学科交叉融合对知识创新具有重要意义。从全球范围的学术、科技创新与学科关系来看,原创成果大都是学科前沿和学科群交叉融合的结果,近 25 年交叉性的合作研究获得诺贝尔奖项的比例已接近一半(49.07%)。

通过各高水平高校的一流学科建设方案文本分析,发现学科建设的主流思路是通过构建优势学科群,从而带动学校整体学科发展。如,清华大学以 4 个学科领域为基本分类,进一步突出优势学科,融合相关学科的特色与潜力,形成 20 个相互支撑、协同发展的学科群,包括建筑学科群、土木水利学科群、核科学技术与安全学科群、环境学科群、计算机学科群等;北京大学在 30 个优势学科基础上,通过 6 个综合交叉学科群(理学综合交叉学科、信息与工程综合交叉学科等)建设培育新的学科增长点;上海交通大学提出学科生态建设计划,以学科群模式促进学科交叉融合。各高校通过群聚效应,实现高峰带动高原、互补促进交叉融合等方式,实现一流学科建设的学科群模式共识。

第二,学科矩阵呈现无边界开放特征,不断重视交叉学科、新兴学科在其中的实质性体现,学科矩阵边界呈现动态拓展状态。《关于高等学校加快“双一流”建设的指导意见》提出高校要主动对接国家和区域重大战略,完善以社会需求和学术贡献为导向的学科专业动态调整机制,强调要构建协调可持续发展的学科体系,打破传统学科之间的壁垒,以优势特色学科为主体,以相关学科为支撑,整合相关传统学科资源,促进基础学科、应用学科交叉融合,在前沿和交叉学科领域培植新的学科生长点。在新形势下,由于不断涌现并培育、发展新兴学科、交叉学科,学科矩阵呈现无边界开放的特征。事实上,世界主要国家和地区的高等教育有学科的概念,但是并无学科建设的说法,并不把学科作为评价评估的主体与资源分配的手段。

麻省理工学院电器工程与计算机科学系是麻省理工学院最大的部门,是高居世界一流学科排名榜单的世界一流工程学科,其学科发展的重要特征是

① 习近平:《在北京大学师生座谈会上的讲话》,人民出版社 2018 年版,第 10 页。

交叉学科和合作研究。电气工程学科的组织载体主要集中在电子工程与计算机科学系的几大核心实验室,如电子研究实验室、计算机科学与人工智能实验室、信息和决策系统实验室、微系统技术实验室、林肯实验室等。围绕若干实验室,密集的学科组织群落得以形成,其学科文化即鼓励多学科,鼓励前沿研究与探索性研究,鼓励多学科学生参与研究与教学。麻省理工学院的电气工程与计算机学科之间交叉融合共生的案例充分显示了学科当前的无边界特性。

第三,学科组织分为正式组织以及无边界非正式组织(团队),其中无边界非正式组织(团队)越来越在学科矩阵中发挥重要作用。正式组织指有正式组织建制的学科组织机构,如各学院、各研究中心(院)、书院等。无边界非正式组织(团队)指以某一科学研究、人才培养或者应用服务等为目的建立起来的未正式批复建立的非正式组织,如学术团队、课题组、教学团队等。由于无边界非正式组织的高度灵活性、无门槛性、无边界性、跨学科性、跨组织性等特征,因此其在当前新兴学科、交叉学科重点发展时期越来越在学科矩阵中起到桥梁、纽带、联结的重要作用。很多重大前沿交叉学科成果很可能在最初阶段就始于无边界非正式组织(团队)。只有塑造开放、包容、学术自由的学科文化氛围,拥有良好的激励机制与管理运行策略的培育环境,才能为无边界非正式组织创造宽松自由的成长空间,让科研成果在"萌芽期"就接受良好的学科有机生态系统环境的滋养,才能成就学科的"参天大树"。

国外一流高校的系、所设置相当灵活。这有利于快速响应最新前沿问题以及跨学科需求,广泛吸纳各学科学者、教师、研究生以及资源,协同开展跨学科研究、人才培养与科技转化与应用。如 MIT 将 25 个学系整合为六大学院,25 个系之间又构建起错综复杂的横向联络组织,同类研究跨系组成 42 个研究中心或实验室。[①] 而在我国,如果传统系、所、实验室作为正式组织灵活设置自由度相对较低,或在一段时间内无法改变其正式组织的属性,则高校学术

① 参见李培凤、王生珏:《跨学科人才培养模式案例分析》,《国家教育行政学院学报》2004 年第 1 期。

团队以及科研团队等无边界非正式组织将是另一种形式的有效替代。

第四,学科正式组织分类呈现三大类,分别是学科导向教学/科研组织、功能导向教学/科研组织以及服务支撑机构。当前,高校正式组织名目众多,已经不仅仅只是过去的学院—职能部门—后勤的线性组织结构。组织结构呈现扁平化发展趋势。学科导向教学/科研组织主要指以传统主干学科为基础设立的学院(系/所/实验室),其二级组织有科研类组织如研究所、某学科实验室等,有教学类的组织如某学院等。功能导向教学/科研组织数量呈现增多趋势,主要指以某一功能为主导和目的建立起来的组织机构,如功能导向教学组织有书院(以大类招生为主要功能的人才培养机构)、国际教育学院(以招收国际留学项目为主要功能的人才培养机构)、高校分校(以某一区域为主体建立的分校区)等;功能导向科研组织有前沿交叉研究院(以交叉学科成果培育为主要功能建立的科研机构)、智库机构(以政府智囊团为主要功能建立的科研机构)等。服务支撑机构主要有大学科技园、资产经营公司、高校相关产业机构、科技项目孵化中心等。

学科矩阵模式是当前我国高校硬实力与软实力协同的主要作用域和存在基础,也是硬实力与软实力协同发挥作用的集中体现。高校工程学科的硬实力与软实力协同存在于高校工程学科发展与改革创新的全过程、全环节和全要素中,同时正是因为硬实力与软实力协同的存在,才形成当下我国高校—学科(群)"一总两线"的显性模式。

第二节　高校工程学科硬实力与软实力协同发展机理与模型构建

一、高校工程学科硬实力与软实力协同发展机理

创新能够使系统获得内生变异,在一定程度上抵消由外生变异造成的不确定性风险,进而使学科系统与外部环境保持动态平衡。而协同的主要作用和本质就是通过系统的创新来调节其内、外部功能,使得系统能够适应外界不

确定环境的变化。通过本章案例分析以及访谈调研,本书提出高校工程学科硬实力与软实力协同的四种类型,即信息交互式协同、统筹联动式协同、职能耦合式协同以及功能渗透式协同,如图 6.2 所示。

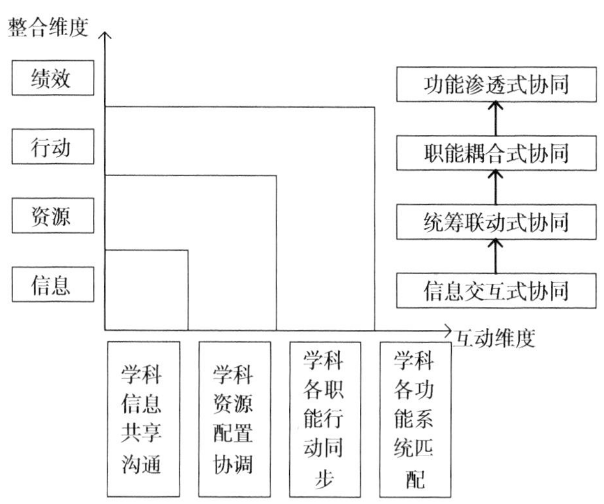

图 6.2　高校工程学科硬实力与软实力协同机理解析图

在整合维度,协同涉及信息、资源、行动、绩效的全面整合;在互动维度,有学科信息共享沟通、学科资源配置协调、学科各职能行动同步以及学科各功能系统匹配。系统的协同度是影响绩效的重要原因,学科通过学科战略创新、结构创新、制度创新、文化创新与学科知识创新的协同交互,学科系统内信息、资源、行动的匹配度都将影响到学科创新绩效的高低,协同能否实现取决于系统内不同要素互动和合作的程度。协同的强度与创新行为与活动的程度和频率有关。4 种强度的协同类型会交叉,同时出现在不同的学科创新过程和行为中。

1. 信息交互式协同。信息交互式协同为协同强度最弱的协同方式,主要体现在学科治理创新系统与学科知识创新系统之间的信息共享与沟通机制,以实现硬实力与软实力协同,其互动维度是学科信息共享沟通,主要作用是学科子系统互补性。

2. 统筹联动式协同。统筹联动式协同为协同强度比信息交互式稍强的一级，其主要的协同是通过学科人在学科治理创新系统与学科知识创新系统的统筹过程实现硬实力与软实力协同，其互动维度是学科资源的优化配置与协调，常见方式有统一理念、统一目标，通过文件、流程、会议、研讨、项目、制度等合作机制，建立团队和虚拟组织等，主要作用是实现学科系统整合性。

目标协同机制是统筹联动式协同的前提。从学科治理创新与知识创新各自的目标来看，二者目标有着紧密的联系：其一，学科治理创新追求一流学科的目标，一流学科的本质就是产出创新性成果，因此二者目标具有同根同源的一致性；其二，二者主要目标具有共同主体。二者共属于同一个组织，具有共同的目标，因此在目标上具有统一性。这决定了学科治理创新与知识创新的目标协同机制。

学科人的统筹性是统筹联动式协同的基础。是基于学科人往往拥有双重身份，即同时在学科治理主线担任主要管理者并在学科知识技术主线担任学科责任教授或主要学科骨干等。因此，学科人既属于治理主线，又属于知识技术主线，既忠诚于、归属于学科（知识属性）又忠诚于、归属于组织（组织属性），既有科研属性（知识属性主要职能）又有育人属性（组织属性主要职能）。一个人同时统筹两个角色以及两条主线的事务，有助于统筹交互，促进学科硬实力与软实力协同。

学科资源的优化配置是统筹联动式协同的重要机制。在过去相当一段时间的学科建设过程中，实践历程就是资源配置的过程。一个学校的管理者根据学科发展布局与实际状况，设计一套制度安排，在制度运行规则下进行资源配置，对学科以及学科人投入经费、平台、设备等资源，进行学科建设。随着要素驱动转为创新驱动，学科建设逐步重视内涵建设，讲求围绕学科具体发展规律实际，进行学科发展的动态治理，其本质也需要各类资源配置的动态优化和资源配置的供给侧结构性改革。

3. 职能耦合式协同。职能耦合式协同的协同强度为 3 级，主要体现在学科的人才培养、科学研究、社会服务、文化传承与创新等学科职能之间耦合实现硬实力与软实力协同，其互动维度是学科各职能行动的同步与匹配，协同效用是实现学科系统的整体优化。此种耦合如产学研一体化机制设计、为了实现交叉学科效应等进行的组织结构变革等,需要注重的是战略统筹、价值整合和业务一体化衔接等。

4. 功能渗透式协同。功能渗透式协同的协同强度为最高级,主要体现在学科各个系统功能层面实现深度协同,其互动维度是学科各功能系统的匹配与协同,主要效用是实现学科系统的整体涌现。如学科 C-K 协同(学科文化创新与知识创新协同)、人才培养模式变革与课程体系重构的硬实力与软实力协同类型是此种协同类型的典型。

学科文化耦合机制是功能渗透式协同的典型机制。学科知识创新系统文化与学科治理创新系统文化会在要素的相互联系、互动影响的动态过程中,形成学科的文化并交织融合。学科文化产生于学科系统又反过来影响学科系统,形成一个良性反馈。

高校工程学科硬实力与软实力协同方式与协同生成机理总结如表 6.1 所示。

表 6.1　高校工程学科硬实力与软实力协同方式与协同生成机理

协同类型	协同强度	协同效用	整合维度	互动维度
信息交互式协同	1 级	学科子系统互补性	信息	学科信息共享沟通
统筹联动式协同	2 级	学科系统整合性	资源	学科资源配置协调
职能耦合式协同	3 级	学科系统优化性	行动	学科各职能行动同步
功能渗透式协同	4 级	学科系统涌现性	绩效	学科各功能系统匹配

二、高校工程学科硬实力与软实力协同发展逻辑

高校工程学科发展运行规律就是学科知识创新与学科治理创新协同共生的动态过程,学科运行取决于治理创新与知识创新的协同程度,具体协同过程通过 4 种协同方式实现,分别是信息交互式协同、统筹联动式协同、职能耦合式协同和功能渗透式协同,同时高校工程学科的硬实力与软实力协同是为了

应对外界环境不确定性对组织的冲击,通过学科硬实力与软实力协同实现学科创新效率的提升,反过来适应外界环境的不确定性,高校工程学科硬实力与软实力协同发展生成机理模型如图 6.3 所示。

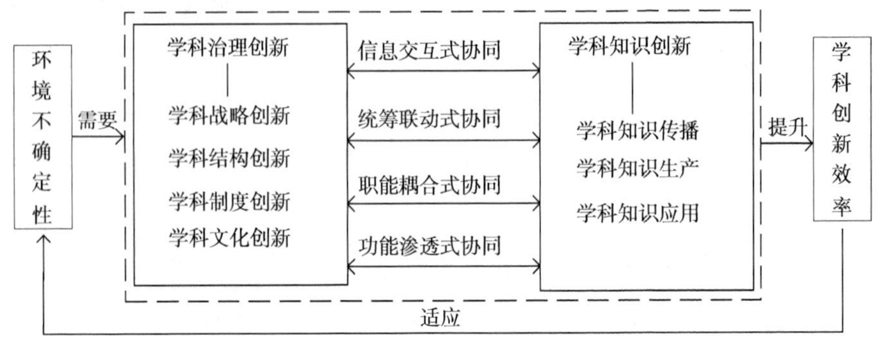

图 6.3　高校工程学科硬实力与软实力协同生成机理模型图

1. 学科硬实力与软实力协同的外部动因:环境不确定性

借鉴管理学科的组织管理理论,外部环境是企业赖以生存和发展的场所,是其制定发展战略的立足点和前提①。不确定性是组织理论中的一个重要情境因素,能够用来解释组织与环境之间的复杂关系。这里的"环境"包括学科外部宏观环境,包括社会对知识的需求、知识体系本身的更新变革等;也包括学科内部环境,包括学校学科布局问题、高校内部结构紊乱、组织臃肿、制度缺位等。通过案例分析我们确定了学科硬实力与软实力协同的存在性问题,即学科硬实力与软实力协同是否存在于高校工程学科发展过程中?学科硬实力与软实力协同是什么?以上问题的肯定性回答是案例研究的主要结论。学科的硬实力与软实力协同是学科的创新行为,产生行为的原因或者说外部动因正是环境的不确定性,即为了应对外界环境的不确定性对学科发展的冲击,而作出的适应性创新行为。

2. 学科硬实力与软实力协同的内部动因:学科创新效率

从另一个侧面来讲,学科创新效率是学科硬实力与软实力协同行为的内

① L.J.Bourgeois,"Strategic Goals,Perceived Uncertainty and Economic Performance in Volatile Environnments",*Academy of Management Journal*,1985(3).

部动因。学科发展的主要目标是建成世界一流学科，在这个过程中，学科创新效率是一个重要的可测度指标，这涉及学科有投入，有产出，是否通过硬实力与软实力协同创新的行为有效促进投入产出的创新效率问题。这是学科发展的直接驱动力。当下各类学科评估等建构主义范式，就是关注学科创新效率的基本思路。

3. 学科硬实力与软实力协同的基本逻辑：环境不确定性—学科硬实力与软实力协同—学科创新效率

通过以上分析，我们认为学科的硬实力与软实力协同是在环境不确定性条件下，学科为了提升学科创新效率而采取的对创新活动的结构性部署的复杂创新行为。

三、高校工程学科硬实力与软实力协同发展模型

表 6.2 揭示了高校工程学科硬实力与软实力协同发展模型的一般框架，归纳了三类协同模型来系统揭示硬实力与软实力协同“是什么”的问题。

硬实力与软实力协同显性模式是硬实力与软实力协同的实践基础。通过高校工程学科的实际情况凝练出当前我国高校工程学科的硬实力与软实力协同的“一总两线”学科矩阵模式，这个模型可以揭示出硬实力与软实力协同的前提、基础、显性机制和作用域，具象地向大家揭示了硬实力与软实力协同在我国高校工程学科中“是什么”的问题。

硬实力与软实力协同发展机理是通过硬实力与软实力协同实践基础，抽象上升为机理模型，从抽象层面揭示了硬实力与软实力内部协同的机理机制，该模型揭示了硬实力与软实力协同的主要类型、强度、效用、整合维度、互动维度。

硬实力与软实力协同发展逻辑是从宏观层面揭示硬实力与软实力协同是如何生成的，阐释了高校工程学科为了适应外界不确定性环境的变化，而进行硬实力与软实力协同，目的是提升学科创新效率的外部生成逻辑。

表 6.2　高校工程学科硬实力与软实力协同发展模型的一般框架

类别	实践基础(具象)	机理模型(抽象、微观)	发展逻辑(抽象、宏观)
协同模型	硬实力与软实力协同显性模式	硬实力与软实力协同发展机理	硬实力与软实力协同发展逻辑
	"一总两线"学科矩阵模式		硬实力与软实力协同生成机理模型
协同模型结构	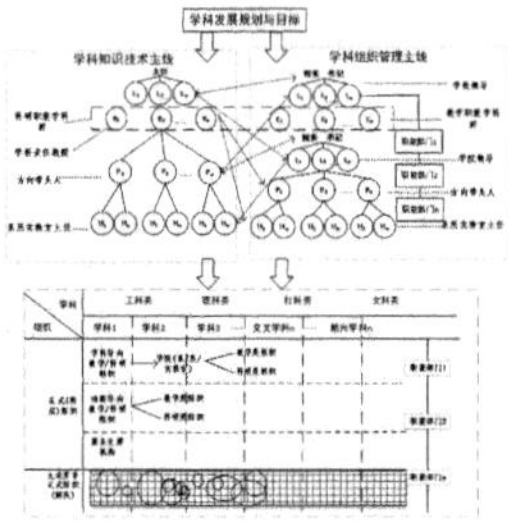	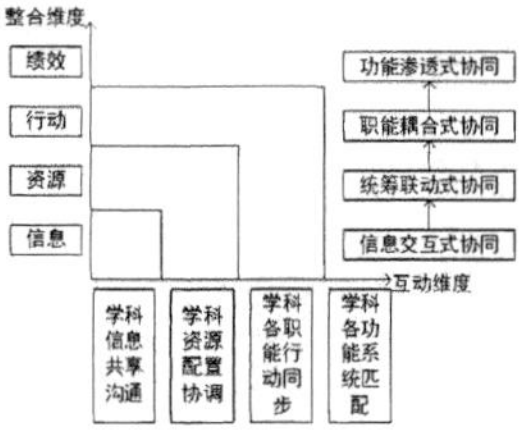 整合维度 绩效 行动 资源 信息 功能渗透式协同 职能耦合式协同 统筹联动式协同 信息交互式协同 互动维度 学科信息共享沟通 学科资源配置协调 学科各职能行动同步 学科各功能系统匹配	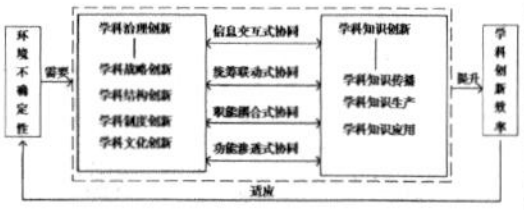
揭示协同原理	①硬实力与软实力协同的前提	①硬实力与软实力协同的主要类型	硬实力与软实力协同生成机理:阐释硬实力与软实力协同在工程学科发展中与环境不确定性、学科创新效率的外部生成逻辑
	②硬实力与软实力协同的基础	②硬实力与软实力协同强度	
	③硬实力与软实力协同的显性机制	③硬实力与软实力协同效用	
	④硬实力与软实力协同的作用域	④硬实力与软实力协同整合维度	
		⑤硬实力与软实力协同互动维度	

第三篇

学科协同发展的模型测度

第七章　协同与一流学科的关系

之前章节基于我国高校工程学科实践，得出了高校工程学科硬实力与软实力协同发展模型。为进一步阐释硬实力与软实力协同在学科发展实践中的“合理性”问题，本章从高校工程学科治理创新与知识创新之间的协同关系出发，引入“协同度”作为解释变量，以学科创新效率为被解释变量，将学科环境的变化作为调节变量，引入学科动态能力分析其中介作用，依据高校工程学科的调研数据采用偏最小二乘法构建结构方程模型，对高校工程学科硬实力与软实力协同做实证研究，揭示了硬实力与软实力协同在工程学科发展实践中的作用过程，解释了硬实力与软实力协同为什么在学科发展实践中发挥重要作用。

第一节　研究假设的提出

一、学科硬实力与软实力协同对学科创新效率的直接影响

学科知识创新和学科管理创新、组织创新对学科创新效率的影响已有不少相关研究和证实。张晓燕、赵丽梅、韩锦标、李春林等从不同视角分别证明了知识创新对学科创新效率的影响，邹晓东、武建鑫、何晓芳等从学科建设角度论述了学科组织创新、管理创新对学科发展的重要性。世界一流学科应是具有世界卓越绩效和产出的学科，即一流学科的本质特征是具有一流的知识生产能力。培育卓越的产出和成果需要良好的环境和土壤，还需要科学栽培，

因此学科建设题中应有之义是提供一流的学科资源、学术制度以及治理体系，为学科知识生产提供良好的学科生态环境以及开放自由的学科文化。高校学科发展的过程，就是学科治理创新与知识创新相互作用、相互影响、相互协同耦合作用的过程。

学科创新系统的协同是通过学科治理创新系统与学科知识创新系统及其各维度彼此之间的优势互动、紧密联结、联动上升，从而发生内生变异的创新管理过程，具体通过学科信息交互式协同、统筹联动式协同、职能耦合式协同以及功能渗透式协同，从而实现学科子系统互补性、学科系统整合性、学科系统优化性、学科系统涌现性，促进学科知识创新和效率提升。①

学科创新系统协同对学科创新效率的影响主要体现在协同的关联度和协调度。在关联维度，协同涉及信息、资源、行动、绩效的全面整合，对应硬实力与软实力协同机理模型的整合维度，体现了两个系统之间是否通过有效的互补和强关联，实现学科创新效率的直接促进；在协调维度，有学科信息共享沟通、学科资源配置协调、学科各职能行动同步与学科各功能系统匹配，对应硬实力与软实力协同机理模型的互动维度，具体体现在两个创新系统是否相互配合达成匹配，从而相辅相成达到内生变异的涌现效应。学科创新系统中战略创新、结构创新、制度创新和文化创新与学科知识创新的协同交互，是影响学科创新绩效的重要因素。学科系统内的信息、资源、制度以及行为的匹配度和协同强度，影响着学科创新绩效的高低。因此，可以得到假设 H1。

H1：学科硬实力与软实力协同正向影响学科创新效率。

二、中介作用下学科硬实力与软实力协同对学科创新效率的影响

动态能力理论是在企业管理领域较为成熟的理论②，概念首先由 Teece

① H.Jiang & S.Zhao & Z.Li, et al., "Interaction between Technology Standardization and Technology Development: A Coupling Effect Study", *Information Technology and Management*, 2016(3).

② G.Cepeda & D.Vera, "Dynamic Capabilities and Operational Capabilities: A Knowledge Management Perspective", *Journal of Business Research*, 2007(5).

和Pisano 提出①,他们认为动态能力是组织整合、建立与重新配置内外部资源以应对快速变化的环境的能力。② 动态能力(dynamic capability)提出的出发点源于环境的不确定性,认为动态能力是组织处在开放系统视域下,组织与环境的关系是不断互动、不断适应和不断改变的③,应该通过组织内部治理和创新,以克服组织系统内部核心能力刚性,进而抵御外部环境不确定性对组织造成的影响。

本书将"动态能力"引入学科系统领域,认为具有合理性和适用性。本书认为大学学科系统与企业组织有相似之处,二者都有组织创新绩效的追求,都需要不断满足各方利益需求,需要不断合理配置及整合资源。动态能力是学科系统整合、建立和再配置内、外部能力以适应环境快速变化的能力,是更新组织能力的能力,能够使学科系统动态地适应复杂多变的外部环境。因此,动态能力的出现是高校学科系统发展的需要。同时,学科的硬实力与软实力协同创新不是对内外部资源的简单汇集,关键是整合和优化配置资源,即"整合、建立以及重构内外能力以便适应快速变化的环境的能力"。现有研究已经利用动态能力理论探究了高校提升组织绩效的机制和路径,李飞基于动态能力理论,构建协同创新投入—产出—转化过程模型并建立了相应的评价指标体系,以 C9 联盟高校为例对其协同创新能力和过程效率进行评价研究,并探讨了动态能力的中介作用④;孙崇文引入动态能力理论,在分析创业型大学动态能力适用性的基础上对创业型大学动态能力的内涵进行界定,并重点分析其特征,包括环境感知能力、组织学习能力、组织柔性能力以及资源整合能力等⑤;黄超等将动态能力理论和组织学习理论与大学学科建设研究结合起

① D.J.Teece & G.Pisano,"The Dynamic Capabilities of Firms:An Introduction",*Industrial and Corporate Change*,1994(3).

② 唐孝文等:《动态能力视角下的战略转型过程机理研究》,《科研管理》2015 年第 1 期。

③ L.Diamond,"A Progress Report on California's Charter Schools",*Educational Leadership*,1995(52).

④ 李飞、李晗:《基于动态能力的高校协同创新过程评价》,《科技管理研究》2018 年第 4 期。

⑤ 孙崇文、杨艳妮:《创业型大学动态能力发展概念研究》,《内蒙古财经大学学报》2019 年第 3 期。

来，从学科的成长演化路径分析入手，探讨大学学科成长能力的构成方式及其演化规律，进而为大学学科发展建设提供新的思路与方法。① 但是目前对高校和学科的动态能力的研究仍然相对较少，因此本书试图从动态能力的视角探讨高校工程学科硬实力与软实力协同对学科创新绩效的影响。实际上，高校学科治理创新与知识创新的协同发展本质就是一种基于动态能力的行为活动，动态能力理论关注内部活动流程和创新机制，同时强调内外部的协调匹配，适合应用于对协同创新过程的研究。

根据案例研究部分对学科动态能力的凝练，综合 Teece、Eisenhardt、董保宝、张鹏等学者的观点，根据学科发展过程中创新系统耦合的相关特征，本书认为学科动态能力主要有环境感知能力、资源整合能力和组织柔性能力。第一，高校工程学科硬实力与软实力协同的良好发展有利于学科搜寻和获取来自学科外界环境的信息和知识，更加密切关注学科外部环境变化对教育理念带来的变革要求，审时度势作出决策，有利于学科集合各种信息、知识和资源进行整合并作出战略判断、规划和研究安排，如紧密了解学科最新发展现状与趋势、密切跟踪学科前沿知识创新的最新创新成果等②；第二，学科的硬实力与软实力协同发展使得学科知识创新链条和治理创新链条之间不断耦合，实现两边链条的信息、资源与知识的协同共享，从而让学科实现更高一级别的资源、知识和信息，从而涌现生成更高一级别的能力，进而增强学科的资源整合能力；第三，学科的硬实力与软实力协同发展使得学科治理创新与知识创新两个创新系统关联性和协调性高度统一，实现两个系统之间的高度协调和功能的同频共振，为达到相辅相成、内生变异的涌现效果，必须有与之匹配的并且更加系统、柔性、扁平、网络化的组织结构，也就增强了学科组织柔性能力。因此，本书认为学科硬实力与软实力协同发展是提升学科动态能力的重要因素，提出以下假设。

---

① 参见黄超、王雅林、姜华：《大学学科成长能力系统构建及其路径》，《高等教育研究》2011 年第 1 期。

② G.Cepeda & D.Vera, "Dynamic Capabilities and Operational Capabilities: A Knowledge Management Perspective", *Journal of Business Research*, 2007(5).

假设 H2a:学科硬实力与软实力协同对于学科动态能力具有显著的积极作用。

相关研究已经证实了动态能力对于创新绩效、创新行为的正向促进作用。[①] 本书主要论证学科通过环境感知能力、资源整合能力和组织柔性能力3种能力的相互作用来有效促进学科创新绩效。第一,学科的环境感知能力使得学科人能快速获取学科外界信息、资源、知识等,拥有信息响应力和信息获取力,从而迅速对知识和信息进行消化、吸收和再创新,实现知识产出和知识创新成果,或作出治理创新的相关安排,有效应对学科外界环境变化和变革;第二,学科的资源整合能力能通过对学科内部资源和信息进行重构、整合,提高资源协调力和资源配置力,从而提高资源利用效率,提高学科治理效能,从而提升学科创新效率;第三,学科的组织柔性能力使得学科拥有开放包容的学科文化环境,对学科组织结构具有较强的变革力和重塑力,能够根据学科内外环境状况适时调整组织结构和信息流通方式,克服"大组织病",从而促进学科创新效率。因此,认为学科动态能力正向影响学科创新效率,提出以下假设。

H2b:学科动态能力对于学科创新效率具有显著的正向影响。

综上所述,本书认为学科动态能力在学科硬实力与软实力协同和学科创新效率关系中发挥中介效应,因此提出如下假设。

H2:学科动态能力对于学科硬实力与软实力协同和学科创新效率的关系具有中介作用。

三、学科环境不确定性的多重调节作用

第四次工业与科技革命发展,正在重构全球创新版图、重塑全球经济结构,也影响着高等工程教育系统的演变和人才培养,促使高等工程教育进行全方位的变革。工程学科所处的外界环境瞬息万变,学科的发展必须适应学科

---

① 参见蒋翠清:《支持动态能力的企业知识创新体系研究》,合肥工业大学博士学位论文,2007年。

环境的需求。快速变化的环境显著影响了学科创新活动及其作用机理。

（一）对直接影响的调节作用

在快速变化的环境下，学科会面临信息、资源、行动和绩效的多方不匹配的结构性功能障碍，面临更大的学科功能性失调问题。为了应对工程学科外界环境的变化，高校工程学科硬实力与软实力协同发展将对学科创新效率具有显著的直接影响。[①] 学科硬实力与软实力协同有利于学科信息共享与沟通，使得学科资源更加优化配置与协调，促进学科各职能行动同步匹配从而实现学科各功能系统的匹配与协同，有利于减少工程学科外界环境变化对学科职能、功能、资源等系统性的破坏，增强学科系统的适应性、弹性和柔性，从而促进学科创新效率。因此，学科外界环境越是不确定，学科战略制定者和管理者越应当重视学科的治理创新与知识创新之间的协同效应的发挥，因此，本书假设如下：

假设 H3：在学科环境不确定性较大的情况下，学科硬实力与软实力协同对学科创新效率的正向影响更加显著。

（二）对间接影响的调节作用

动态能力的提出就是组织为了应对环境不确定性的一种应对能力，很多学者都将外部环境不确定性视为影响动态能力形成与发展的重要因素。Teece 提出动态能力就是组织在动态环境下产生的用于应对快速变化环境的能力。[②] 在不同的动态程度的环境下，动态能力呈现不同的表现状态。动态能力可以随着外部环境的变化程度而变化，因此说明动态环境是动态能力的形成前提。

不确定的外界环境，破坏了现有学科价值体系、知识体系和资源结构，因此学科会积极推动治理创新与知识创新的协同发展，通过发挥其学科子系统的互补性、整合性、优化性和涌现性开展知识、信息、行动和绩效的重构和统

① 参见张鹏、宣勇：《组织蜕变：大学学科后成熟期的战略选择》，《科学学与科学技术管理》2009 年第 3 期。

② D.J. Teece, "Capturing Value from Knowledge Assets: The New Economy, Markets for Know-how, and Intangible Assets", *California Management Review*, 1998(3).

一，使得学科信息共享、资源优化、职能匹配和功能协同，从而提升学科的环境感知能力、资源整合能力和组织柔性能力，以迅速调整来应对变化。因此提出假设。

H4：在学科环境不确定性较大的情况下，学科硬实力与软实力协同对学科动态能力的正向影响更显著。

另外，不确定的环境将迫使学科不断增强创新能力和实践创新行为，不断从事创新性的活动，这又增强了学科动态能力的正向效应。一旦拥有动态能力，学科组织就可以迅速、准确地对环境的变化作出反应，并通过快速、准确地配置自身资源，进而提高创新效率。① 相对而言，当学科处于稳定的学科环境中时，学科面临的问题多为结构化问题，此时学科可以利用原有的信息、知识和资源来解决这些问题，因此在相对稳定的环境下，学科动态能力对学科创新效率的作用效果会不甚明显。因此我们提出以下假设。

H5：在学科环境不确定性较大的情况下，学科动态能力对学科创新效率的正向影响更加显著。

综上所述，本书开展关注学科硬实力与软实力协同对学科创新效率影响的包括中介效应以及多重调节作用的实证检验，理论模型如图 7.1 所示。

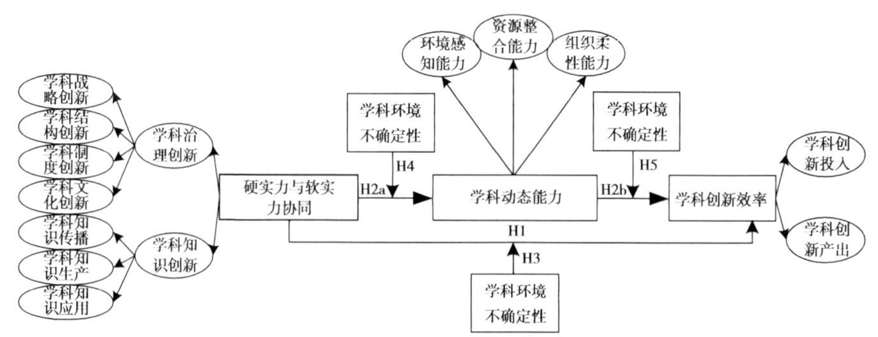

图 7.1　实证研究理论模型图

① M.Zollo & S.G.Winter，"Deliberate Learning and the Evolution of Dynamic Capabilities"，*Organization Science*，2002（3）.

第二节　研究方法

一、问卷设计与数据采集

问卷设计由两部分构成。第一部分是基本信息,第二部分是关于学科治理创新、知识创新、动态能力、创新绩效、外部环境等方面的调查问题。调查量表关于被调查学科治理创新的题项共16条,知识创新的题项共12条,学科创新效率的题项8条,学科动态能力的题项10条,学科环境不确定性的题项4条。调查量表采用国外同类研究惯用李克特(Likert)5级量表:1表示“非常不同意”,2表示“有些不同意”,3表示“不确定”,4表示“有些同意”,5表示“非常同意”。问卷主要采用两种方式发放:一部分通过课题组相关合作单位发放纸质版问卷;另一部分通过“问卷星”形成电子问卷,通过微信等方式收集研究数据,通过与各学科相关人员进行多轮线上沟通,以保证其充分了解本书目的。

数据收集过程中先后共发放调查问卷302份,共回收了246份,剔除无效问卷21份,获得225份有效问卷,问卷回收率74.5%。调查对象锁定C9联盟大学、第四轮学科评估工科实力排名前20的高校内的工程类学科。通过问卷基本信息统计,被调查的225份有效问卷所在高校共23所。被调查的一级工程学科名称如表7.1所示。

表7.1　被调查一级工程学科名称列表

学科代码	一级学科名称	学科代码	一级学科名称
0801	力学	0803	光学工程
0811	控制科学与工程	0813	建筑学
0831	生物医学工程	0804	仪器科学与技术
0814	土木工程	0824	船舶与海洋工程
0805	材料科学与工程	0825	航空宇航科学与技术
0835	软件工程	0806	冶金工程

续表

学科代码	一级学科名称	学科代码	一级学科名称
0826	兵器科学与技术	0836	生物工程
0808	电气工程	0817	化学工程与技术
0809	电子科学与技术	0810	信息与通信工程

样本基本覆盖各种类型高校、不同实力和不同发展阶段的学科，符合我国工程学科发展基本情况，收集到的数据具有较好的代表性。被调查者的基本信息统计如图7.2所示。

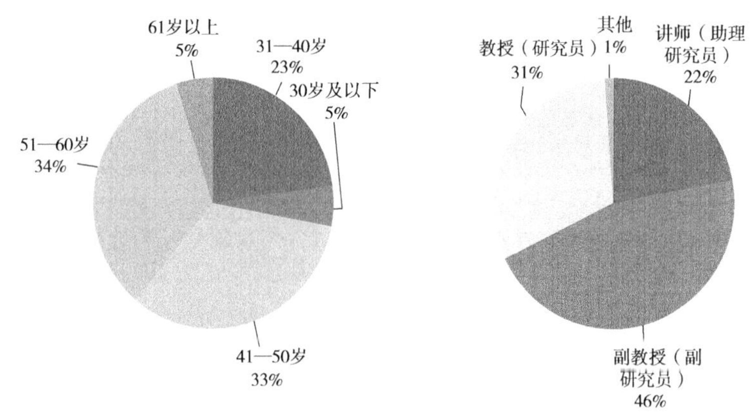

图7.2　样本特征分析图

二、变量测量

（一）学科治理创新与学科知识创新

根据第二章关于学科治理创新系统和学科知识创新系统的界定以及各系统的相关创新类型的界定，借鉴Szulanski、Wong、陈金圣等已有成熟量表，结合高校工程学科的实际情况和特征，通过反复试验和研究，最终确定了16个题项测量高校学科治理创新、12个题项测量高校学科知识创新，具体题项如表7.2所示。

表 7.2　学科治理创新与学科知识创新测量指标

变量	测量维度	测量题项	编号
学科治理创新	学科战略创新	您所在学科根据环境变化制定和调整学科规划、布局、方向等学科发展战略的能力增强	G1
		您所在学科对创新资源和学科创新能力有着清晰的认识	G2
		您所在学科倾向于把重点放在学科中长期的创新战略和创新目标上	G3
		您所在学科将创新作为重要的发展战略	G4
	学科结构创新	您所在学科组织结构朝着灵活性与柔性化发展，跨组织、跨学科沟通效率不断提升	G5
		您所在学科组织结构更加有利于跨学科研究和科研合作	G6
		您所在学科基层组织的自主权和决策权范围扩大	G7
		您所在学科决策、行政、学术权力配合程度越来越密切	G8
	学科制度创新	您所在学科建立并不断完善促进创新的激励机制	G9
		您所在学科为了满足学科创新活动不断优化管理制度和体制机制创新	G10
		您所在学科制定并实施灵活的人力资源管理与评价制度	G11
		您所在的学科不断进行促进人才培养、科学研究和社会服务的体制机制变革	G12
	学科文化创新	您所在学科拥有清晰的创新型文化建设的愿景	G13
		您所在学科注重鼓励学科人进行创新并且可以接受失败	G14
		您所在学科加大力度营造浓厚的创新型组织学习氛围	G15
		您所在学科加强培育学科人的创新精神	G16
学科知识创新	学科知识传播	您所在学科能够创造有利于知识共享的环境	K1
		您所在学科持续不断地在合作网络中搜寻新知识	K2
		您所在学科学者经常通过正式或非正式形式交流知识和经验	K3
		您所在学科与合作单位经常交流知识和经验	K4
	学科知识生产	您所在学科知道如何分析外部知识	K5
		您所在学科内部学者能快速理解外部知识	K6
		您所在学科内部学者能很好地融合内外部的新旧知识	K7
		您所在学科充分利用内外部知识产生了较多的著作、文章和专利	K8

续表

变量	测量维度	测量题项	编号
学科知识创新	学科知识应用	您所在的学科所产生的许多成果都能够产业化	K9
		您所在学科中部分学者承担企业的课题研究	K10
		您所在学科中部分学者通过咨询、担任职务等形式参与企业发展	K11
		从您所在的学科中衍生出一些高技术公司	K12

（二）学科创新效率

效率逻辑是大学学科治理的第一逻辑。大学虽然与商业组织有比较明显的区别，但已经是最接近商业的组织，特别是美国大学非常讲求效率逻辑。所谓效率逻辑，是指在学科办学过程中，坚持成本最小化和效率最大化，即经济学中常用于投入产出分析、成本效率分析等，进而作出理性价值判断，为下一步的管理路径作出选择。① 关于学科创新效率中的投入、产出的测度指标已有不少文献进行研究，多通过高等学校的统计年鉴中的客观数据进行具体的测度，如学科投入因素有师资投入、科研经费投入等，学科产出常见有人才培养数量、产出学术论文数量与质量、专利数量与质量等。本书调研对象涉及不同高校的不同学科，缺乏统一的统计口径，且不能完全得到不同具体高校某一学科的数据，因此本书选择“量表”这一测量工具测度学科创新效率。

通过《教育部高校科技统计资料汇编》、《中国教育统计年鉴》、主流世界一流学科评价指标体系（QS 世界大学学科排名、软科世界一流学科排名、泰晤士高等教育世界大学学科排名、美国新闻与世界报道学科排名、教育部学位与研究生教育发展中心学科评估）等相关指标，借鉴于志军、张美丽的研究，最终确定了学科创新投入和学科创新产出共 8 个题项，如表 7.3 所示。

① 参见陈彬:《良法与善治:中国大学治理现代化探究》，华中师范大学出版社 2018 年版。

表 7.3 学科创新效率的测量指标

变量	测量维度	测量题项	编号
学科创新效率	学科创新投入	您所在的学科 R&D 经费投入水平高于同类高校学科平均水平	I1
		您所在的学科开展科研、教学以及成果转化的经费高于同类高校学科平均水平	I2
		您所在的学科研究与发展人力资源经费投入高于同类高校学科平均水平	I3
		您所在的学科师资队伍整体水平与过往相比有显著提升	I4
	学科创新产出	您所在的学科的学术成果数量与质量产出高于同类高校学科平均水平	I5
		您所在的学科的教学成果数量与质量产出高于同类高校学科平均水平	I6
		您所在的学科的科技成果转化与产业化水平高于同类高校学科平均水平	I7
		您所在的学科的创新产出整体水平与过往相比有显著提升	I8

（三）学科动态能力

学科动态能力指高校学科整合、建立和再配置学科内外部能力以适应学科环境快速变化的能力，是更新学科能力的能力。综合 O'Reilly①、Eisenhardt②、Prieto③、宝贡敏④等学者的观点以及对动态能力的维度划分和测量，本书将学科动态能力划分为环境感知能力、资源整合能力和组织柔性能力 3 个维度，并最终确定了 10 个题项来测度学科动态能力，如表 7.4 所示。

① C. A. O' Reilly & M. Tushman, "Ambidexterity as a Dynamic Capability: Resolving the Innovator's Dilemma", *Social Science Electronic Publishing*, 2008(1).

② K. M. Eisenhardt & J. A. Martin, "Dynamic Capabilities: What are They?", *Strategic Management Journal*, 2000(21).

③ I.M.Prieto & E.Revilla & B.Rodríguez-Prado, "Building Dynamic Capabilities in Product Development: How do Contextual Antecedents Matter?", *Scandinavian Journal of Management*, 2009(3).

④ 宝贡敏、龙思颖：《企业动态能力研究：最新述评与展望》，《外国经济与管理》2015 年第 7 期。

表 7.4　学科动态能力的测量指标

变量	测量维度	测量题项	编号
学科动态能力	环境感知能力	您所在的学科非常重视并密切关注当前环境变化对教育理念带来的变革要求	D1
学科动态能力	环境感知能力	您所在的学科经常通过各种途径了解学科最新发展现状与趋势	D2
学科动态能力	环境感知能力	您所在的学科密切跟踪学科前沿知识创新的最新创新成果	D3
学科动态能力	资源整合能力	您所在的学科能够有效利用属于不同领域和学科的知识	D4
学科动态能力	资源整合能力	您所在的学科能够从外部环境获得新知识并在学科内充分共享	D5
学科动态能力	资源整合能力	学术圈内信息或教育环境信息能够在学科内部广泛传播	D6
学科动态能力	组织柔性能力	您所在的学科能够灵活地调整组织结构	D7
学科动态能力	组织柔性能力	您所在的学科能够灵活地根据创新需求设计非正式创新组织	D8
学科动态能力	组织柔性能力	您所在的学科能够适时地调整内外关系网络和网络沟通方式	D9
学科动态能力	组织柔性能力	您所在的学科能够及时地抛弃已经过时的资源或知识	D10

（四）学科环境不确定性

综合 Teece①、Dickson②、孙崇文③、李飞④、李春林⑤等学者的观点，本书将学科环境不确定性共设计 4 个题项，如表 7.5 所示。

① D.J.Teece,"Explicating Dynamic Capabilities:The Nature and Micro-foundations of (Sustainable) Enterprise Performance",*Strategic Management Journal*,2007(28).

② P.H.Dickson & K.M.Weaver,"Environmental Determinants and Individual-level Moderators of Alliance Use",*Academy of Management Journal*,1997(2).

③ 孙崇文、杨艳妮:《创业型大学动态能力发展概念研究》,《内蒙古财经大学学报》2019 年第 3 期。

④ 李飞、李晗:《基于动态能力的高校协同创新过程评价》,《科技管理研究》2018 年第 4 期。

⑤ 李春林、翁钢民:《一流学科的演进特征及网络协同演化机理》,《中国科技论坛》2017 年第 1 期。

表 7.5 环境不确定性的测量指标

变量	测量维度	测量题项	编号
学科环境不确定性	/	您所在的学科所处的环境具有动态性,科学、技术、产业与文化等快速变化	E1
		您所在的学科所处的环境日新月异,不及时调整学科发展战略就可能落后	E2
		您所在的学科所处的环境竞争加剧,很多同类高校学科快速发展	E3
		您所在的学科所处环境不确定性大,很难判断未来环境对学科变革的影响	E4

三、共同方法偏差的控制

共同方法偏差(Common Method Biases)是预测变量和效标变量之间的人为共变,是一种系统误差,会影响研究结论的准确性。造成这种偏差的来源主要有 3 个:同一数据的来源相同;项目自身特征;处于相同的项目语境、测量环境。在问卷调研中,控制共同方法偏差显得尤为重要。

本书主要从两方面来控制共同方法偏差。一是程序控制,主要借助增加匿名性、扩大调研区域、打乱题项顺序等方法。如在调查过程中,通过向被试者发邮件、短信等方式突出调查的匿名性;增加被试者地域分布的广泛性;在发放问卷时,打乱题项以降低被试者对同一构念形成作答倾向。二是统计控制,主要采用 Harman 单因素检验方法。Harman 单因素检验方法通过将 50 个题项都在一个公因子上负载,拟合单因子结构方程模型,结果表明,在未旋转的状态下分析出 8 个因子,累计解释了总体变异的 76.376%。其中,第一个因子解释了 32.078%的变异,占总变异的 42%。可见,任何一个单一因素都无法解释大部分变异(占总变异的 50%以上)。这说明本书的共同方法偏差问题得到了控制。

四、分析方法

结构方程模型(Structural Equation Model,SEM)是基于变量的协方差矩阵来分析变量之间关系的一种多元统计方法,其整合了因素分析与路径分析两种统计方法,同时可以检验模型中的显变量(测量题目)、潜变量(测量题目表示的含义)和误差变量之间的关系,从而得出自变量对因变量影响的直接效果、间接效果和总效果。结构方程模型是一种验证性的分析方法,因此需要根据理论构建假设的模型图,然后检验模型的拟合度、观察模型是否可用,同时检验各个路径是否达到显著,以确定自变量对因变量的影响是否显著。目前,结构方程模型的分析软件有很多,常见有 EQS、Amos、Mplus、Smartpls 等。

偏最小二乘结构方程模型(PLS-SEM)是结构方程模型的一个重要分析工具,是基于偏最小二乘法的方差分析方法,是一种将主成分分析与多元回归结合起来的迭代估计,也是一种因果建模的方法,其核心特征是最小化内生变量的残差变异。

PLS-SEM 与传统 CB-SEM 相比有以下优势:第一,PLS—SEM 相对于 CB-SEM 对样本需求较少,因为 PLS 算法利用 Bootstrap 技术实现估计分布的计算,不需要大样本量的支持,最小需求为 30—100 个样本即可,这为本书调研提供了一定的条件优势;第二,PLS 无须分析数据符合正态分布,相关数据只需满足最小二乘回归的要求,对于小样本分布没有严格的要求;第三,PLS 可以处理多构面的复杂结构模型,且可以同时处理反映型指标及形成型指标构面。与传统 SEM 只可以建构反映型结构模型不同,在 PLS-SEM 建模中,既可以建构反映型测量模型,也可以建构形成型测量模型。除此之外,PLS-SEM 还可以建构兼具两种模型的混合模型。在本书中,学科硬实力与软实力协同度是由协同关联度、耦合协调度两个指标形成的,属于形成型指标,而学科创新效率、学科动态能力还有环境不确定性等属于反映型指标。综合以上分析,本书选择 PLS-SEM 方法来建构模型。

第三节　数据处理与分析

本书在数据处理与分析过程中,主要借助 SPSS20.0、Smartpls 3.2.8 软件。其中,软件 SPSS20.0 主要用来进行信度检验与探索性因素分析,而软件 Smartpls 3.2.8 则主要用于路径分析与假设检验。

一、信效度检验

信度检验主要是分析研究量表中各个变量的稳定性和一致性;而效度检验主要是分析研究量表中各个指标能否真实、准确地反映所测量变量的情况。在进行结构方程模型的数据分析与假设检验之前,需要先验证模型的信效度,具体如下。

(一)信度检验

本书中信度检验采用克朗巴哈 α 系数(Cronbach's Alpha),旨在分析验证测量变量的任一指标与同变量的其他指标之间是否具有稳定性和一致性。一般认为,信度系数高于 0.80,表明量表的一致性较高;若信度系数居于 0.70—0.80,则表明量表信度良好。借助 SPSS20.0 计算可得,此次研究量表中 50 个指标的克朗巴哈 α 系数为 0.987,一致性比较高;而学科治理创新、学科知识创新、学科创新效率、学科动态能力、学科环境不确定性的分量表的信度系数分别为 0.959、0.960、0.951、0.944 和 0.898,均显著高于 0.80,具有良好的可靠性,如表 7.6 所示。

表 7.6 研究量表中测量变量的信度检验统计表

<table>
<tr><th>测量变量</th><th>维　　度</th><th colspan="2">Cronbach's Alpha 系数</th></tr>
<tr><td rowspan="4">学科治理创新</td><td>学科战略创新(G1-G4)</td><td rowspan="4">0.959</td><td>0.931</td></tr>
<tr><td>学科结构创新(G5-G8)</td><td>0.927</td></tr>
<tr><td>学科制度创新(G9-G12)</td><td>0.940</td></tr>
<tr><td>学科文化创新(G13-G16)</td><td>0.935</td></tr>
<tr><td rowspan="3">学科知识创新</td><td>学科知识传播(K1-K4)</td><td rowspan="3">0.960</td><td>0.937</td></tr>
<tr><td>学科知识生产(K5-K8)</td><td>0.928</td></tr>
<tr><td>学科知识应用(K9-K12)</td><td>0.941</td></tr>
<tr><td rowspan="2">学科创新效率</td><td>学科创新投入(I1-I4)</td><td rowspan="2">0.951</td><td>0.926</td></tr>
<tr><td>学科创新产出(I5-I8)</td><td>0.932</td></tr>
</table>

续表

测量变量	维　　度	Cronbach's Alpha 系数	
学科动态能力	环境感知能力(D1-D3)	0. 944	0. 906
	资源整合能力(D4-D6)		0. 910
	组织柔性能力(D7-D10)		0. 916
学科环境不确定性	学科环境不确定性(E1-E4)	0. 898	

（二）探索性因子分析

本书中关于学科治理创新、学科知识创新、学科创新效率、学科动态能力和学科环境不确定性的测度量表均具有文献基础和理论支撑，有良好的效度保证。为了进一步检验学科情景下量表的结构效度，进行探索性因子分析(Exploratory Factor Analysis，EFA)，对调查数据降维来提取核心因子，确定调查数据的变量结构。

探索性因子分析之前需要对调查数据进行 KMO 检验(Kaiser-Meyer-Olkin Measure of Sampling Adequacy)和 Bartlett 球体检验。当 KMO 值低于 0. 5 时，表明现有调查数据极不适合进行因子分析，不具备因子分析的前提条件；而如果 KMO 值越接近 1，则表明现有调查数据越适合因子分析。而 Bartlett 球体检验则是用于检验现有调查数据的相关系数矩阵是否异于“0”，若 Bartlett 球体检验统计值的显著性 P 值越低，说明现有调查数据越适合进行因子分析。

本书借助 SPSS20. 0 对 5 个变量分别进行因子分析，得到 KMO 值和 Bartlett 球体检验统计值如表 7.7 所示。可见，学科治理创新、学科知识创新、学科创新效率、学科动态能力和学科环境不确定性五个变量均通过了检验，符合因子分析的前提条件。

表 7.7　研究变量的 KMO 检验和 Baetlett 检验统计表

潜变量	检验方法		检验系数	检验判断
学科治理创新	取样足够多的 Kaiser-Meyer-Olkin 度量		. 951	通过
	Bartlett 球体检验	近似卡方	3598. 291	
		自由度	120	
		显著性	0. 000	
学科知识创新	取样足够多的 Kaiser-Meyer-Olkin 度量		. 951	通过
	Bartlett 的球体检验	近似卡方	2733. 864	
		自由度	66	
		显著性	0. 000	
学科创新效率	取样足够多的 Kaiser-Meyer-Olkin 度量		. 935	通过
	Bartlett 球体检验	近似卡方	1660. 050	
		自由度	28	
		显著性	0. 000	
学科动态能力	取样足够多的 Kaiser-Meyer-Olkin 度量		. 937	通过
	Bartlett 球体检验	近似卡方	1872. 504	
		自由度	45	
		显著性	0. 000	
学科环境不确定性	取样足够多的 Kaiser-Meyer-Olkin 度量		0. 839	通过
	Bartlett 球体检验	近似卡方	334. 131	
	Bartlett 球体检验	自由度	6	
		显著性	0. 000	

因子分析(Factor Analysis)基本思想是利用少数几个且彼此不相关的综合指标来反映原始变量中的大部分信息,将量表中众多题项浓缩为个别几个因子,可以探究变量的结构与关系。本书采用主成分分析法进行探索性因子分析。旋转法采用最大方差法,因子提取标准设定为特征值大于 1 或累积解释方差达 80%,借助 SPSS20. 0 分别学科治理创新、学科知识创新、学科创新效率、学科动态能力和学科环境不确定性 5 个变量提取主成分因子。得到研究变量的解释总方差统计如表 7.8 所示,研究变量的旋转成分矩阵统计如表 7.9 所示。

表 7.8　研究变量的解释总方差统计表

变量	初始特征值			提取平方和载入			旋转平方和载入		
	合计	方差（%）	累积（%）	合计	方差（%）	累积（%）	合计	方差（%）	累积（%）
学科治理创新	9.875	61.720	61.720	9.875	61.720	61.720	3.604	22.523	22.523
	1.802	11.263	72.983	1.802	11.263	72.983	3.365	21.034	43.556
	1.258	7.861	80.844	1.258	7.861	80.844	3.246	20.288	63.844
	0.472	2.949	83.793	0.472	2.949	83.793	3.192	19.949	83.793
学科知识创新	8.381	69.839	69.839	8.381	69.839	69.839	3.571	29.755	29.755
	1.098	9.153	78.992	1.098	9.153	78.992	3.557	29.642	59.397
	0.596	4.964	83.956	0.596	4.964	83.956	2.947	24.558	83.956
学科创新效率	5.949	74.364	74.364	5.949	74.364	74.364	3.379	42.232	42.232
	0.661	8.264	82.627	0.661	8.264	82.627	3.232	40.395	82.627
学科动态能力	6.685	66.855	66.855	6.685	66.855	66.855	3.109	31.088	31.088
	0.967	9.674	76.529	0.967	9.674	76.529	2.685	26.853	57.941
	0.634	6.340	82.869	0.634	6.340	82.869	2.493	24.928	82.869
学科环境不确定性	3.070	76.754	76.754	3.070	76.754	76.754			

注：提取方法为主成分，旋转法为具有 Kaiser 标准化的正交旋转法（如有旋转）。“学科治理创新”旋转在 8 次迭代后收敛；“学科知识创新”旋转在 6 次迭代后收敛；“学科创新效率”旋转在 3 次迭代后收敛；“学科动态能力”旋转在 4 次迭代后收敛。

表 7.9　研究变量的旋转成分矩阵统计表

	学科治理创新				学科知识创新			学科创新效率		学科动态能力			学科环境不确定性
	1	**2**	**3**	**4**	**1**	**2**	**3**	**1**	**2**	**1**	**2**	**3**	**1**
G1			0.807										
G2			0.742										
G3			0.802										
G4			0.722										
G5				0.758									

续表

	学科治理创新				学科知识创新			学科创新效率		学科动态能力			学科环境不确定性
	1	2	3	4	1	2	3	1	2	1	2	3	1
G6				0.678									
G7				0.785									
G8				0.797									
G9	0.790												
G10	0.831												
G11	0.861												
G12	0.837												
G13		0.790											
G14		0.737											
G15		0.782											
G16		0.724											
K1							0.789						
K2							0.731						
K3							0.697						
K4							0.709						
K5						0.789							
K6						0.811							
K7						0.814							
K8						0.822							
K9					0.804								
K10					0.804								
K11					0.807								
K12					0.818								
I1									0.826				
I2									0.820				
I3									0.844				
I4								0.520	0.713				
I5								0.830					
I6								0.840					

续表

	学科治理创新				学科知识创新			学科创新效率		学科动态能力			学科环境不确定性
	1	**2**	**3**	**4**	**1**	**2**	**3**	**1**	**2**	**1**	**2**	**3**	**1**
I7								0. 781					
I8								0. 812					
D1												0. 743	
D2												0. 825	
D3												0. 776	
D4											0. 852		
D5											0. 837		
D6											0. 810		
D7										0. 787			
D8										0. 778			
D9										0. 737			
D10										0. 800			
E1													0. 882
E2													0. 894
E3													0. 905
E4													0. 821

由表 7.8 可知,在对 5 个变量进行探索性因子分析过程中,学科治理创新、学科知识创新、学科创新效率、学科动态能力和学科环境不确定性 5 个变量提取的因子个数分别为 4 个、3 个、2 个、3 个和 1 个。各个变量的累积方差解释均大于 75%,表明提取因子反映了调查数据绝大部分的信息。

由表 7.9 可知,除了 I4 以外,全部测量题项在因子之间不存在交叉,表明 5 个变量的测量都具有较好的区分效度。因此,为了进一步提高量表的结构效度,本书在第二次探索性因子分析过程中删除了题项 I4(您所在的学科师资队伍整体水平与过往相比有显著提升),删除后 5 个变量的累积解释方差依旧保持在 70%以上,并且可以保证 5 个变量的每个因子都有 3 个及以上的测量题项,提升了每个题项的因子载荷值,保证了数据与模型的一致性。

（三）优化后信效度检验

在删除了题项 I4 后，对优化后的测量变量进行信效度检验。信度检验依旧采用克朗巴哈 α 系数，涉及题项 I4 的学科创新投入的 Cronbach's Alpha 值调整为 0.911，依旧大于 0.8，其他变量 Cronbach's Alpha 值保持不变，均通过信度检验。

效度检验，主要检验测量量表的有效性，即检验测量量表能否准确测出所需测量的变量。本书主要采用平均抽取变异量（Average Variance Extracted，AVE）和组合信度（Composite Reliability，CR）指标。两个指标通过效度检验的标准分别是 AVE 值大于 0.5，CR 值大于 0.7。基于调查数据和因子分析所得因子载荷值，计算得出本书测量变量的信效度检验指标，如表 7.10 所示。可见，所有变量的 AVE 值均超过 0.5，CR 值均超过 0.8，均通过效度检验标准，表明本书的测量量表具有良好的信效度。

表 7.10　信效度检验指标统计表

测量变量	维度	Cronbach's α	AVE	CR
学科治理创新	学科战略创新	0.931	0.592	0.853
	学科组织创新	0.927	0.571	0.842
	学科制度创新	0.940	0.689	0.899
	学科文化创新	0.935	0.576	0.844
学科知识创新	学科知识传播	0.937	0.536	0.822
	学科知识生产	0.928	0.655	0.883
	学科知识应用	0.941	0.653	0.883
学科创新效率	创新投入	0.911	0.689	0.869
	创新产出	0.932	0.666	0.888
学科动态能力	环境感知能力	0.906	0.612	0.825
	资源整合能力	0.910	0.694	0.872
	组织柔性能力	0.916	0.602	0.858
学科环境不确定性	环境不确定性	0.989	0.768	0.930

二、学科硬实力与软实力协同度计算

本书根据刘微微[①]、刘耀彬[②]等学者的观点，采用变异系数推导公式——耦合指数代表协同程度。[③] 变异系数代表数据的变异程度和离散程度，如果两个系统之间的离散程度越小，代表两组数据的变异系数越小，则两个系统的协同程度越高。[④]

基于系统协同相关理论，根据硬实力与软实力协同发展机理模型，引入协同关联度与协同协调度两个指标进行评价与研究。其中，协同关联度指标在一定程度上可以反映学科治理创新和学科知识创新两个子系统之间的协同关联程度的强弱；而协同协调度则主要是分析两个子系统能否相互协调，合理统筹[⑤]。具体计算步骤包括如下 3 个部分。

（一）测算学科治理创新与知识创新的得分

学科治理创新与知识创新的得分计算，主要是基于有效样本数据对学科治理创新 16 个题项和学科知识创新 12 个题项的实际打分数据，将探索性因子分析每个题项的因子载荷值作为权重，进行加权平均计算，计算公式如下。

$$G_i = \frac{\sum_{j=1}^{16} g_{ij} F_j}{\sum_{j=1}^{16} F_j} \tag{7.1}$$

---

① 刘微微、孙茹：《高端装备制造业企业知识创新与技术创新系统耦合度测度研究》，《科学学与科学技术管理》2014 年第 7 期。

② 刘耀彬、李仁东、宋学锋：《中国城市化与生态环境耦合度分析》，《自然资源学报》2005 年第 1 期。

③ C.Camison & B.Fores, "Knowledge Creation and Absorptive Capacity: The Effect of Intra-district Shared Competences", *Scandinavian Journal of Management*, 2011(1).

④ C.L.Esterhuizen & A.A.Schutte & D.Toit, "Knowledge Creation Processes as Critical Enablers for Innovation", *International Journal of Information Management*, 2012(8).

⑤ C.Tseng, "Technological Innovation and Knowledge Network in Asia: Evidence from Comparison of Information and Communication Technologies among Six Countries", *Technological Forecasting and Social Change*, 2009(5).

$$K_i = \frac{\sum_{j=1}^{12} k_{ij} F_j}{\sum_{j=1}^{12} F_j} \tag{7.2}$$

其中，G_i和 K_i表示第 i 份问卷的学科治理创新和学科知识创新打分值；F_j表示学科治理创新和学科知识创新相对应题项的因子载荷值；g_{ij}和 k_{ij}表示第 i 份问卷的学科治理创新和学科知识创新对应第 j 个题项的打分值。

（二）测算协同关联度

本书采用物理学中关于变异系数公式的方法来测算协同关联度指标。① 变异系数反映的是两组数据的离散程度不受测量尺度和量纲的影响，可操作性强，可比性高。如果两系统之间的离散程度越小，两组数据变异系数值也就越小，反映出两系统的协同度就会越高。

学科治理创新与学科知识创新的变异系数用 CV 来表示，即：

$$CV = \frac{2Cov(G_i, K_i)}{G_i + K_i} = 2\sqrt{1 - \frac{G_i K_i}{\left[\frac{G_i K_i}{2}\right]^2}} \tag{7.3}$$

其中 $Cov(G_i, K_i)$ 是学科治理创新与学科知识创新的协方差。要实现变异系数 CV 取得极小值，必须保证 $\frac{G_i K_i}{\left[\frac{G_i K_i}{2}\right]^2}$ 取得极大值。因此，协同关联度 C 公式可以表示为：

$$C_i = \left\{\frac{G_i K_i}{\left[\frac{G_i K_i}{2}\right]^2}\right\}^{\theta} \tag{7.4}$$

其中，C_i 为第 i 份问卷的学科治理创新与学科知识创新的协同关联度，θ 为调节系数，一般 $2 \leqslant \theta \leqslant 5$。为了增加研究的区分度，本书设定 $\theta = 4$。可见，$0 \leqslant C \leqslant 1$，而且协同关联度越大说明系统间的协同程度越大，否则协同关系越差。

① 刘耀彬、李仁东、宋学锋：《中国城市化与生态环境耦合度分析》，《自然资源学报》2005 年第 1 期。

（三）测量协同协调度

为了科学合理地反映学科治理创新与学科知识创新的发展协调程度，需要测算两系统的协同协调度，计算公式如下。

$$D_i = \sqrt{C_i \times A_i} \tag{7.5}$$

$$A_i = \alpha G_i + \beta K_i \tag{7.6}$$

其中，D_i 是第 i 份问卷的学科治理创新与学科知识创新的协同协调度，A_i 是学科治理创新与学科知识创新的综合评价指数，综合反映两系统的整体协同效应；α 和 β 为综合权重，分别代表两种创新在学科整体发展中的贡献，满足 $\alpha + \beta = 1$。本书假设管理治理创新与学科知识创新同等重要，即取 $\alpha = \beta = 0.5$。可见，$0 \leqslant D \leqslant 1$，$D$ 越大说明两系统协同的协调发展程度越大，协同作用关系越和谐，否则协同关系越不和谐。

由于学科治理创新与学科知识创新的打分值为调查问卷的尺度评分，需要对协同度指标进行标准化处理，以便于数据间比较。本书采用"极差标准化"的方法进行无量纲化运算，计算公式如下。

$$x' = \frac{x - x_{\min}}{x_{\max} - x_{\min}} \tag{7.7}$$

以上步骤共同完成对学科硬实力与软实力协同度的测算处理，最终包含协同关联度与协同协调度两个指标的变量。

三、学科硬实力与软实力协同发展现状分析

为了科学合理反映国内工程学科的治理创新和知识创新协同程度，基于如上学科硬实力与软实力协同度的计算方法，依据调查问卷中 225 份有效样本数据，分析国内工程学科硬实力与软实力协同度现状。为了准确清晰地判定现实情况，本书引入既有研究文献中关于协同程度的等级划分与标准①，建立学科治理创新与学科知识创新的协同发展评价标准，如表 7.11 所示。

---

① 钱晓英、王莹：《京津冀地区产业集聚与生态环境间的耦合关系》，《统计与决策》2016 年第 3 期。

表 7.11　学科治理创新与学科知识创新的协同发展评价标准和基本类型

协同协调度 D	协同关联度 C	水平分类	G 与 K 的对比	协同发展类型
$0.8 \leqslant D \leqslant 1$	$0.8 \leqslant C \leqslant 1$	极度协同 高水平协同	$G/K>1.05$	治理创新主导型
			$0.95 \leqslant G/K \leqslant 1.05$	同步发展型
			$G/K<0.95$	知识创新主导型
$0.5 \leqslant D<0.8$	$0.5 \leqslant C<0.8$	高度协同 磨合型发展	$G/K>1.05$	治理创新主导型
			$0.95 \leqslant G/K \leqslant 1.05$	磨合发展型
			$G/K<0.95$	知识创新主导型
$0.3 \leqslant D<0.5$	$0.3 \leqslant C<0.5$	中度协同 拮抗型发展	$G/K>1.05$	治理创新主导型
			$0.95 \leqslant G/K \leqslant 1.05$	拮抗发展型
			$G/K<0.95$	知识创新主导型
$0 \leqslant D<0.3$	$0 \leqslant C<0.3$	低度协同 低水平协同	$G/K>1.05$	治理创新主导型
			$0.95 \leqslant G/K \leqslant 1.05$	低水平协同型
			$G/K<0.95$	知识创新主导型

计算得到研究结果如下:第一,国内工程学科治理创新与知识创新的协同关联度整体较高。其中,有 92.4%的被试者反映其所在学科实现了治理创新与知识创新的高水平协同,2.67%的被试者所在学科处于磨合发展,3.56%的被试者所在学科处于拮抗发展,1.33%的被试者所在学科处于低水平协同。

第二,国内工程学科治理创新与知识创新的协同协调度相比关联度而言,整体并不高。44.00%的被试者所在学科处于极度协同,32.00%的被试者所在学科处于高度协同,1.78%的被试者所在学科处于中度协同,而有 22.22%的被试者所在学科处于低度协同。

第三,协同关联度和协调度的差异反映出,国内大部分工程学科处于协同协调度和关联度的不匹配发展阶段,学科治理创新和学科知识创新的整体协同效应还较低。

第四,通过对比学科治理创新分值和学科知识创新分值可以发现,21.33%的被试者所在学科属于治理创新主导型,而 40.44%的被试者所在学科属于知识创新主导型。这也反映出目前我国高校工程学科创新发展主要依靠知识创新，强化知识生产，注重知识传播，提升知识应用，而对治理创新的驱动作用不足。

第四节　路径分析与假设检验

借助软件 Smartpls 3.2.8，本书对结构方程模型进行了路径系数分析、中介效应检验、调节效应检验。

一、路径系数分析

PLS 结构方程模型主要以 R^2 来表示模型的可预测性和适合性。而 R^2 被称为决定系数(coefficient of determination)，主要是反映自变量的方差能在多大程度上解释因变量的方差。Falk 和 Miller① 建议 R^2 值应该不小于 0.1。借助软件 Smartpls 3.2.8，计算得到学科硬实力与软实力协同结构模型的各内生变量拟合指标值，如表 7.12 所示。可见，模型中各内生变量的 R^2 值都大于 0.1。数值最低的学科动态能力 R^2 值为 0.569，表明理论模型解释了变量 56.9%的方差信息。数值最高的学科创新产出 R^2 值为 0.915，表明理论模型能够反映变量 91.5%的变异信息。因此，本书中的结构方程模型的可预性水平比较高，保证了所研究模型的质量。

表 7.12　学科硬实力与软实力协同结构模型的各内生变量拟合指标统计表

内生变量	学科动态能力	环境感知能力	资源整合能力	组织柔性能力	学科创新效率	学科创新投入	学科创新产出
R^2	0.569	0.821	0.734	0.858	0.811	0.860	0.915
调整后 R^2	0.567	0.820	0.733	0.858	0.810	0.859	0.914

① R.F.Falk & N.B.Miller, *A Primer for Soft Modelling*, University of Akron Press, 1992.

结构方程模型的路径系数分析采用 PLS 算法，显著性水平的 t 值的计算则需要利用 Bootstrapping 运算，即通过不断从原始数据中抽取数据，从而创建出一个一定数量的随机样本，并以此来代表母体样本的分布，获得参数的标准误差，用来检验路径系数的显著性。① 本书按照既有研究设定水平，选取 5000 个 bootstrapping 样本。② 借助软件 Smartpls 3. 2. 8 计算得到路径系数关系如图 7.3 所示，路径系数值和显著性水平如表 7.13 所示。

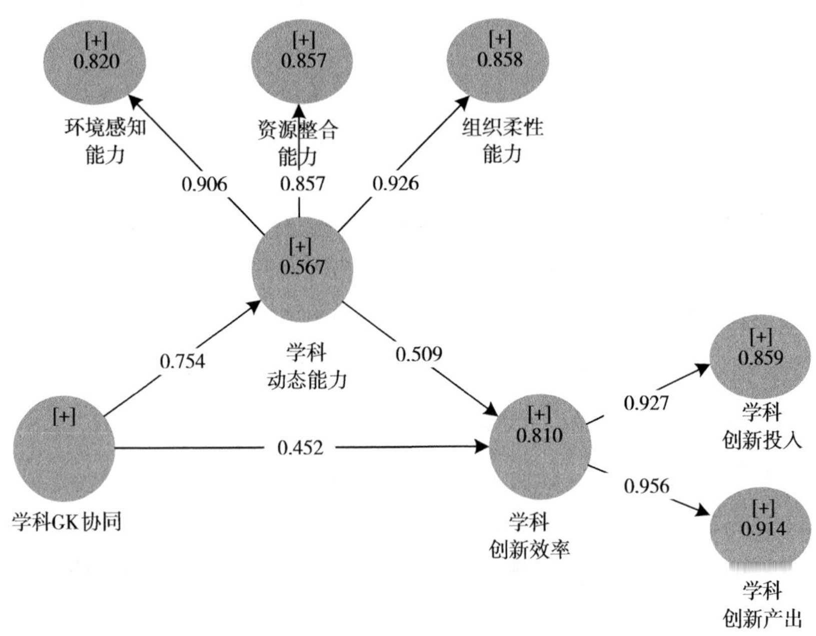

图 7.3　学科硬实力与软实力协同结构模型的路径系数图

注：图中路径数值为模型的路径系数值。

① B.Efron& R.Tibshirani，“Bootstrap Methods for Standard Errors，Confidence Intervals，and Other Measures of Statistical Accuracy：Comment”，*Statistical Science*，1986(1).

② 参见刘微微、孙茹：《高端装备制造业企业知识创新与技术创新系统耦合度测度研究》，《科学学与科学技术管理》2014 年第 7 期。

表 7.13　学科硬实力与软实力协同结构模型的路径系数及显著性统计表

路　　径	路径系数	t 值	P 值
学科硬实力与软实力协同→学科创新效率	0. 452	11. 001	0. 000
学科硬实力与软实力协同→学科动态能力	0. 754	15. 386	0. 000
学科创新效率→学科创新产出	0. 956	197. 274	0. 000
学科创新效率→学科创新投入	0. 927	117. 025	0. 000
学科动态能力→学科创新效率	0. 509	13. 057	0. 000
学科动态能力→环境感知能力	0. 906	62. 210	0. 000
学科动态能力→组织柔性能力	0. 926	84. 392	0. 000
学科动态能力→资源整合能力	0. 857	42. 829	0. 000

由图 7.3 和表 7.13 可知,学科硬实力与软实力协同显著正向影响学科创新效率(路径系数=0. 452,t=11. 001,P<0. 001),此结果支持假设 H1;而学科硬实力与软实力协同对学科动态能力具有显著的积极作用(路径系数=0. 754,t=15. 386,P<0. 001),此结果支持假设 H2a;同样,学科创新效率还受到学科动态能力的显著正向影响(路径系数=0. 509,t=13. 057,P<0. 001),此结果验证通过了假设 H2b。

二、中介效应检验

在结构方程模型中存在变量之间的中介效应时,若仅仅通过路径系数来判断变量间的关系,常常引发第一类错误的可能,即错误地拒绝了实际成立的原假设。Henseler 等认为,模型总效应是潜变量之间直接效应与间接效应的总和①。本书借助软件 Smartpls 3. 2. 8,使用 bootstrapping 方法来检验中介效应,分析学科动态能力对学科硬实力与软实力协同与学科创新效率的中介效应,检验结果如表 7.14 所示。

---

① J.Henseler & C.M.Ringle & R.R.Sinkovics,"The Use of Partial Least Squares Path Modelling in International Marketing",*Social Science Electronic Publishing*,2009(4).

表 7.14　学科硬实力与软实力协同结构模型的中介效应检验统计表

学科硬实力与软实力协同对学科创新效率的总效应（学科硬实力与软实力协同→学科创新效率）				
效应值	t 值	P 值	置信区间（2.5%—97.5%）	偏差修正后置信区间（2.5%—97.5%）
0.836	42.203	0.000	（0.798—0.876）	（0.795—0.873）
学科硬实力与软实力协同对学科创新效率的间接效应（学科硬实力与软实力协同→学科动态能力→学科创新效率）				
效应值	t 值	P 值	置信区间（2.5%—97.5%）	偏差修正后置信区间（2.5%—97.5%）
0.384	9.585	0.000	（0.312—0.471）	（0.315—0.473）

由表 7.14 可知，学科动态能力对学科硬实力与软实力协同与学科创新效率的关系具有显著的中介作用，因此检验通过了假设 H2。学科硬实力与软实力协同对学科创新效率的总效应的效应值为 0.836，其间接效应的效应值为 0.384，而学科硬实力与软实力协同对学科创新效率直接效应为 0.452（0.836-0.384=0.452）。

三、调节效应检验

在学科硬实力与软实力协同的结构方程模型中，需要检验学科环境不确定性在模型中的多重调节效应。主要还是借助 Smartpls 3.2.8 的 Bootstrapping 计算来得到反映显著性水平的 t 值和 P 值。由图 7.4 可知，调节效应 1 反映的是调节变量学科环境不确定性对于自变量为学科硬实力与软实力协同，因变量为学科动态能力的调节效应；调节效应 2 反映的是学科环境不确定性对于自变量为学科硬实力与软实力协同，因变量为学科创新效率的调节效应；而调节效应 3 反映的是学科环境不确定性对于自变量为学科动态能力，因变量为学科创新效率的调节效应。

由表 7.15 可知，在该结构方程模型中原有路径系数的显著性水平没有变化的情况下，调节效应 1 在 1% 的显著性水平下显著（路径系数 = 0.453，t = 3.145，P = 0.002<0.01），检验通过了假设 H4，即学科环境不确定性较大情况

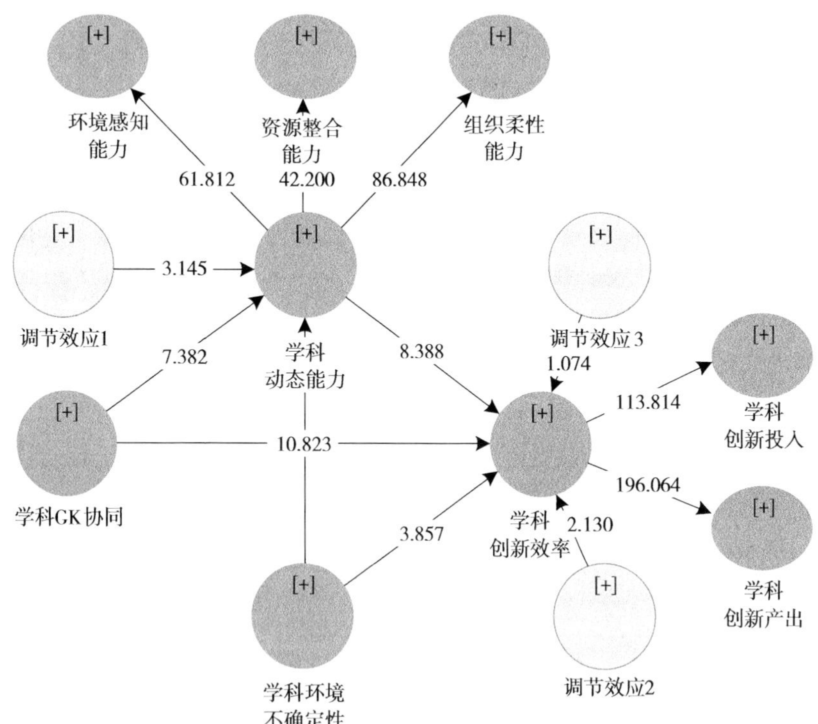

图 7.4　环境不确定性调节效应模型的路径系数

注：图中路径数值为 T 统计量值，而调节效应 1 反映自变量为学科硬实力与软实力协同，因变量为学科动态能力，调节变量学科为环境不确定性；调节效应 2 反映自变量为学科硬实力与软实力协同，因变量为学科创新效率，调节变量为学科环境不确定性；调节效应 3 反映自变量为学科动态能力，因变量为学科创新效率，调节变量为学科环境不确定性。

下，学科硬实力与软实力协同对学科动态能力的正向影响更显著。调节效应 2 在 5%的显著性水平下显著（路径系数 = 0. 336，t = 2. 130，P = 0. 033<0. 05），检验通过了假设 H3，即学科环境不确定性较大情况下，学科硬实力与软实力协同对学科创新效率的正向影响更加显著。而调节效应 3 没有通过显著性检验（路径系数 = 0. 042，t = 1. 074，P = 0. 283>0. 1），拒绝了假设 H5，即学科环境不确定性较大的情况下，学科动态能力对学科创新效率的正向影响没有更加显著。

表 7.15 学科环境不确定性调节效应模型的路径系数及显著性统计表

路　　径	路径系数	t 值	P 值
学科硬实力与软实力协同→学科创新效率	0.459	10.823	0.000
学科硬实力与软实力协同→学科动态能力	0.424	7.382	0.000
学科创新效率→学科创新产出	0.957	196.064	0.000
学科创新效率→学科创新投入	0.927	113.814	0.000
学科动态能力→学科创新效率	0.623	8.388	0.000
学科动态能力→环境感知能力	0.906	61.812	0.000
学科动态能力→组织柔性能力	0.927	86.848	0.000
学科动态能力→资源整合能力	0.856	42.200	0.000
学科环境不确定性→学科创新效率	0.179	3.857	0.000
学科环境不确定性→学科动态能力	0.422	8.481	0.000
调节效应 1→学科动态能力	0.453	3.145	0.002
调节效应 2→学科创新效率	0.336	2.130	0.033
调节效应 3→学科创新效率	0.042	1.074	0.283

第五节　研究结论与讨论

本书基于我国高校工程学科 225 个调研样本,构建了高校工程学科的硬实力与软实力协同发展对学科创新绩效的影响关系的偏最小二乘结构方程模型,并讨论了引入学科动态能力中介变量的间接影响关系,讨论了学科环境不确定性的多重调节作用,主要结论如下:

第一,高校工程学科硬实力与软实力协同发展对学科创新效率具有显著的直接促进作用。本书构建了结构方程模型,证明了高校工程学科硬实力与软实力协同发展对学科创新效率具有显著的直接促进作用。这一论证有效支撑了本书的假设,即学科的发展既不能只重视治理也不能只单纯提“创新成果”,而应当发挥学科治理创新与知识创新的协同作用,硬实力与软实力协同发展是学科发展的关键要素。本书创新引入硬实力与软实力协同度的概念,借鉴了变异系数推导公式——耦合指数代表协同程度，通过数据实证证实了研究假设。

第二，高校工程学科硬实力与软实力协同发展通过学科动态能力间接促进学科创新效率。本书引入了管理学中动态能力的概念，与高校工程学科外界不确定环境相匹配，论证了学科动态能力在学科硬实力与软实力协同与学科创新效率之间的中介作用。一方面，高校工程学科硬实力与软实力协同的良好发展有利于学科搜寻和获取来自学科外界环境的信息和知识，更加密切关注学科外部环境变化对教育理念带来的变革要求，提升学科的动态能力；另一方面，利用动态能力的桥梁作用以快速响应环境变化，通过整合内外部知识、信息等资源以提高学科创新效率。

第三，高校工程学科硬实力与软实力协同发展对学科创新效率的促进作用受学科环境不确定性的影响。高校工程学科受到高等教育系统内外宏观和微观环境因素的影响而充满了变革和不确定性，因此带来了当前工程教育与工程学科的"改革"主题。本书将外部环境不确定性引入结构方程模型中，构建了一个多重调节作用的模型，证明了学科环境不确定性程度越高，学科G-K 创新协同行为对学科动态能力的影响越显著。从另外一个角度说，学科硬实力与软实力协同正是高校工程学科面临当前不断变化的外界环境而发展的必由之路，提高学科动态能力也正是学科更快更好适应学科外界变化环境的主要办法。

第八章　协同在一流学科发展中的方位

硬实力与软实力协同是学科知识创新与治理创新行为之间的协同，本书第七章证明了学科硬实力与软实力协同对学科创新效率有显著的正向促进作用。本书重点研究学科创新行为对学科发展的促进作用，但促进学科创新效率提升的还有众多因素，本书归纳为学科治理驱动力、学科知识生产驱动力和学科内外环境方面的驱动力等，硬实力与软实力协同只是其中一个重要因素。为了从"实践性"的视角探究硬实力与软实力协同是如何影响学科发展、促进学科创新效率的，探索硬实力与软实力协同与其他学科发展驱动力之间的关系、路径和层次结构，运用解释结构模型法（Interpretative Structural Modelling Method，ISM），探索"硬实力与软实力协同"到"学科创新效率"之间的路径问题，从而论证协同在一流学科发展中的方位。

第一节　学科创新效率驱动因素分析

学科是一个复杂大系统，影响其发展的因素非常复杂，在已有研究的基础上，以复杂系统视角，将促进高校工程学科创新效率提升的驱动力因素归结为4个方面，分别为学科治理驱动力、学科知识生产驱动力、学科内外环境驱动力以及硬实力与软实力协同，如图8.1所示。

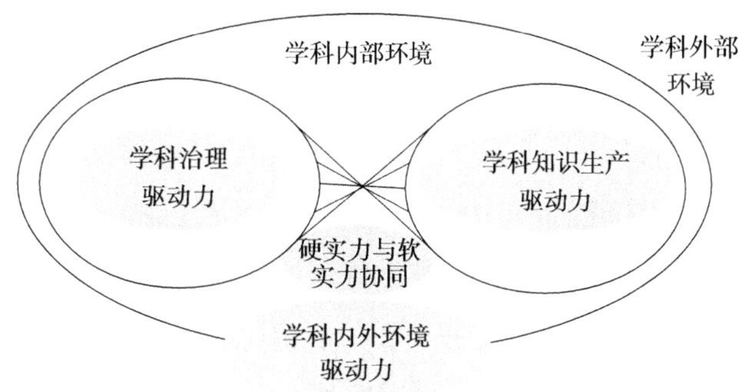

图 8.1　高校工程学科创新效率驱动因素关系示意图

一、学科治理驱动力

学科治理驱动力是指学科发展与运行过程中来自内部的“他组织”力量，代表着学科社会性与外延建设，包括学科领导与战略、学科组织机构、学科布局与群落、学科制度设计、学科管理运行、学科文化等。学科领导与战略需要学科领导者或管理者洞察把握学科系统外部宏观政策环境，把握学科前沿领域与学科知识体演进趋势，把握学科共同体与学术业态，把握学校整体战略布局和资源现状，审时度势、应时而变作出决策方略，这是学科发展与运行的指向标和基本路线；学科组织机构、学科布局与群落都是学科内部结构的组成部分，共同构成学科内部生态系统环境，高校工程学科内部的学科环境是有机生态系统；学科制度设计与学科管理运行具体指学科组织制度、管理运行机制、学科治理等一整套制度安排；学科文化是学科特有的一种知识生产与组织管理过程中的行为准则，来源于学科人知识生产过程由学术价值观和学术特质形成的一种治学精神和内在力量，也来源于学科人在组织管理过程中形成的组织制度、结构、规训而形成的规则，同时也来源于知识生产与组织管理在长期过程中耦合产生的精神与价值观。

二、学科知识生产驱动力

学科知识生产驱动力是指学科发展与运行过程中的“自组织”力量，如知识以及知识体系本身规律、学科内部本身规律、学科的主体（教师）规律，知识生产具体包括师资水平与科研团队、人才培养、科学研究、社会服务以及学术声誉。大学的3个主要职能决定着学科的3个知识生产方向，人才培养的知识基础是知识传播，科学研究的知识基础是知识创新，社会服务的知识基础是知识转化与应用。知识生产能力提升通过知识生产机制表达，包括通过教学等活动提高知识传播能力，通过科研等活动提高知识创造能力和通过社会服务活动提高知识应用与转化能力。同时，教师（学科人）作为学科的主体，其是成果产出的主体，师资水平与科研团队的水平直接决定着成果产出能力和水平，在学科建设过程中起着核心和决定性作用。学术声誉是一种无形的学科软实力，真正的世界一流学科都有着较高的学术声誉。学术声誉的形成是一个漫长积累的过程，并非一蹴而就，但一旦形成，将成为学科的保鲜剂，具有长效性。

三、学科内外环境驱动力

学科有内部环境和其系统的外部环境。除了自身的自组织力量和他组织力量外，学科还有来自内外部生态环境方面的因素，包括学科外部环境和学科内部生态环境。外部环境更多的是学科所处的高等教育系统、宏观政策环境、工程科技环境等，还包括学科所处的高校的整体实力。这决定着外界对于学科的资源投入水平，也就决定着学科人的激励与待遇。因为学科创新活动是以学科人为主体的创新行为，因此学科人的激励与待遇也直接影响着学科人的创新积极性，学科资源投入决定着学科创新活动的平台和水平。此外，学科内部生态环境还决定着学科创新过程，一是通过科教融合、产教融合、产研融合等产学研活动，以及知识与学者构成的复杂网络，实现学科知识的扩散。二是通过跨学科行为、跨组织行为、跨国别行为的科研合作、对外交流与知识分享，实现学科知识的扩散，促进学科创新。因此，通过文献调研和专家访谈等方式，最终确定起主要作用的学科内外环境驱动力有学科资源投入、学科人激励与待遇、产学研融合与对外交流。

四、学科硬实力与软实力协同

学科硬实力与软实力协同是影响高校工程学科的学科创新效率的重要因素已经得到上一章的数据实证。硬实力与软实力协同主要强调学科治理创新行为与知识创新行为应当根据学科实际发展状况进行恰切地互补、协调、耦合等协同，以更好地促进学科创新产出。硬实力与软实力协同是硬实力与软实力发挥组合效应的一种创新行为。

在进行文献整理和专家征询后，根据高校工程学科的创新发展规律和现状，从学科治理驱动力、学科知识生产驱动力、学科内外环境驱动力、硬实力与软实力协同 4 个方面提出 16 个学科创新效率驱动要素，如表 8.1 所示。

表 8.1　高校工程学科创新效率驱动因素

分类	影响因素	序号
学科治理驱动力	学科组织机构	T_1
	学科管理运行	T_2
	学科制度设计	T_3
	学科领导与战略	T_4
	学科布局与群落	T_5
	学科文化	T_6
学科知识生产驱动力	师资水平与科研团队	T_7
	人才培养	T_8
	科学研究	T_9
	社会服务	T_{10}
	学术声誉	T_{11}
学科内外环境驱动力	学科资源投入	T_{12}
	学科人激励与待遇	T_{13}
	产学研融合	T_{14}
	对外交流	T_{15}
硬实力与软实力协同	硬实力与软实力协同	T_{16}

第二节　基于 ISM 模型的学科创新效率驱动因素层次结构分析

一、ISM 模型与方法

解释结构模型法（ISM）是美国沃菲尔德教授（J.Warfield）于 1973 年提出的用于进行复杂社会经济系统问题的研究方法，有助于探寻复杂系统各组成因素之间的相互关系。它通过各种创造性的技术提取问题构成要素，利用有向图、矩阵以及计算机程序运算等技术，对要素及其相互关系等信息进行处理，采用定性分析和定量计算（计算机编程）构建的几何模型，最后得出一个多层级递阶层级结构系统模型，明确问题的层次和整体结构，提高对问题的认识和理解程度。①

在 ISM 建模过程中，各因素用节点代码表示，用有向图表示各因素之间的影响关系，运用 MATLAB 软件编程运行关系矩阵得出各因素的关系层级结构。ISM 有严密的建模过程和计算步骤，其构建的模型具有较高系统性和科学性，能比较直观清晰地描述因素之间的关系，因此是一种比较成熟的系统分析方法。本书研究的高校工程学科硬实力与软实力协同发展机理，通过建模揭示出硬实力与软实力协同是通过何种路径来影响学科发展和提高学科创新效率的，以及硬实力与软实力协同与其他学科发展驱动力之间的层次关系如何。工程学科发展的驱动力系统是一个由大量驱动力要素组成且相互关系纷繁的复杂系统，同时这种关系亦存在复杂的层次性，因此，本书认为 ISM 与高校工程学科创新效率驱动因素的研究具有良好的契合性。

二、模型构建

（一）确定分析单元

根据 ISM 模型构建步骤，本书构建了高校工程学科发展创新效率驱动力

---

① 参见汪应洛：《系统工程》（第 4 版），机械工业出版社 2008 年版。

影响关系模型。首先通过文献整理和专家征询，根据高校工程学科发展创新效率驱动力影响因素分析，从学科治理驱动力、学科知识生产驱动力、学科内外环境驱动力、硬实力与软实力协同4个方面提出16个驱动力要素，并邀请3位同行专家进行了影响关系判断。对于有相互影响的两个因素，取影响大的一方确立比较影响关系，如表8.2所示。

表8.2　高校工程学科发展创新效率的驱动力要素与专家评判关系

分类	影响因素	序号	受该因素直接影响的其他因素序号
学科治理驱动力	学科组织机构	T_1	T_{14}、T_{15}
	学科管理运行	T_2	T_{13}、T_{14}
	学科制度设计	T_3	T_1、T_{12}
	学科领导与战略	T_4	T_1、T_5
	学科布局与群落	T_5	T_{14}、T_{15}
	学科文化	T_6	T_2、T_5
学科知识生产驱动力	师资水平与科研团队	T_7	T_{11}
	人才培养	T_8	T_{11}
	科学研究	T_9	T_{11}
	社会服务	T_{10}	T_{11}
	学术声誉	T_{11}	
学科内外环境驱动力	学科资源投入	T_{12}	T_{13}
	学科人激励与待遇	T_{13}	T_7、T_8
	产学研融合	T_{14}	T_8、T_{10}
	对外交流	T_{15}	T_7、T_9
硬实力与软实力协同	硬实力与软实力协同	T_{16}	T_3、T_4、T_6

根据构建的影响关系列表，初步构建各因素之间的影响关系模型，如图8.2所示。因素之间影响关系模型由节点和有向支路组成，节点代表每个影响因素，箭头指向的两个要素代表具有直接影响关系；两个节点之间没有箭头连线代表没有直接影响关系但可能有间接影响关系。因此，为了揭示各因素

之间的多层次影响层级关系，需要通过构建邻接矩阵，并通过 MATLAB 软件编程得到可达矩阵进行定量运算后得到。

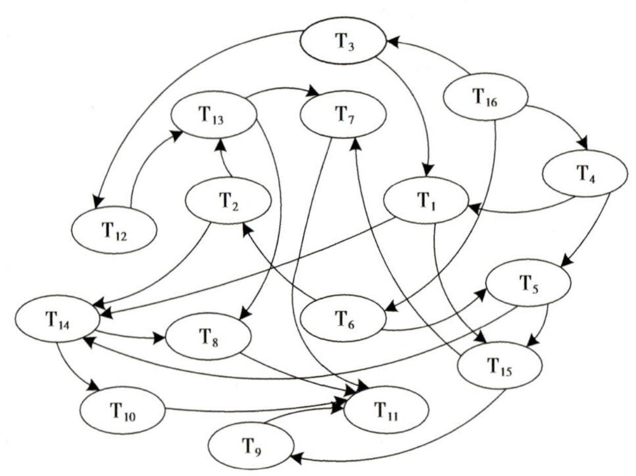

图 8.2　高校工程学科创新效率驱动力影响关系模型

（二）建立邻接矩阵

构建 ISM 模型首先需要根据前期影响关系模型构建邻接矩阵。首先构建集和 T，记为 $T=\{T_1,T_2,T_3,\cdots,T_n\}$，设矩阵中列元素为 T_j、行元素为 T_i，矩阵中相关邻接因素之间的关系可用 R 来定义。根据要素间影响关系，设 T_i 为第 i 个因素指标，R 表示各个因素之间的因果关系，a_{ij} 为矩阵的元素（1/0），规定因素 T_i 对 T_j 有影响 R 时，$a_{ij}=1$，否则为 $a_{ij}=0$，即：

$$a_{ij}=T_iRT_j\begin{cases}1 & \text{表示 } T_i \text{ 对 } T_j \text{ 有直接的关系}\\0 & \text{表示 } T_i \text{ 对 } T_j \text{ 没有直接关系}\end{cases}\tag{8.1}$$

经过多轮分析判断最后得出高校工程学科创新效率驱动因素 ISM 模型的邻接矩阵 A 如表 8.3 所示。

表 8.3　根据专家关系评判建立的邻接矩阵 A

	T_1	T_2	T_3	T_4	T_5	T_6	T_7	T_8	T_9	T_{10}	T_{11}	T_{12}	T_{13}	T_{14}	T_{15}	T_{16}
T_1														1	1	
T_2													1	1		

续表

	T_1	T_2	T_3	T_4	T_5	T_6	T_7	T_8	T_9	T_{10}	T_{11}	T_{12}	T_{13}	T_{14}	T_{15}	T_{16}
T_3	1											1				
T_4	1				1											
T_5														1	1	
T_6		1			1											
T_7											1					
T_8											1					
T_9											1					
T_{10}											1					
T_{11}																
T_{12}													1			
T_{13}							1	1								
T_{14}								1		1						
T_{15}							1		1							
T_{16}			1	1		1										

（二）计算可达矩阵

通过对邻接矩阵输入 MATLAB 程序求解可达矩阵。依据布尔矩阵运算法则进行矩阵幂运算，即逻辑乘法取小（$1\times1=1;1\times0=0;0\times1=0;0\times0=0$），逻辑加法取大（$1+1=1;1+0=1;0+1=1;0+0=0$），其中 I 表示单位矩阵，A 表示邻接矩阵，终止运算的判断标准的公式表达为 $M=(A+I)^n=(A+I)^{n+1}$。以上运算通过 MATLAB 程序求解，最终输出得到可达矩阵 M，如表 8.4 所示。

表 8.4 邻接矩阵 A 的可达矩阵 M

	T_1	T_2	T_3	T_4	T_5	T_6	T_7	T_8	T_9	T_{10}	T_{11}	T_{12}	T_{13}	T_{14}	T_{15}	T_{16}
T_1	1						1	1	1	1	1			1	1	
T_2		1					1	1		1	1		1	1		
T_3	1		1				1	1	1	1	1	1	1	1	1	
T_4	1			1	1		1	1	1	1	1			1	1	

续表

	T_1	**T_2**	**T_3**	**T_4**	**T_5**	**T_6**	**T_7**	**T_8**	**T_9**	**T_{10}**	**T_{11}**	**T_{12}**	**T_{13}**	**T_{14}**	**T_{15}**	**T_{16}**
T_5					1		1	1	1	1	1			1	1	
T_6		1			1	1	1	1	1	1	1		1	1	1	
T_7							1				1					
T_8								1			1					
T_9									1		1					
T_{10}										1	1					
T_{11}											1					
T_{12}							1	1			1	1	1			
T_{13}							1	1			1		1			
T_{14}								1		1	1			1		
T_{15}							1		1		1				1	
T_{16}	1	1	1	1	1	1	1	1	1	1	1	1	1	1	1	1

（四）层级分解

根据可达矩阵可得各元素的可达集 E(i)、先行集 F(i) 及共同集 A(i)= E(i) ∩F(i)，如表 8.5 所示，据此进行级间分解。

其中，E(i) 表示变量 i 能达到的变量的集合，也就是可达矩阵 M 中每一行值为 1 的列元素构成的集合；F(i) 表示能达到变量 i 的变量的集合，也就是可达矩阵 M 中每一列值为 1 所对应的行元素的集合；A(i) 则是 E(i) 与 F(i) 的交集。根据表 8.5，只有当 E(i) 属于 F(i) 的子集时，变量才能作为该层次的顶层变量，确定顶层变量后将其可达矩阵中所在行和列划掉，再计算其他剩余因素继续确定第二层次变量。

表 8.5　可达集、先行集与共同集

	E(i)	**F(i)**	**A(i)**
T_1	T_1 T_7 T_8 T_9 T_{10} T_{11} T_{14} T_{15}	T_1 T_3 T_4 T_{16}	T_1
T_2	T_2 T_7 T_8 T_{10} T_{11} T_{13} T_{14}	T_2 T_6 T_{16}	T_2
T_3	T_1 T_3 T_7 T_8 T_9 T_{10} T_{11} T_{12} T_{13} T_{14} T_{15}	T_3 T_{16}	T_3

续表

	E(i)	F(i)	A(i)
T_4	T_1 T_4 T_5T_7 T_8 T_9 T_{10} T_{11} T_{14} T_{15}	T_4 T_{16}	T_4
T_5	T_5T_7 T_8 T_9 T_{10} T_{11} T_{14} T_{15}	T_4 T_5 T_6 T_{16}	T_5
T_6	T_2 T_5 T_6T_7 T_8 T_9 T_{10} T_{11} T_{13} T_{14} T_{15}	T_6 T_{16}	T_6
T_7	T_7 T_{11}	T_1 T_2 T_3 T_4 T_5 T_6T_7 T_{12} T_{13} T_{15} T_{16}	T_7
T_8	T_8 T_{11}	T_1 T_2 T_3 T_4 T_5 T_6 T_8 T_{12} T_{13} T_{14} T_{16}	T_8
T_9	T_9 T_{11}	T_1 T_3 T_4 T_5 T_6 T_9 T_{15} T_{16}	T_9
T_{10}	T_{10} T_{11}	T_1 T_2 T_3 T_4 T_5 T_6 T_{10} T_{14} T_{16}	T_{10}
T_{11}	T_{11}	T_1 T_2 T_3 T_4 T_5 T_6T_7 T_8 T_9 T_{10} T_{11} T_{12} T_{13} T_{14} T_{15} T_{16}	T_{11}
T_{12}	T_7 T_8 T_{11} T_{12} T_{13}	T_3 T_{12} T_{16}	T_{12}
T_{13}	T_7 T_8 T_{11} T_{13}	T_2 T_3 T_6 T_{12} T_{13} T_{16}	T_{13}
T_{14}	T_8 T_{10} T_{11} T_{14}	T_1 T_2 T_3 T_4 T_5 T_6 T_{14} T_{16}	T_{14}
T_{15}	T_7 T_9 T_{11} T_{15}	T_1 T_3 T_4 T_5 T_6 T_{15} T_{16}	T_{15}
T_{16}	T_1 T_2 T_3 T_4 T_5 T_6T_7 T_8 T_9 T_{10} T_{11} T_{12} T_{13} T_{14} T_{15} T_{16}	T_{16}	T_{16}

通过 MATLAB 软件编程运算可知，16 个因素分布在 6 个不同层级中。具体分布情况如表 8.6 所示。

表 8.6　驱动因素层级分布表

层级	因素分布
1	T_{11}
2	T_7 T_8 T_9 T_{10}
3	T_{13} T_{14} T_{15}
4	T_1 T_2 T_5 T_{12}
5	T_3 T_4 T_6
6	T_{16}

各层的具体分布情况为：1 层级、6 层级各只分布了一个因素即 L_1 =

$\{T_{11}\}$、$L_6=\{T_{16}\}$；3 层级、5 层级各分布了 3 个因素即 $L_3=\{T_{13},T_{14},T_{15}\}$、$L_5=\{T_3,T_4,T_6\}$；2 层级、4 层级各分布了四个因素即 $L_2=\{T_7,T_8,T_9,T_{10}\}$、$L_4=\{T_1,T_2,T_5,T_{12}\}$。

（五）建立因素层级结构模型

依据表 8.6 高校工程学科创新效率驱动因素层级分布情况，并把这 16 个因素变量赋予其各自原有含义，从而构建出高校工程学科创新效率驱动因素多级递阶层级结构模型，如图 8.3 所示。

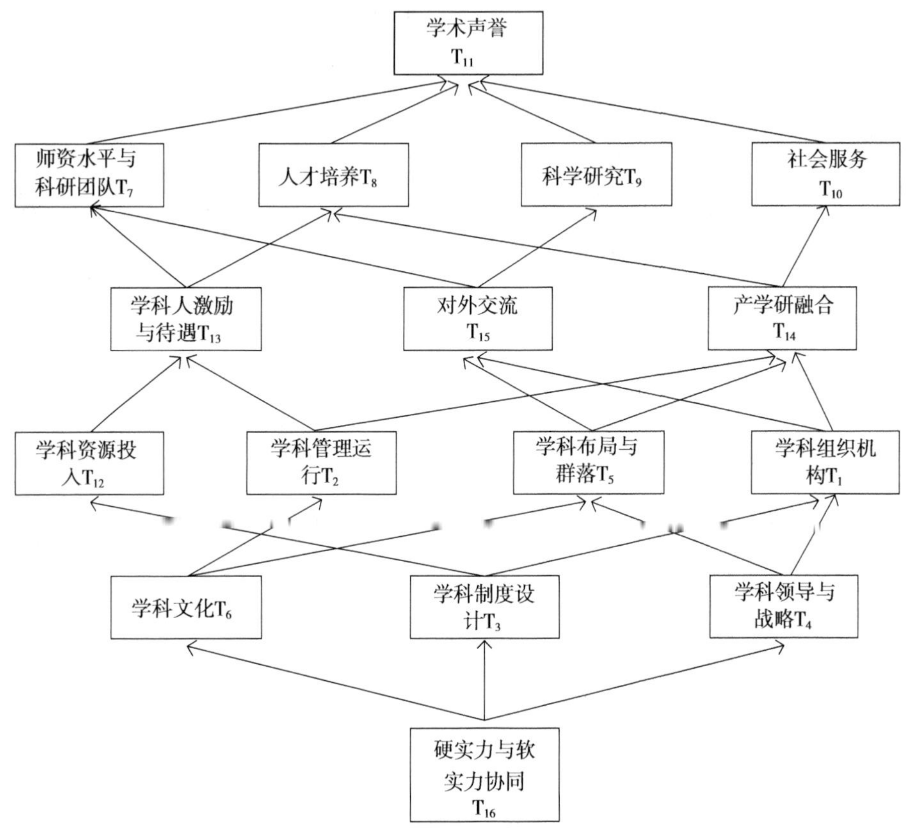

图 8.3 高校工程学科创新效率驱动因素层次结构图

三、模型分析

根据解释结构模型建立高校工程学科创新驱动因素层次结构模型，如图

8.4 所示。

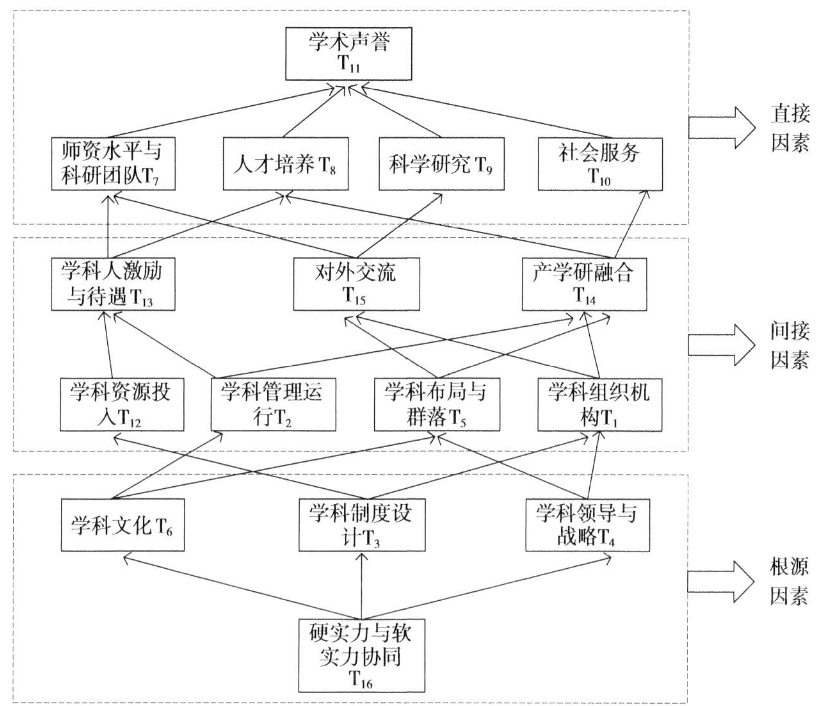

图 8.4　高校工程学科硬实力与软实力协同层次结构逻辑图

根据解释结构模型梳理可知，高校工程学科创新驱动因素是一个 6 级递阶结构。这个递阶结构从总体上反映了高校工程学科创新效率驱动因素间的关系和内部机制。从层次上，驱动因素被分为根源因素、间接因素、直接因素。根源因素是从根源上影响高校工程学科创新效率驱动的重要因素，包括硬实力与软实力协同、学科文化、学科制度设计、学科领导与战略。其中，硬实力与软实力协同是决定学科创新效率和学科发展水平的最根源性因素，对学科发展起决定性作用。间接因素指由根源因素决定，将根源性原因传递作为直接因素的中介因素，如第四层的学科资源投入、学科管理运行、学科布局与群落、学科组织机构，第三层有学科人激励与待遇、对外交流、产学研融合；同时，第四层主要以学科治理驱动力为主，第三层以学科内外环境驱动力为主。直接原因即第二层的师资水平与科研团队、人才培养、科学研究、社会服务，第一层为学术声誉,其中学术声誉是最促进高校工程学科创新效率的直接因素;直接原因代表具体的抓手。

(1)从整体系统来看,学科发展是一个系统工程,是各因素组成的复杂关系,各个因素都是耦合相联系的,不能单一依靠知识创新方面的因素,也不能仅仅依靠学科建设"他组织"的外部力量,而应当进行硬实力与软实力协同发展。同时,学科硬实力与软实力协同发展的实践与落实,也需要复杂的系统工程要素去协同配合。硬实力与软实力协同是整个高校工程学科发展的根源性因素,其贯彻实施离不开学科治理方面的驱动力、学科知识创新方面的抓手以及学科内外环境各驱动力的耦合联动来实现。

(2)从影响路径来看,高校工程学科创新效率驱动因素始于学科硬实力与软实力协同,硬实力与软实力协同是影响学科创新效率的根源性因素,其发挥作用需要通过不同的路径和抓手,最终实现高校工程学科的创新发展,其根源路径主要有 3 种路径关系:学科硬实力与软实力协同——学科制度设计——知识生产驱动力,其中分为"制度驱动下的学科资源投入型路径",以及"制度驱动下的学科组织机构变革路径";学科硬实力与软实力协同——学科领导与战略——间接因素——知识生产驱动力;学科硬实力与软实力协同——学科文化——间接因素——知识生产驱动力。

(3)从层次结构来看,高校工程学科创新效率驱动因素直接受学科知识生产驱动力影响,代表着学科发展与建设的主要抓手和指标;间接因素主要是学科治理驱动力和学科内外环境驱动力要素,进一步影响到学科的具体成果产出;硬实力与软实力协同是学科创新效率提升的根源性因素,起着学科发展的决定性作用。

第三节 学科硬实力与软实力协同发展的实践策略

学科硬实力与软实力协同是促成学科创新效率、促进学科发展的重要因素，但是硬实力与软实力协同具体应当怎样做？抓手是什么？它与其他学科建设要素之间的关系和层次又是什么？通过本章 ISM 解释结构模型的分析，理出高校工程学科硬实力与软实力协同发展的层次结构图，我们初步得出了硬实力与软实力协同是根源性因素，并且在促进学科创新效率的所有关系层次中分为根源因素、间接因素和直接因素。

如图 8.5 所示，根据根源因素的路径关系提出根源因素机制，揭示了硬实力与软实力协同在整个复杂系统下的根源性作用，及其直接影响的几个根源性因素所发挥的联动作用；根据间接因素路径关系提出间接因素机制，通过界面管理机理来揭示学科中间力量中几个重要系统之间的关系以及治理关键；直接因素是硬实力与软实力协同的直接抓手，通过直接因素的路径关系提出直接因素机制，根据知识生产的知识三角理论构建三级学科发展模型，进一步揭示了学科评价具体指标与一流学科建设的机理。

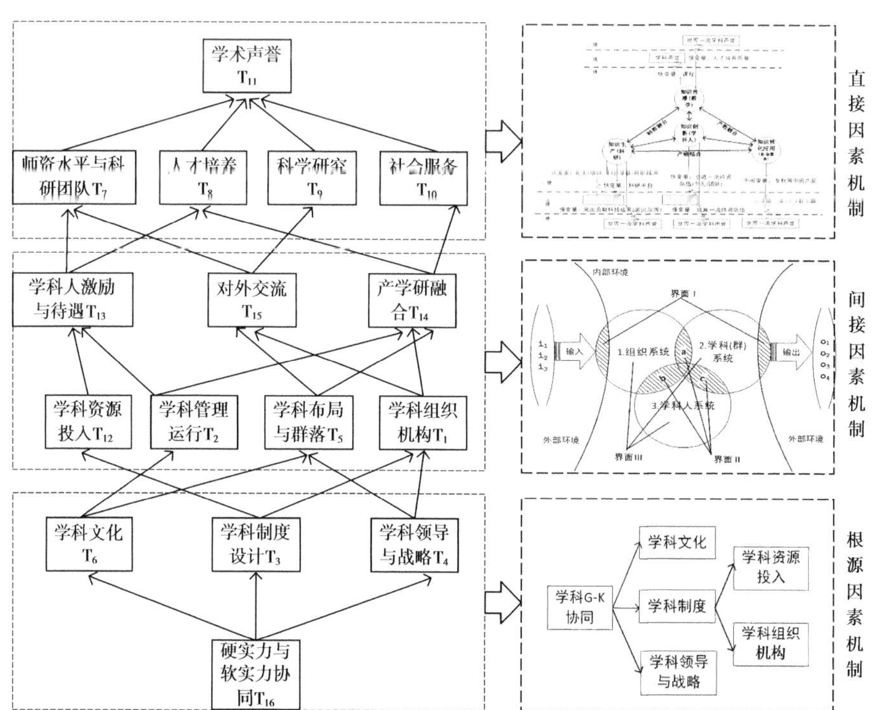

图 8.5　高校工程学科硬实力与软实力协同发展动力机制分析图

第一,高校工程学科发展是一个复杂的系统工程,是各因素组成的复杂关系,各个因素都是耦合联系的,不能单一仅靠论文、引进人才、科研项目、教学成果、专利等硬指标的提升,也不能单凭借模式创新、深化改革等软实力口号来实现整体学科水平的提升,而应当进行硬实力与软实力协同发展。

第二,应当正确处理"构建主义"下的学科评价与一流学科生成的若干关系问题。学科评价有效帮助学科建设者识别学科有形观测变量来识别学科实然状态,是管理者的有效抓手,但是我们要辩证看待学科评价工具,注意学科评价无法测量的"不可量化"指标。学科评价是重要的管理工具,也是学科国际化的标准,未来我们应该进一步优化。对于学科评价,我们不是要摒弃它,而是要完善它、优化它、用好它。同时,学科建设过程中,我们要处理好学科短期目标和长期战略的辩证关系,锲而不舍追求"慢变量",锲而不舍保证人才培养质量和学科内涵式发展,这才是一流学科生成的"金律"。

第三,学科建设要遵循知识生产逻辑,学科治理关键是做好学科组织子系统的界面管理,通过有机的制度与治理安排,促进组织系统界面交流的通畅。通过构建"三级七类"界面管理模型,揭示了学科治理关键:(1)应当建立开放包容的学科组织系统,为不断应对学科外界环境变化,适时作出学科战略与策略调整。(2)构建科学的学科绩效与管理制度,包括处理好"行政"与"学术"的关系和"教学"与"科研"的关系,建立灵活的人力资源管理机制和有效的激励与评价机制,不断促进跨学科与交叉学科形成。(3)建立学科扁平化网络柔性治理结构,实行增强组织适应性和灵活性的组织变革,建立学术自由的学科文化。做好学科动态规划布局,处理好学科高峰与学科高原的关系,形成有机学科群落和良好学科生态。(4)在学科建设运行过程中,有效通过全过程质量监测的制度安排,实时了解学科发展状况,通过学科评价等有效手段及时反馈并调整。

第四,充分抓住硬实力与软实力协同在促进学科创新效率中的根源性作用,以硬实力与软实力协同为出发点,根据学科当下实际情况,充分分析学科所处的外界环境以及创新资源,适时采用战略目标引领型动力型、制度—资源—师资驱动型动力型、制度—组织—知识创新型动力型、文化引领型动力型几种发展方向开展学科改革创新活动。

第四篇

学科协同发展的系统演化

第九章　学科系统观研究框架的构建

基于学科建设实践，我们希望通过构建学科知识与组织系统回答以下问题：学科建设的组织制度安排方面的治理关键是什么？学科知识子系统模型及运行机制是如何解答一流学科建设过程中常见关键问题的？硬实力、软实力二者之间的协同性、耦合性是如何表达一流学科生成机理的？从时间域上考量，一流学科在不同发展阶段中，硬实力和软实力工具是如何协同匹配的？为了解答以上问题，本书基于学科发展的恰切性认识，以系统科学为理论基点，构建学科知识与组织系统，试图提出学科系统的分析框架，探究系统各部分运行规律、系统间协同规律以及系统演化机理，对于研究和解释一流学科生成机理提供重要思路与方法。

第一节　学科知识与组织系统模型的构建

一、学科知识与组织系统的基本界定

学科知识与组织系统是指在高等教育环境下，通过充分发挥高校内学科人（教师、管理者等）的能动性、积极性，以知识体系为核心围绕知识传播、创新与转化应用等知识生产活动，以学科组织架构、学科群落、学科制度等学科内部结构为组织基础，针对不同学科发展阶段的具体情境，实现学科硬实力和软实力的动态匹配和协同，并以"输入—转化—输出"的形式使学科内外要素相互影响、相互作用，形成一个有机、开放和动态的系统，如图 9.1 所示。

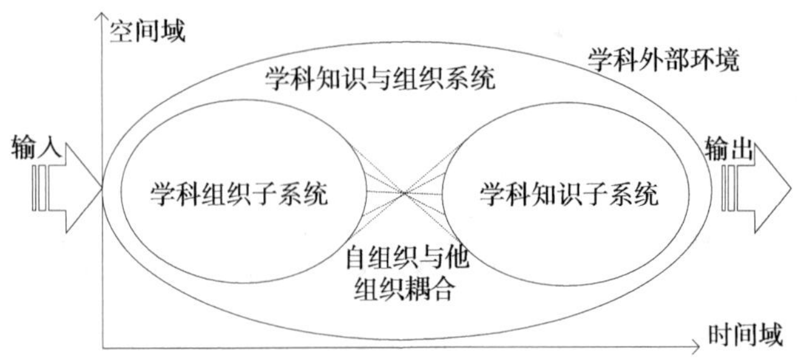

图 9.1　学科知识与组织系统示意图

基于学科复杂系统的恰切性认识，运用复杂巨系统理论、组织管理系统理论来分析学科系统发展的组织与知识机理。分别从空间域和时间域两个角度来分析学科知识与组织系统：在空间域上，通过系统环境、结构、功能分析，构建学科组织子系统模型与学科知识子系统模型①，并分别揭示了一流学科生成机理，阐述硬实力与软实力的耦合规律，试图运用系统思想揭示学科构成论与生成论在一流学科过程中的协同机理；在时间域上，阐明一流学科生成过程的动态演化机理，揭示学科不同发展阶段中，硬实力与软实力的适应性匹配与耦合，并为一流学科未来路径提供借鉴②，分析框架如图 9.2 所示。

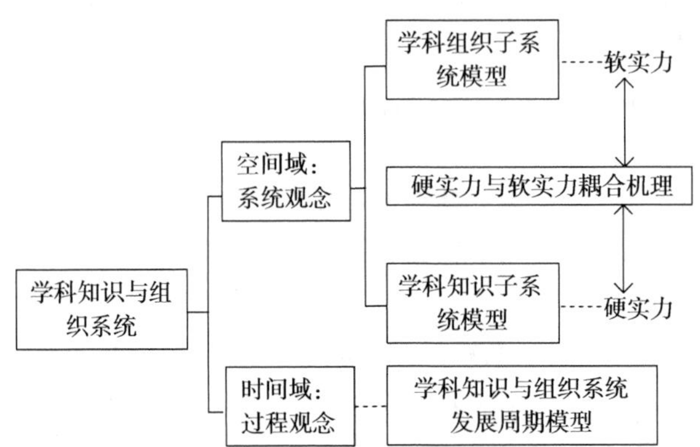

图 9.2　学科知识与组织系统分析框架

---

① 参见[美]伯顿·克拉克：《高等教育系统——学术组织的跨国研究》，王承绪等译，杭州大学出版社 1994 年版。

② 宣勇、张金福：《学科制：现代大学基层学术组织制度的创新》，《教育研究》2007 年第 2 期。

二、学科知识与组织系统的动力分析

人的主要特点是有思维、会学习，集大成、出智慧，①学科人是学科知识与组织系统的核心动力。教师是学科知识与组织系统中的主要学科人，由于其主观能动性以及创造性，通过教学、科研以及社会服务等学科活动，通过科研合作、产学研合作、国际交流与合作等组织行为，实现着知识传播、创新与转化应用的知识生产功能，他们是学科知识"工厂"的生产者，又是学科系统的组织主体，参与着学科的运行、管理、发展以及水平提升。作为学科这个特殊的知识型组织，学科的主体——教师，其不仅归属于院系等组织，也归属于学科，为学科贡献新知，因此教师对组织与学科具有双向忠诚度；教师不仅是知识生产主体，促成知识的输入、转化与输出，同时教师还在组织中具有社会属性，是组织的管理运行者，正是因为教师具有"组织"与"知识"的二元属性，②因此学科也具有组织属性与知识属性，我们构建的学科系统同理具有组织运行机制与知识运行机制。

学科人中的学科管理者是学科系统的另一重要动力源泉。组织运行机制通过学科管理者为学术研究的自由开展寻求组织制度的适切性保障的组织行为，对知识子系统进行组织上的有效引导。学科管理者通过敏锐的洞察力，识别学科系统外部环境变化以及学科内部组织与生态状况，通过远见卓识的战略布局确定学科目标，根据环境不断调整组织与管理策略与强度，以实现学科朝科学、健康、一流方向发展。③ 学科教师与管理者不是截然分割的，学科人的一个重要特点和趋势是很多学科人同时担任着学科教师与学科管理者的双重身份。

---

① 参见钱学森等:《论系统工程》(新世纪版)，上海交通大学出版社 2007 年版。

② 参见万力维:《控制与分等——大学学科制度的权力逻辑》，南京师范大学出版社 2005 年版。

③ 参见凌健:《学科"组织化":介入世界一流学科建设的路径选择》，《中国高教研究》2016 年第 5 期。

第二节　学科知识与组织系统的子系统模型及运行机制

一、软实力:学科组织子系统及其运行机制

(一)学科组织子系统模型与“组织”规律

世界一流学科一定是拥有世界卓越绩效和产出的学科。培育卓越的产出和成果需要良好的环境和土壤,还需要科学栽培,因此学科建设题中应有之义是提供一流的学科资源、学术制度以及治理体系,为学术研究提供良好的学科生态环境以及开放自由的学科文化。一方面,由于知识本身的无形性以及知识生产的不可控性,知识与学科具有天然的排他性①,我们要将知识的不可控性转化为学科组织管理系统的可控性抓手。良好的组织与制度安排是大学组织保障,有利于提高组织管理效率与资源利用效率,有效引导学科方向以及工作重点,有效推进教学与人才培养职能深化以及学科交叉融合等学科自组织不完善的功能;另一方面,知识创新以及学者也需要学科组织与制度提供其学术主张的国际化传播渠道以及实现其有效学术权益。②

学科组织子系统是学科组织建制构成的开放的学科生态系统。学科组织子系统处在高等教育宏观环境中,优秀的学科领导者通过洞察并把握宏观政策环境,审时度势、因时而变采取策略,同时学科系统需要源源不断从外界获取充足且优质的资源,来供给组织良性发展,产出卓越绩效。学科组织子系统内部主要由三个下一级子系统构成,分别为组织系统、学科(群)系统以及学科人系统,其中组织系统仅指狭义上的由学科组织结构和组织建制形成的系统,学科(群)系统仅指由学科(专业)组成的链式或群式知识管理系统,学科人系统指以“人”为核心组成的行为系统,在三者耦合作用下呈现出复杂的学

① 龚怡祖:《学科的内在建构路径与知识运行机制》,《教育研究》2013 年第 9 期。

② 参见朱苏、赵蒙成:《论一流学科建设的经济逻辑和知识生产逻辑》,《江苏高教》2017 年第 1 期。

科组织社会性，共同构成学科组织子系统。① 三个子系统内部有各自的运行机制和系统要素，同时三个子系统紧密耦合形成复杂的学科组织网络结构。本书创新运用组织系统界面管理机制来探究学科组织子系统内部结构与功能，阐释了一流学科治理的关键；同时通过目标管理机制将学科组织子系统与一流学科建设之间构建了联系。

（二）学科组织子系统模型的界面管理机制

学科系统是由不同层次、结构和功能构成的子系统和要素组成的复杂巨系统，界定学科系统边界以及学科子系统边界也是钱学森系统工程理论方法的第一步。在系统科学领域，"界面"指为了完成某一任务或者解决某一问题，在任务模块之间、组织之间、组织内部各部门之间或各有关成员之间形成的信息、知识、人才、物资等要素的接触方式与交互关系。② 本书认为学科组织子系统管理的重点是学科组织子系统界面的管理，通过各种制度以及治理安排，促进组织系统界面的交流畅通。③ 学科组织子系统从外界输入战略与政策、要素资源、信息与知识，通过系统转化，输出科研成果、人才培养成果、系统成员的成长以及组织的良好发展。

学科组织子系统界面分三类，第一类界面是学科与组织外部环境之间的边界，其界面接触区域我们称为界面Ⅰ。界面Ⅰ的管理体现了学科组织子系统对环境的自适应性特征，其管理宗旨应当是力求建立开放包容的学科组织。界面Ⅰ的管理目标包括：(1)保证学科与外界环境的信息通畅；(2)管理者通过对外界环境的洞察，把握机遇与变化，适时作出战略规划调整；(3)对学科进行科学的战略定位及规划。外部环境为学科生态系统的生长发展提供了一个资源、信息、知识交融的时空场域，透过学科组织边界深深地影响着学科内部各子系统。

① 参见邹晓东、王沛民等：《关于科学与工程教育创新的思考》，《管理工程学报》2010 年第 S1 期。

② 参见石秀、刘建昌、江燕：《重大科技工程组织界面协同影响因素研究》，《科技管理研究》2014 年第 23 期。

③ 参见陈劲、阳银娟：《协同创新的理论基础与内涵》，《科学学研究》2012 年第 2 期。

第二类界面是三个下一级子系统——学科组织系统、学科(群)系统、学科人系统之间的边界,其界面接触区域称为界面Ⅱ。界面Ⅱ-a代表学科(群)与学科组织构成的学科组织交叉的结构,治理关键一是要处理好代表“组织”的行政与代表“学科”的学术的关系,二是要处理好代表“组织”主要功能的教学与代表“学科”主要功能的科研的关系[①];界面Ⅱ-b代表学科人的跨组织行为,其治理关键是建立灵活的人力资源管理机制;界面Ⅱ-c代表学科人的跨学科行为,其治理关键是建立有效的激励与评价机制来引导跨学科与交叉学科形成。[②] 关于学科人跨组织/跨学科行为,华勒斯坦曾提出将教师同时受聘两个学科组织,其中一个是他获得学位的学科,另一个是他个人研究兴趣的学科,这就为跨学科研究和跨学科教育提供了制度基础。[③] 跨学科行为不能仅仅依靠学者研究兴趣,更多应该靠学科组织子系统提供良好的激励政策以及适合的制度安排的引导。界面Ⅱ的管理体现了学科组织子系统多维协同的复杂性特征,其管理宗旨是构建科学的学科绩效管理制度来为协同性提供保障。

第三类界面是三个子系统中内部的子系统或者个体之间的边界,其界面接触点成为界面Ⅲ,界面Ⅲ的管理体现了学科系统网络结构非线性与突现性,其治理关键是在学科内建立扁平化网络柔性治理结构。界面Ⅲ-1是指学科组织系统内部界面管理,即学科组织与组织之间边界与关系问题,其治理关键是有效施行增强组织适应性与灵活性的组织变革。当前,学科中虚拟组织以及跨组织行为日益增多,学科边界日趋模糊,学科组织呈现扁平化矩阵化趋势,并且除以学科为导向建设的学院组织外,以具体功能为导向建设的学科组织日益增多;[④]界面Ⅲ-2是指学科(群)系统内部界面管理,即学科与学科之间边界问题与关系问题,其治理关键是通过科学动态的学科规划与布局,处理好学科高峰与学科高原的关系,形成有机的学科群落与良好的学科生态。当

---

① 钱颖一:《谈大学学科布局》,《清华大学教育研究》2003年第6期。

② I.Nonaka,“A Dynamic Theory of Organizational Knowledge Creation”,*Organization Science*,1994(1).

③ 参见华勒斯坦等:《开放社会科学》,生活·读书·新知三联书店1997年版。

④ 参见赵炬明:《精英主义与单位制度——对中国大学组织与管理的案例研究》,《北京大学教育评论》2006年第1期。

前学科交叉融合是大的趋势，同时学科之间竞争淘汰的生态进化性加剧，在界面Ⅲ-2 的管理中应把握学科群落的生长与布局规律，把握优势学科群落主导规律，处理好基础学科群落、主干应用学科群落、特色应用学科群落间的融合关系①；界面Ⅲ-3 是指学科人系统内部界面管理，即学科人际之间边界与关系问题，其治理关键是建立学术自由的学科文化。界面Ⅲ-3 基于知识分享与传播理论，主要体现在教师的跨组织、跨学科与跨国别的科研合作行为，是学科最基础的组织细胞②。组织内是具备相同目标、知识能力、并分享生存资源的人员组成知识种群，学科始于学者科研合作，随后形成学科群落，逐渐成为教学/科研团队和稳定的研究方向，以此基础成为研究平台（项目）甚至学科，这是学科生成的初始状态。分析框架如图 9.3 所示。

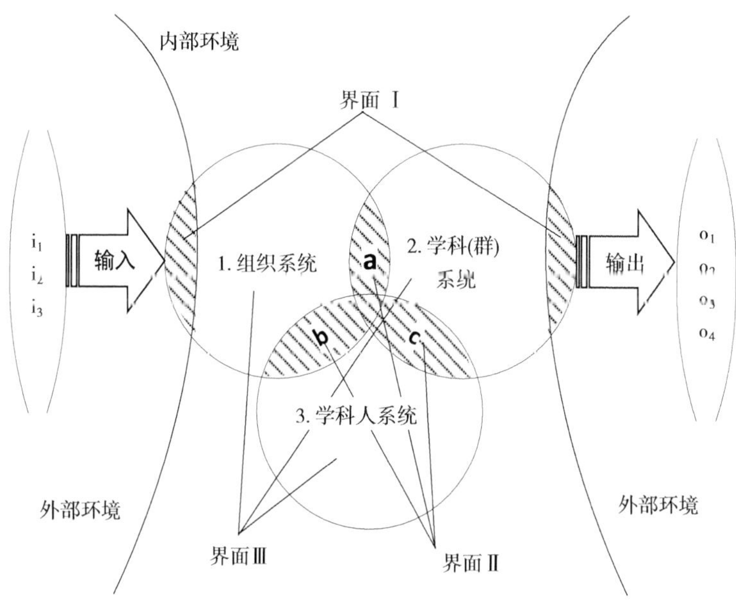

图 9.3　学科组织子系统模型的界面管理机制模型

① 钱颖一：《谈大学学科布局》，《清华大学教育研究》2003 年第 6 期。

② Lea Pennock，"Assessing the Role and Structure of Academic Senates in Canadian Universities，2000–2012"，*Higher Education*，2015（3）.

（三）学科组织子系统模型的学科目标管理机制

学科他组织力量具有明确的目的性和控制性，学科组织治理过程就是学科目标管理的过程，管理控制本身不是目的，只是为达成系统目标而提供的手段，如图 9.4 所示。学科目标管理机制有效解释了学科组织子系统与一流学科建设之间的关系问题。学科组织治理过程是学科管理者根据外界环境变化适时抓住变化与机遇作出决策，制定学科战略规划以及学科发展目标，并进行进一步的目标分解，形成具体的学科推进计划①；在进行计划落实以及学科建设运行过程中，通过全过程质量监测的制度安排，了解到学科发展的实际状况；再通过学科评价手段来较为精准地探测到学科实际发展与目标计划的偏差，并及时进行反馈以及策略调整。②

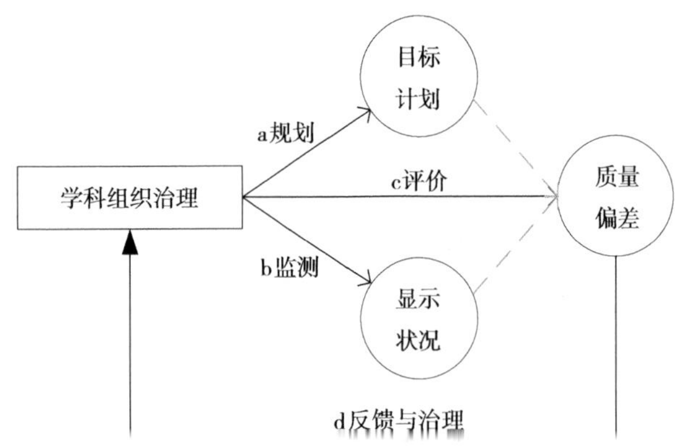

图 9.4　学科组织子系统模型的学科目标管理机制模型

二、硬实力：学科知识子系统及其运行机制

（一）学科知识子系统模型与“知识”规律

知识是学科的本质属性，一流学科生成的一个重要抓手是提升学科的知识生产能力，但是知识生产具有不确定性和无形性特点。在研究学科、发展学科、建设学科的过程中，解决知识无形性和知识生产不确定性的途径是通过有

---

① 金吾伦：《从复杂系统理论看传统思维方式的历史演变》，《杭州师范大学学报（社会科学版）》2008 年第 3 期。

② 参见王沛民等：《工程教育基础——工程教育理念和实践的研究》，高等教育出版社 2015 年版。

形的知识载体来观察测量"知识"的状态与变化：一是可以观察"知识"的生产主体——教师的行为及其活动；二是以教学、科研以及社会服务的具体成果为抓手来进行观测。

学科知识子系统模型就是通过有形变量揭示学科无形的知识规律。知识与创新是典型的自组织系统的要素，来自学科内在的力量①，包括知识以及知识体系本身规律、学科内部本身的规律、学科的主体（教师）规律。学科知识子系统模型主要通过学科功能视角阐释学科知识生产过程②，包括通过教学等活动提高知识传播能力，通过科研等活动提高知识创造能力和通过社会服务活动提高知识应用与转化能力。③ 通过学科知识子系统模型阐释一流学科的生成机理，有效解释并回答了当前我国学科建设过程中的一些关键问题。

（二）学科知识子系统模型与一流学科生成机制

学科知识子系统模型通过有形的变量来分析知识生产的活动以及知识不同的形态。以学科知识与组织系统核心动力——学科人为核心，通过学科人知识生产的3种不同形式——知识创新、知识传播以及转化应用来表达学科3种不同职能（科研、教学以及社会服务）④。学科知识生产能力通过变量观测来基本实现，变量分为快变量和慢变量，真正的一流学科通过成果评价以及"学科声誉"来表达。⑤ 4个知识状态观测点产生的成果分为三级，离知识观测点越近（一级），代表其产出的成果形式见效越快，越容易被评价测量；离知识观测点越远（三级），代表其产出成果越慢，越不容易被测度。由于人们认知的滞后性，学科声誉会是相对成果变量更慢一级的变量，由慢变量产生的下一级学科声誉是世界一流学科的标志。学科知识子系统模型将通过回答问题的方式来阐释，如图9.5所示。

---

① M. Alavi & D. Leidner, "Knowledge Management and Knowledge Management System: Conceptual Foundations and Research Issues", *MIS Quarterly*, 2001(1).

② 宣勇、张金福：《学科制：现代大学基层学术组织制度的创新》，《教育研究》2007年第2期。

③ 参见王永杰等：《研究型大学在知识创新中的地位和作用》，《科学学研究》2000年第2期。

④ 李春林等：《创新型大学一流学科及知识网络建设研究》，《价值工程》2012年第23期。

⑤ 参见胡海岩：《三把"尺子"丈量"一流"》，《中国高等教育》2017年第Z1期。

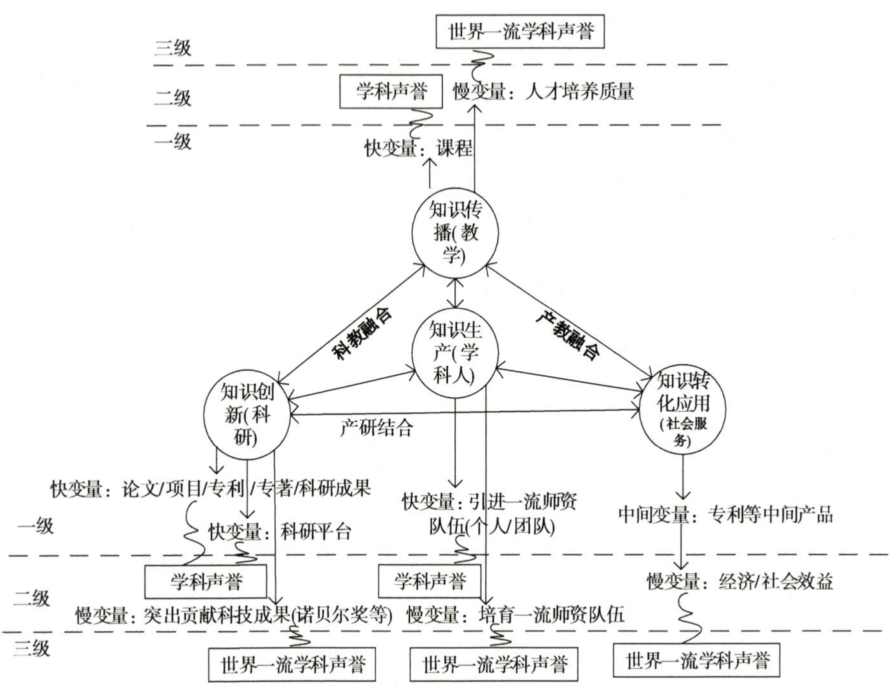

图 9.5　学科知识子系统模型与一流学科生成机制

1. 学科“符号化评价”与一流学科实然状态的关系

学界针对“符号化评价”进行了大量的批判和反思。① 这些学科评价指标代表的成果是“知识增量”的载体和表征，“指标”是由于知识在整个学科知识体系内流动的无形性决定的一种观测工具。② 我们需要有形的观测变量来识别学科状态，这些变量包含了学科知识体系内的大部分有形的学科成果。可量化的显性指标可以一定程度显示出学科水平，但是不能代替不可量化的隐性指标，比如学科声誉、学科文化、学科布局、学科治理水平以及学科网络化能力及协同机制等。

2. “快变量”与“慢变量”在一流学科生成过程中的辩证关系

在学科知识子系统模型中，3 个一级快变量分别是引进一流师资队伍（比

① 参见朱冰莹、董维春：《从“符号化评价”到“真实性评价”：一流学科建设评价的核心向路》，《学位与研究生教育》2018 年第 6 期。

② 参见陈学飞等：《中国式学科评估：问题与出路》，《探索与争鸣》2016 年第 9 期。

如通过引进“长江学者”、院士等学科带头人），知识创新产出的快变量是论文、专利、项目、专著以及获奖，知识传播产出的快变量是课程。慢变量共有4个，分别是培育一流师资、获得突出贡献的原创科研成果、高质量的人才培养以及经济/社会效益（知识转化与应用的产出由于中间产品需要经历“死亡之谷”，因此真正的产出是慢变量）。①

由于快变量具有见效快的优势，因此学科建设的捷径是从追求快变量开始的。特别是很多后发型学科在建设初期，可以选择最快捷径策略，如引进优秀人才、发表论文、申请项目等。② 但是，追求快变量负面性：一是会产生目光短浅的学科生产，为了产出快变量的指标而追求短平快的“速成”成果，学科功利主义倾向会使学科丧失持续提高质量产出的能力，逐渐丧失内涵与质量，直接后果就是培育不出真正的大师，培养不出真正的人才，不能真正为社会、为国家作出突出的贡献，也就建不成世界一流学科③；二是追求快变量速成的学科，因为没有内涵、“灵魂”的支撑，以及没有深厚的知识文化基础，可能呈现出“追求 GDP 指标”似的泡沫虚假繁荣和功利、浮躁的氛围，良性学科文化未形成，组织凝聚力不强，学科人忠诚度不高，这样的组织极易发生组织危机，比如因为主要带头人的流失而导致学科支柱方向的迅速陨灭，甚至导致更大的组织变革危机，如撤点并院等。④

所以，我们在学科建设过程中要锲而不舍地追求慢变量，促成慢变量生成可以通过加强学科知识子系统模型中的科教融合、产教融合、产研结合等产学研合作。

3. 为什么学科建设往往重视科研而忽视人才培养

学科（discipline）源于拉丁语“学生”和“教学”，学科本义即包含人才培养

---

① Etzkowitz,“University－industry－government Relations：A Laboratory for Knowledge based Economic Development”,*EASSR Review*,2000(24).

② 参见王战军、杨旭婷：《世界一流学科建设评价的理念变革与要素创新》，《中国高教研究》2019年第3期。

③ R.Geiger,*To Advance Knowledge：The Growth of the American Research Universities*,1900－1940,Oxford：Oxford University Press,1986.

④ 参见刘念才、苗耘：《应用大学排名对高等教育产生的影响》，《复旦教育论坛》2017年第4期。

以及知识传播，人才培养也是高校的核心职能。但是，建设一流学科过程中出现了“重科研轻教学”的现象，被刘易斯称为“失去灵魂的卓越”。教师和学科管理者往往更倾向追求科研而非教学，通过学科知识子系统模型可以解释如下：其一，对于组织来讲，知识传播活动的一级产出变量是课程。人才培养是通过课程与教学过程后所产生的二级变量。对于组织建设一流学科来讲，人才培养形成的学科影响力见效较慢。① 其二，人才培养不仅属于二级慢变量，其转变为产生社会影响力、被公众熟知的校友需要更长滞后性，具有双倍滞后效应，学生走向工作岗位需要慢慢渗透形成规模效应的口碑才能产生社会口碑及学科声誉。其三，对于教师来讲，科研成果由于“署名”个人，因此其首先归属教师，然后再归属组织，而人才培养成果往往通过毕业证书“署名”给毕业院校，因此人才培养的成果往往被大众优先归于组织，其次才会考虑到授课者与导师。② 因此，在制度化作用下追求成果导向、目标导向的组织很容易优先追求快变量。在考核评价压力下，教师为追求个人成果会更加重视科学研究。另外，知识传播的直接产出成果是课程，由于缺乏课程质量的有效监测方法，即使在学科评价体系中，也往往忽视了教学与人才培养。③

4. 世界一流学科生成与慢变量、无形变量之间的关系

世界一流学科的生成是由慢变量产生的学科声誉以及学科软实力两方面决定的。首先，世界一流学科生成是一个漫长的过程。慢变量的产出首先需要长久积累，由慢变量产生学科声誉也需要一个漫长的过程。因为知识具有无形性，产出慢变量的成果后，需要被大众发现并测度，其过程存在滞后性。比如，人才培养质量是慢变量，只有当校友形成规模性口碑才能产生学科声誉，但人才培养声誉一旦形成将产生学科“质变指数增长效应”，从而建成世

① 参见孟照海：《制度化与去制度化：世界一流学科建设的内在张力——以美国芝加哥大学社会学为例》，《中国高教研究》2018 年第 5 期。

② 参见夏纪军：《近亲繁殖与学术退化——基于中国高校经济学院系的实证研究》，《北京大学教育评论》2014 年第 4 期。

③ W.Clark, *Academic Charisma and the Origins of Research University*, Chicago : the University of Chicago Press, 2006.

界一流[①];慢变量——对人类以及社会产生巨大贡献的科研成果(诺贝尔奖、国家科技进步奖等),也具有滞后效应,这是知识本身发展的规律决定的。知识是先验前沿的,但"奖"是人评出来的,因此成果被公众认可的过程是滞后的、渐进而漫长的,因而一个学科能够培养出真正的学术大师是需要漫长的培育积淀的,而为人类作出突出贡献的科研成果一旦产生将迅速成就世界一流学科;慢变量——社会/经济效益中,由于仅仅产出专利等中间产品而没有质量和成果转化,将很难产生社会/经济效益。只有长久地健全完善产学研体制机制,才能突破"死亡之谷",促成科技成果转化,并形成规模和产业,也才能成就一代"硅谷"[②]。

另一个建成世界一流学科的决定力量是学科软实力,软实力是无法量化的无形变量。如,良好的学科生态环境将成为培育慢变量的良好土壤;良好的产教融合、产研融合、科教融合等产学研融合机制将成为慢变量形成的良好保障;开放、包容、自由的学术氛围将融合碰撞成学科文化,为慢变量提供充足养分。在学科评价体系中评价了慢变量,慢变量仅是学科软实力的必要不充分条件。

三、硬实力与软实力系统耦合及一流化生成机制

一流学科生成逻辑就是硬实力逻辑(知识运行机制)与软实力逻辑(组织运行机制)耦合作用的动态过程,取决于自组织与他组织的协调程度。学科组织子系统与学科知识子系统不是截然分开,而是你中有我、我中有你、相互影响的耦合协同关系,根据学科发展不同阶段、学科面临的不同环境以及现实状况不断此消彼长、协同演化[③]。第一,硬实力与软实力耦合的基础是学科人系统。学科人系统既属于学科组织子系统,也包含在学科知识子系统中,是联结学科组织子系统和学科知识子系统的网络中心性环节,因为学科人具有组织行为层面和知识生产层面的双重属性。第二,硬实力与软实力耦合的生长

① 孙绵涛、朱晓黎:《关于学科本质的再认识》,《教育研究》2007年第12期。

② 潘静:《"双一流"建设的内涵与行动框架》,《江苏高教》2016年第5期。

③ 翟亚军、王战军:《基于生态学观点的大学学科建设应然研究》,《科学学与科学技术管理》2006年第12期。

基质是学科文化机制,学科知识子系统文化与学科组织子系统文化会在要素的相互联系、互动影响的动态过程中,形成学科的文化并交织融合,学科文化产生于学科系统又反过来影响学科系统,形成一个良性反馈。① 第三,硬实力与软实力耦合通过动力场机制表达。一流学科通过对人才和知识的增值来有效推动大学"声誉再生产",反过来,一流大学又会加强学科对外界环境的资源吸附能力,一流学科的"优势积累效应"也会进一步吸引优秀师资和优秀生源,而形成学科持久竞争力。② 同时,高校内一个一流学科的生成可以带动高校内其他学科发展(学科群、学科生态等),从而提升大学整体水平。这样就形成硬实力与软实力之间的正反馈循环。

四、学科知识与组织系统的发展周期

根据组织管理系统发展周期四阶段划分方式,结合学科的"知识"与"组织"二元属性和我国学科发展实际,本书将一流学科生成的组织生命周期划分为四个阶段,在学科发展的不同阶段,学科的硬实力与软实力力量的主导性也不同,如图 9.6 所示。

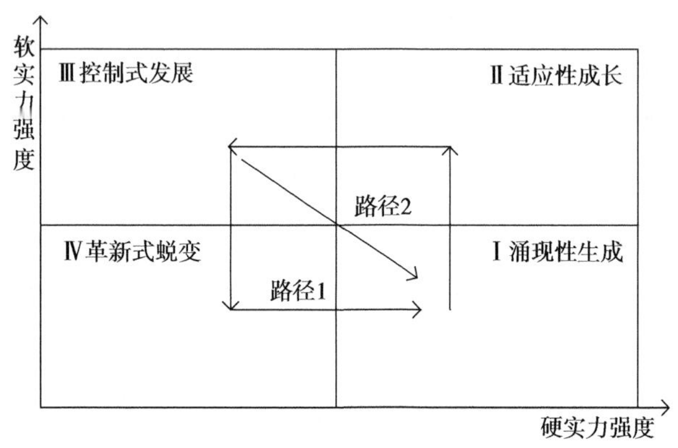

图 9.6 学科知识与组织系统发展周期模型

① 参见[英]托尼·比彻·保罗·特罗勒尔:《学术部落及其领地:知识探索与学科文化》(重译本),唐跃勤等译,北京大学出版社 2015 年版。

② 参见瞿振元:《知识生产视角下的学科建设》,《中国高教研究》2019 年第 9 期。

第一阶段是涌现性生成，学科生成一般包括自发积累、自觉繁衍、交叉复合以及主动移植等模式①，首先由学者初始科研兴趣促成科研合作，逐步形成科研团队、科研方向，最终以学科点、平台建成为标志，因此此阶段以硬实力为主导；第二阶段为适应性成长，一般指学科通过适应环境，抢抓机遇，趁势发展壮大。这个阶段主要通过学科人对环境机遇把控，通过对外界资源的吸附促进学科壮大，实现个人成果涌现性增长，学科主流与特色方向逐渐凝练并强大，学科影响力、口碑与日俱进。② 适应性成长阶段以硬实力与软实力共同作用而成，在第Ⅱ象限；第三阶段是控制式发展，这个阶段以他组织力量为主导，学科已经到了成熟稳定阶段，此时开始出现“大组织通病”，通过系统科学有效的控制与治理，防止学科内利益与资源抢夺的内耗，需要通过软实力这个看不见的手，不断建立规范的学科管理制度，也要不断通过有效治理促进学科交叉，不断培育学科新的方向和力量。在第四阶段，学科有两个发展路径：路径1是经历革新式蜕变，通过显现问题、发现问题，施加组织变革力量重新激发学科的新生与活力；路径2则是通过超前部署、弯道超车，硬实力与软实力共同发力，直接绕过“知识半衰期”，主动求变，获得学科新生。例如，当前学界进行的新工科大讨论就是为主动应对新一轮科技革命与产业变革，支撑服务创新驱动发展、“中国制造2025”等一系列国家战略进行超前部署的“路径2”，先后形成了“复旦共识”、“天大行动”和“北京指南”，并发布了一系列政策，全力探索形成领跑全球工程教育的中国模式、中国经验。

① 张金福：《资源吸附：大学学科成长的重要模式》，《教育发展研究》2009年第1期。

② 参见宣勇、张凤娟、黄一岚：《大学学科组织的生成逻辑》，《高等工程教育研究》2008年第3期。

第十章　学科协同发展的动态演化

上一章已经用系统观构建了学科知识与组织系统并系统阐释了其运行机制，为了进一步回答高校学科硬实力与软实力协同发展“实践性”的问题，用发展的眼光揭示高校工程学科硬实力与软实力协同应当如何践行，本章将高校学科的发展周期纳入学科创新系统，运用系统动力学建模以及仿真研究方法揭示高校硬实力与软实力协同发展的动态演化行为，揭示高校工程学科硬实力与软实力协同发展的规律。

根据前面的研究，高校工程学科硬实力与软实力协同、学科治理创新、学科知识创新、学科动态能力以及学科创新效率之间存在相互的影响以及动态关系。学科治理创新与学科知识创新分别作为学科发展的软实力和硬实力，是学科发展每个阶段不可或缺的力量，而二者之间的协同与配合更是学科发展的根本性驱动力。我们既要关注强调知识创新的“硬指标”，更要重视学科治理的“软实力”。同时，在不同的学科发展阶段，要根据学科实际状况和外界环境的变化，实现硬实力与软实力协同发展，促进学科创新效率，从而提升学科发展水平。

在学科发展的不同阶段，根据学科的结构、功能与战略等系统的差异性，学科治理创新与知识创新应当各有侧重。硬实力与软实力协同程度根据情况也要进行调整，显示出显著差异，二者在学科演化过程中不断变化。同时，学科处于不断变化的环境中，而与之匹配的学科动态能力也随之发生调整和变化，进而影响学科创新效率。因此，本章通过构建系统动力学模型并进行仿真模拟，试图找出高校工程学科硬实力与软实力协同发展中各个变量之间的演化关系和规律。

第一节　学科硬实力与软实力协同发展演化模型构建

一、系统动力学研究方法

系统动力学是研究复杂信息反馈系统和反映事物动态趋势非常有效的研究方法，其以控制论、控制工程、系统工程、信息处理和计算机仿真技术为基础，研究复杂系统随着时间变化而产生的行为模式。通过建立系统动力学模型，可以研究复杂系统的结构、功能和行为之间的动态关系，以确定系统的最优路径和结构功能等。系统动力学首先需要通过人机配合，发挥人的分析、推理、评价功能的同时，通过计算机来仿真实验进行分析计算，得到未来一定时期内各种变量随时间变化的曲线。①

本书在复杂系统科学的基础上构建系统动力学模型，运用 Vensim PLE 软件构建了系统动力学模型，并运行仿真进行分析，进一步揭示学科治理创新、学科知识创新、硬实力与软实力协同、学科动态能力、学科创新效率几个变量之间随时间推进的动态关系和阶段特征。基于前面章节的分析，我们主要从以下几个假设中寻找动态演化规律。

H1：学科治理创新、学科知识创新、硬实力与软实力协同、学科动态能力、学科创新效率都是递增的

H2：学科治理创新、学科知识创新、硬实力与软实力协同之间应具有相互影响、相互耦合的动态关系

H3：硬实力与软实力协同、学科动态能力、学科创新效率之间应具有相互影响、相互耦合的动态关系

① 参见张军、许庆瑞：《企业知识积累与创新能力演化间动态关系研究——基于系统动力学仿真方法》，《科学学与科学技术管理》2015 年第 1 期。

二、因果反馈关系分析

因果反馈关系分析是构建系统动力学模型的基础，往往用于构思模型的初始阶段或者非技术性地、直观地描述模型结构，便于与建模的相关人员交流讨论。① 因果反馈关系图可以比较直观地展示出系统中各个要素之间的关系和因果回路，最终构成了整个有机系统的结构和功能。通过第四章、第五章的研究和结论，我们初步确定了学科治理创新、学科知识创新、硬实力与软实力协同、学科动态能力、学科创新效率几个核心变量在整个系统里的位置。学科治理创新由学科战略创新、学科结构创新、学科制度创新和学科文化创新 4 个变量构成；学科知识创新由学科知识生产、学科知识传播和学科知识应用 3 个变量构成；学科治理创新与学科知识创新之间也会相互影响；学科治理创新与学科知识创新耦合与协同组成本书的核心变量硬实力与软实力协同；硬实力与软实力协同会影响学科动态能力，同时影响学科创新效率。学科创新效率会反过来影响学科知识创新或学科治理创新，并受学科环境不确定性的调节。根据本书的研究目的与变量之间的因果关系，明确硬实力与软实力协同发展过程中各变量之间的因果反馈关系，如图 10.1 所示。

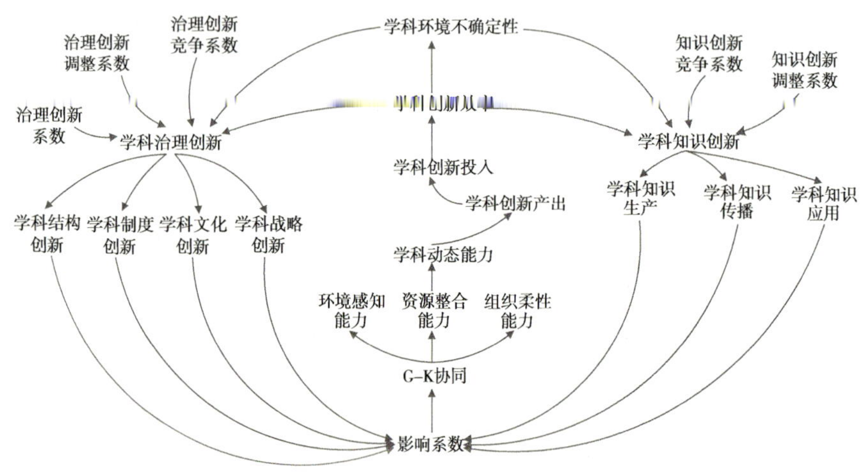

图 10.1　高校工程学科硬实力与软实力协同发展因果反馈关系图

---

① L.Erik & L.Alessandro, "Representing Change: A System Model of Organizational Inertia and Capabilities as Dynamic Accumulation Processes", *Simulation Modelling Practice and Theory*, 2002(5).

本书主要有 2 条关键因果反馈回路:学科治理创新→影响系数→硬实力与软实力协同→学科动态能力→学科创新产出→学科创新投入→学科创新效率→(学科环境不确定性)→学科治理创新;学科知识创新→影响系数→硬实力与软实力协同→学科动态能力→学科创新产出→学科创新投入→学科创新效率→(学科环境不确定性)→学科知识创新。

三、系统动力学模型构建

(一)模型与变量的确定

根据因果反馈关系图,构建系统动力学模型,即高校工程学科硬实力与软实力协同发展系统动力学模型存量流量图,如图 10.2 所示,揭示出创新系统协同的演化机理。通过 Vensim PLE 软件构建系统动力学模型,系统动力学模型中的变量类型主要有水平变量、速率变量、常量和辅助变量几种。水平变量主要指从时间维度上描述系统的累积作用,一般是初始值到某一时刻信息流动积累的结果;速率变量指水平变量的变化速度;常量一般是系统的输入端,衡量某变量在不同时间节点下的作用差异;辅助变量指系统动力学模型中的

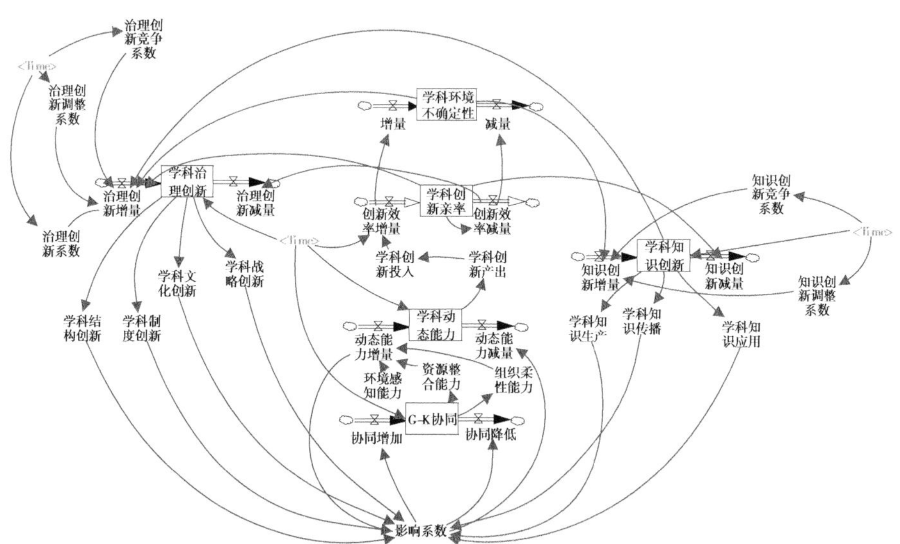

图 10.2 高校工程学科硬实力与软实力协同发展系统动力学模型存量流量图

中间变量。①

在系统动力学模型中,水平变量有学科治理创新、学科知识创新、硬实力与软实力协同、学科动态能力、学科创新效率和学科环境不确定性几个变量;水平变量对应着一个输入速率一个输出速率变量;常量有治理创新竞争系数、治理创新调整系数、治理创新系数、知识创新竞争系数和知识创新调整系数 5 个;辅助变量有学科结构创新、学科战略创新、学科制度创新、学科文化创新、影响系数、学科知识生产、学科知识传播、学科知识应用、环境感知能力、资源整合能力、组织柔性能力、学科创新产出和学科创新投入 13 个。

（二） 系统动力学模型的方程与参数

根据系统动力学模型的构建,确定系统动力学方程和参数。为了便于表达,表 10.1 列示了各个设计变量的变量名简称。

表 10.1　系统动力学模型变量名称

变量名称	简称	变量名称	简称
学科治理创新	X_1	学科创新效率	X_7
学科知识创新	X_2	学科环境不确定性	X_8
硬实力与软实力协同	X_3	治理创新竞争系数	X_9
学科动态能力	X_4	治理创新调整系数	X_{10}
知识创新竞争系数	X_5	治理创新系数	X_{11}
知识创新调整系数	X_6	影响系数	X_{12}
治理创新增量	I_1	协同增加	I_7
治理创新减量	I_2	协同降低	I_8
知识创新增量	I_3	动态能力增量	I_9
知识创新减量	I_4	动态能力减量	I_{10}
创新效率增量	I_5	增量	I_{11}
创新效率减量	I_6	减量	I_{12}

① 参见石秀:《管理创新系统与技术创新系统的耦合机理研究——以中国新能源汽车企业为例》,北京理工大学博士学位论文,2019 年。

模型中的水平变量用 INTEG 函数表达，其表达式为 INTEG（IR-DR，变量初始值）。INTEG 函数表达是系统动力学中表示水平变量对流速变量累积的时间变化趋势的函数。本书中有 6 个水平变量，分别是学科治理创新、学科知识创新、硬实力与软实力协同、学科动态能力、学科创新效率和学科环境不确定性，其方程见公式 10.1。模型中的常量由 WITH LOOKUP 表函数表达。WITH LOOKUP 表函数可以处理难以用一般的非线性方程表示的变量或者不易精确表述的变量。在硬实力与软实力协同演化模型中，X_5、X_6、X_9、X_{10}、X_{11} 这 5 个变量由 WITH LOOKUP 表函数表示。WITH LOOKUP 函数表达式为 WITH LOOKUP（自变量，[（自变量与因变量最小值之差）-（自变量与因变量最小值之差）]，[自变量与因变量数据点]）。

$$X_3 = INTGE(I_7 - I_8, X_3^0) \tag{10.1}$$

模型参数设定主要依据前面的理论分析、实证分析以及专家访谈。X_6 和 X_{10} 是个体调整系数，代表学科在不同的发展阶段中，学科自身对于知识创新和治理创新二者的投入、分配与侧重是不同的；X_5 和 X_9 是相互竞争系数，代表在硬实力与软实力协同发展过程中，除了工程学科自身的调整，还有高校对于该学科的投入、分配机制，包括对于该工程学科在全国学科中的地位，该学科在本学校的地位和战略重视程度等；X_{11} 代表该学科管理者的学科治理水平和能力；X_{12} 是辅助变量，表示学科治理创新与知识创新两个系统在学科发展的不同阶段中，有相互阻碍、相互影响、相互协同的作用。

关于学科治理创新中各子变量、学科知识创新中各子变量、学科动态能力各子变量、各系统演化方程中的系数等确定性因果关系中的变量，根据第四章 225 个样本分析中变量间相关系数赋权重获得，并通过对相关文献的查阅、实地调研以及专家访谈做最终确定。

四、有效性检验

为保证系统动力学模型的真实性和有效性，需对 SD 模型进行一系列的检验。以下选取一致性检测、极端条件检测和敏感性检验 3 个方法来进行检验。

（一）一致性检测

模型的确定、相关方程与变量的设定源于前面研究的理论分析、案例研究、问卷调查和实证研究，同时成立了专家小组，确保了此模型与实际系统的一致性问题。本书变量之间的因果关系也源于调研数据和实证研究，保证了模型结构与实际系统的一致性。同时，为了验证模型方程式的正确性和有效性，在 Vensim 软件中运行 check model 来检验模型的量纲是否一致，通过检测，模型通过了量纲一致性检测。

（二）极端条件检测

极端条件检测是将模型中的某变量取极端值的时候，来观测该模型是否可以正确反映系统变化情况。极端条件检测主要目的是验证系统动力学模型能在任何比较极端的情况下也可以反映实际系统的真实反馈。① 如图 10.3 所示，为对模型的极端条件检测进行测试，当学科治理创新设置为 0 时，计算发现极端情况下影响系数也为 0，说明学科治理创新与变量影响系数密切相关联，且与实际情况相符合，模型通过极端条件检测。

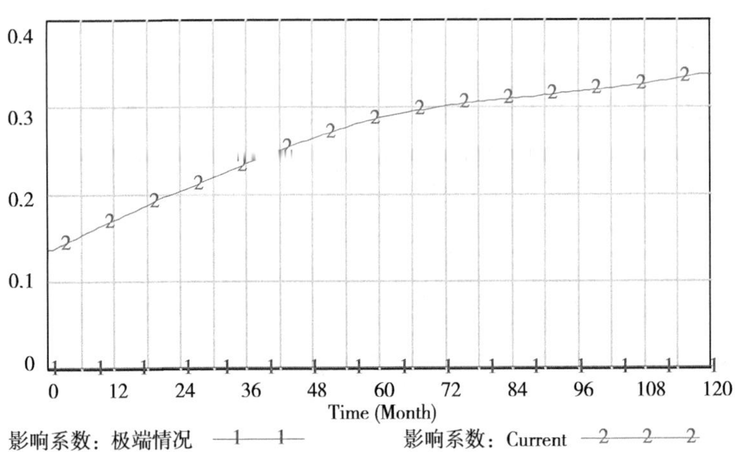

图 10.3　系统动力学模型的极端条件检测

① 参见于洋：《基于系统动力学的电子废弃物回收模式对比研究》，北京交通大学硕士学位论文，2019 年。

（三）敏感性检验

敏感性检验是指分析模型中某些参数、行为或者决策等发生变化时对模型结果的敏感性影响。如图 10.4 所示，对学科制度创新进行敏感性检验，Current1 为原始状态下的变化情况，Current2 为治理创新竞争系数提升 10%后的结果。可以发现，治理创新竞争系数与学科制度创新呈正相关，并且敏感度明显，与实际情况相符合，因此学科制度创新变量的敏感性检验验证了模型通过敏感性分析。

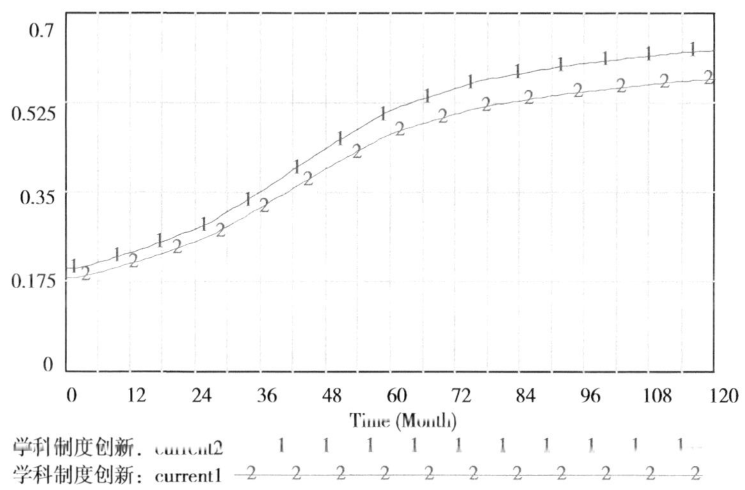

图 10.4　学科制度创新的敏感性检测

第二节　学科硬实力与软实力协同发展演化模型仿真

基于硬实力与软实力协同发展系统动力学模型，对高校工程学科不同发展阶段的学科治理创新行为、学科知识创新行为及其协同水平、学科动态能力、学科创新效率进行了仿真模拟，并分别说明了各变量的发展规律与动态影响关系。

为确保模型的仿真模拟能够更加接近高校工程学科的创新实际,依托课题组组建该学科专家小组(教授1名、副教授2名、博士后1名、博士研究生1名),该小组主要功能为:(1)对构建的高校工程学科硬实力与软实力协同系统动力学模型及其方程进行验证和修正;(2)综合判断给出系统动力学模型的参数值和初始值,通过综合分析,确定了以近十年作为模型观测周期;(3)提供案例学科历史发展资料,并提供案例数据和支撑材料,做模型验证分析。

论文以月(Month)为仿真步长,观测周期为120个月,同时为了避免量纲差异,对于仿真数值均进行了标准化处理,统一范围在0和1之间。通过专家小组量表以及访谈判定,学科治理创新初始值为0.26,学科知识创新初始值为0.37,使用Vensim PLE 6.2软件版本运行模型,最终确定各变量的动态演化仿真图。

在案例验证方面,通过专家访谈与调研,确定本书仿真验证案例A大学计算机科学与技术学科。由于课题组研究合作、地缘和学缘等各种关系因素,计算机科学与技术学科与研究者有着关系接近优势,研究者与A大学计算机科学与技术学科多位学者有紧密关系或合作关系,研究期间由于团队研究方向以及参与项目等因素,一直跟踪计算机科学与技术学科以及人工智能等新兴方向的发展,有机会近距离观察计算机科学与技术学科,开展相关数据资料的收集工作,能够很方便地在计算机科学与技术学科开展深入的实地调查研究。A大学处于我国高校的"第一梯队",近几年在QS大学排名中位列300名以内,且有进一步上升的潜力。该学科在教育部组织的历次评估中稳居全国前6名,自2011年后多次进入ESI全球排名前2%行列。同时,近十年,该学科随着计算机科学与技术的不断发展,以及大数据、物联网、人工智能等新兴技术的不断迭代,学科知识环境不断变革发展:在高等教育环境方面,国家提出高等教育要实现内涵式发展;在高校内部生态环境方面,该学科近十年所在高校也不断改革创新,从战略、制度、组织结构等各个方面进行了较大改革。

一、主要观测变量发展趋势分析

图10.5、图10.6展示了主要观测的5个变量的发展趋势图及它们之间的

比较。学科治理创新、学科知识创新、硬实力与软实力协同、学科动态能力、学科创新效率 5 个观测变量发展趋势都是呈现正向发展，这符合学科发展基本规律，也符合学科近十年的发展实际。同时，硬实力与软实力协同、学科动态能力和学科创新效率具有相同演化方向，也再次实证了第四章的主要假设。其中，学科治理创新的初始值从 0. 26 增长到 0. 81，学科知识创新的初始值从 0. 37 增长到 0. 9，硬实力与软实力协同初始值从 0. 17 增长到 0. 98，学科动态能力初始值从 0. 2 增长到 0. 63，学科创新效率初始值从 0. 05 增长到 0. 34。

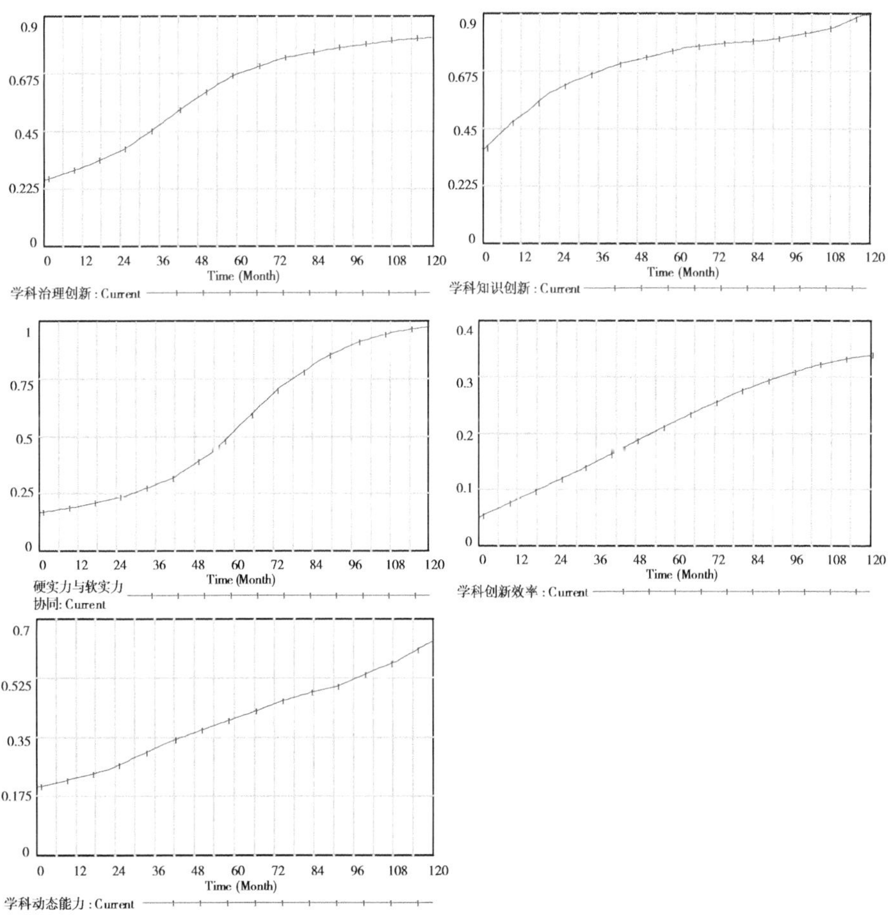

图 10.5　各主要观测变量发展趋势仿真模拟图

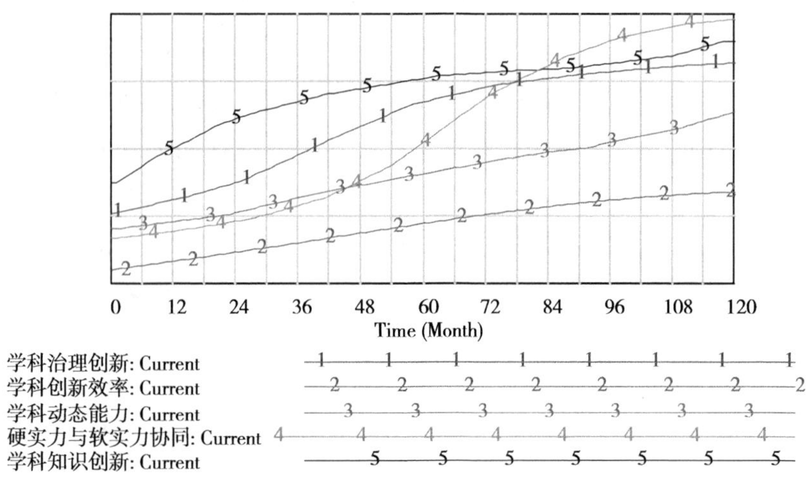

图 10.6　各主要观测变量发展趋势仿真模拟比较

学科治理创新具有先加速后减速的增长趋势；学科知识创新具有先降速再增速的增长趋势；硬实力与软实力协同与学科治理创新和学科知识创新相比，有着更加明显的先增速增长后减速增长的趋势，并且变化幅度最大；学科动态能力呈现先降速再增速的趋势；学科创新效率呈现出明显的降速增长趋势。整体趋势分为两组，其中降速（再增速）增长的有三条曲线，分别为学科知识创新、学科动态能力和学科创新效率；而先增速再降速的有两条曲线，分别为学科治理创新、硬实力与软实力协同。

以上可以说明以下几个问题：第一，两个组有不同的增长速度，跟两组变量的性质有关。其中降速（再增速）增长更加接近"知识半衰期"，学科知识创新、学科动态能力和学科创新效率更加具有不确定性，是属于知识和学科内部的力量，具有生态学生长特征，具有不可控性和不确定性，而学科治理创新、硬实力与软实力协同则更加趋近于"他组织"力量，属于作用于学科外部的组织力量，具有一定的人为可控性；第二，硬实力与软实力协同和学科治理创新具有更加紧密的亲缘关系，虽然硬实力与软实力协同是学科治理创新和学科知识创新的协同变量，但是其"基因"中与治理有着更加亲密的联系，这是他们基因中共同的"他组织"的力量的原因，说明硬实力与软实力协同更应当加强主观能动性，学科发展也离不开学科治理和创新。

二、学科治理创新与学科知识创新动态关系分析

本章主要构建系统动力学模型，希望通过仿真结果找到学科治理创新、学科知识创新的高校工程学科发展规律，为学科发展“怎么做”的问题提供有益借鉴和有效建议。我们单独对学科治理创新、学科知识创新和硬实力与软实力协同3个变量的仿真曲线做动态关系比较分析。

根据图10.7所示，在学科发展的不同阶段，呈现出不同的发展水平和增长速度。根据发展速率变化趋势，我们将整个学科发展生命周期划分为4个阶段，其中0—24个月为第一阶段，我们称其为生成期；24—60个月为第二阶段，我们称其为成长期；60—108个月为第三阶段，我们称其为成熟期，108—120个月为第四阶段，我们称其为蜕变期。

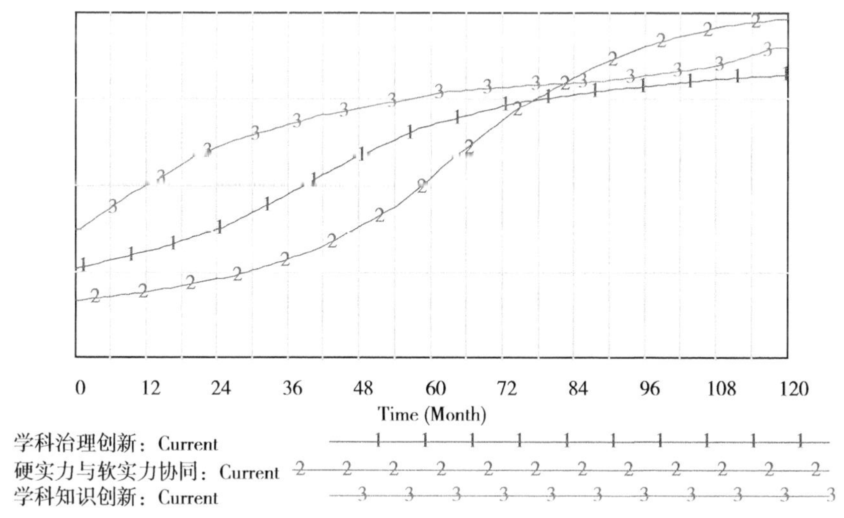

图10.7　动态关系演化仿真模拟图

通过观察发现，学科知识创新水平始终高于学科治理创新水平，但是学科治理创新增长速度高于学科知识创新的平均水平，并且二者差距逐渐减小，说明了近十年是学科不断发力促进学科治理创新的关键阶段。在生成期阶段，学科治理创新和学科知识创新发展水平都不高，而硬实力与软实力协同则体

现出更低水平的状态；在成长期阶段，学科治理创新和学科知识创新都有了较快成长，二者差距逐渐变小，而硬实力与软实力协同也不断呈现增速增长；在成熟期，学科治理创新与学科知识创新之间的差距几乎为零，而硬实力与软实力协同则继续高速增长，反超了学科知识创新和学科治理创新。在硬实力与软实力协同的发力下，学科知识创新在蜕变期迎来了新一轮增长。

为了更加直观地表现3个变量之间的速率变化关系，我们将变化速率进行平均化处理，如图10.8所示，更加直观地体现了3个变量的仿真曲线在不同发展阶段的变化速率的动态关系。在生成期，学科知识创新发展速率高于学科治理创新；在成长期，学科治理创新发展速率高于学科知识创新，但是二者都处于比较高速的发展阶段，促成了学科的重要发展和成长；在成熟期，学科治理创新性发展速率高于学科知识创新发展速率；在蜕变期，学科治理创新与学科知识创新可能面临二者的同时降低迎来衰退，或者二者都迎来新的增长期，迎来蜕变。

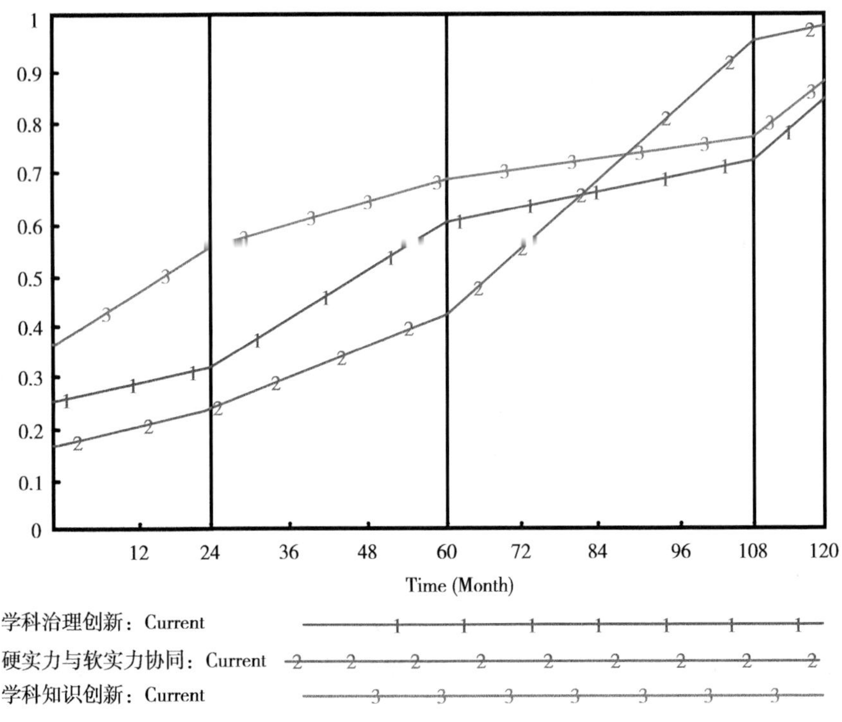

图10.8 动态关系演化仿真直观图

第三节　学科硬实力与软实力协同发展动态演化实践策略

第一,一流工程学科发展运行规律就是学科知识创新与学科治理创新耦合共生的动态过程,学科运行取决于学科治理创新与学科知识创新的协调程度,自组织与他组织力量根据学科发展不同阶段、面临不同环境以及现实状况不断此消彼长、协同演化。学科决策者可以通过硬实力与软实力协同动态运行规律,判定自己学科所在的阶段以及方位,分析学科现状,从而帮助决策者分析下一步的发展战略与重点。

第二,学科所处的不同的发展阶段所应采取的硬实力与软实力协同发展举措:

第一阶段(学科知识创新先行发力,促成学科新一轮生命周期发展),学科发展重点应当重视以下几点:首先,应当开放创新,打开思路,努力构建学科内部宽松的科研创新氛围;其次,不断构建科研管理制度,不断释放学科制度红利,给予学科人更加规范却自由、民主的学术科研环境;最后,给予学科更加宽松的发展建设政策,不过多束缚学科发展中引进人才、职称、奖励等政策手脚,不过多强制干预科研创新合作形式,不过多限制科研人员科技创新活动。

第二阶段(学科治理创新和学科知识创新共同发力和协同配合,促成学科快速发展),学科发展重点应当重视以下几点:首先,进一步凝练学科研究方向,整合优势学科方向和力量,促成创新成果涌现;其次,重视学科整体战略创新、组织创新与制度创新,不断深化学科综合改革与创新,全方位保证学科创新成果涌现;最后,充分重视学科知识创新与学科治理创新的协同效应,发挥教学、科研与成果转化各关键节点的涌现性,整合学科资源和平台,在短时间内通过申请学位点、引进高水平人才、申请重大科研平台与实验室、培育精品课程等快变量的成果集聚的同时,也要注意培育慢变量等学科长效成果,促成学科优势方向的成果集聚,注重形成此时期学科独特的学科文化氛围,促成良好的学科声誉,形成业内影响。

第三阶段(以治理创新力量为主导,学科已到成熟稳定阶段),学科发展重点应当重视以下几点:首先,注重学科内涵式发展,深化学科综合改革,防止"大组织通病";其次,逐步给科研人员松绑,简政放权,给予年轻学科人更多的机遇和上升通道,注重学科梯队的建设,注重培育创新团队机制,防止学科梯队断裂;再次,重视学科治理创新,不断通过战略、制度、组织等的变革与创新,释放学科成熟期新的成长活力,激活成熟期学科新动力;最后,重视学科外界环境变化,警惕学科危机,主动求变培育学科新方向或新增长点。

第四阶段(路径1:经历一个周期衰退后,学科知识创新再发力;路径2:硬实力与软实力协同发力绕过"知识半衰期"),学科发展重点应当重视以下几点:首先,学科领导者应打开战略视野,对学科所处外界环境保持敏感,对国家当下的战略政策具有敏锐性,抓住机遇,主动求变,推动学科变革;其次,推行组织变革要注重立德树人和思想政治教育工作,发挥思政工作在学科变革时期的导向、稳定作用;再次,推动学科革新式蜕变,需要得到自上而下和自下而上的双向支持和信息交互,特别是要注重学科内非正式组织的作用,注重学科内部文化和舆论导向;最后,推动学科治理创新与学科知识创新的协同效应,共同发力,锲而不舍地培育新的学科增长点,不断促进学科交叉融合,推动学科开放包容的文化导向,促进学科人与同行学术共同体的合作与沟通,努力推进同行学术界或联盟的认证、认可、资质、平台等,以防范学科变革风险。

第十一章 学科生命周期视域下的学科动态治理

本章基于学科知识与组织系统，在第十章分析的基础上，得出学科建设的周期性、发展阶段性的结论。本章引入学科生命周期，以学科生命周期为研究对象，对学科动态治理做进一步的讨论。

第一节 学科生命周期演化过程的理论基础

以学科生命周期为研究对象具有重要价值。为什么有的年轻学科已经内部僵化、青黄不接，有的历史悠久的学科却仍然保持内在的旺盛活力？如何挖掘学科生命周期演化过程的机理和本质来指导学科动态治理决策是本书的重要目的。

首先，引入学科生命周期是贯彻学科“过程管理”与“动态调整”指导精神的有益探索。学科建设与发展本就是一个动态的过程，把学科生命周期引入学科治理过程符合国家政策精神与学科发展规律，符合“双一流”建设与新时代教育评价改革的总体精神。2015 年，国务院发布的《统筹推进世界一流大学和一流学科建设总体方案》，是继“211 工程”“985 工程”之后的又一国家层面的学科建设指向，方案具体实施办法要求学科要加强过程管理，实施动态监测，及时跟踪指导，制定科学合理的绩效评价办法，建立建设高校及建设学科有进有出动态调整机制，说明了“双一流”不再是“终身制”，而是一个动态的建设过程。同时,《深化新时代教育评价改革总体方案》提出,要改进结果评价、强化过程评价、探索增值评价、健全综合评价,充分利用信息技术,提高教育评价的科学性、专业性、客观性。因此,当前学科建设与评价,亟待从过程视角、生态视角、系统视角探索学科发展规律和学科治理实践的"抓手"。从学科生命周期演化过程切入,探究学科发展的内部机理具有重要的学术价值与实用意义。

其次,学科生命周期演化过程视角是"破五唯"背景下学科建设与治理的重要研究方向。当前,我国学科建设诸多问题由要素构建主义引发,强调投入经费、人力、设备等要素,强调产出论文、科研项目与专利等指标,虽然一系列学科建设政策及配套措施在短时期内加快了学科发展步伐,但亦有一些阻碍学术繁荣的负面效应,学科建设内涵式改革迫在眉睫。学科发展趋势是由多种复杂因素共同作用的结果,学科生命周期演化过程是一个多变量的复杂系统且高度抽象,学科发展过程的机理研究仍然处在"黑箱"阶段。学科建设管理者制定学科建设"举措"时应因地制宜,避免"一刀切""拍脑袋",这急需一个符合学科发展规律的科学指导和参考。由于学科类型不同、发展阶段不同,学科的情况与特征均不同,而这些特征与规律的把握,需要一个科学的"工具"探寻学科复杂因素和复杂系统下的"实时状态",因此必须要在学科建设与治理过程中引入"时间轴",以科学发展观来研究学科。

最后,学科生态系统理论中,"生命周期"维度是题中应有之义。武建鑫、单捷飞①等人已经运用学科生态系统理论研究学科建设,开始将学科从单维建构视角转向整体系统进行研究,更重视学科系统的环境以及系统生态健康,注重系统内外各个复杂因素的竞合、影响关系以及耦合,注重系统内各群落与子系统的有序演化及寻找平衡态。而在学科生态系统理念当中,"空间域"与"时间域"是两个重要研究坐标,"时间轴"是把握动态发展视角下学科规律的"工具"与"手段"。运用系统动力学等研究复杂系统,都是以发展的动态视角

① 单捷飞、何海燕:《学科知识与组织系统:一个一流学科研究框架》,《清华大学教育研究》2021年第5期。

研究系统在其生命周期中的演化。

一、学科生命周期理论

生命周期理论最早源于企业管理领域的组织观察，以生物进化的规律解释组织发展从生成、成长到壮大最后消亡的历程。戴维斯(Davis)是组织生命周期研究的开创者。随后学者们提出并定义了企业生命周期的概念。组织生命周期理论源于组织学中的种群生态理论，是将生物学中的达尔文主义应用于组织研究，用于考察组织随着时间发展的演变与特征。组织生命周期相关理论是种群生态理论研究的后续研究分支，其研究意义是可以协助组织管理者应对组织的路径发展变化、组织变革行为以及组织发展预测等。① 爱迪思将企业成长发展划分为10个阶段，分别为孕育期、婴儿期、学步期、青春期、盛年期、稳定期、贵族期、后贵族期、官僚期及死亡期，每个阶段运用灵活性和可控性两个指标来评价。② 后来，生命周期理论广泛应用于管理学、环境学、心理学等学科领域。学科的生命周期研究主要从“组织”和“知识”两个视角开展。

1. 从“组织”形态学科的视角。最早在学科领域研究学科组织生命周期理论的是宣勇，他将学科组织生命周期划分为生成期、成长期、成熟期与蜕变期共4个阶段。③ 不同学者对组织生命周期有不同的阶段划分方法④。学科发展各要素在学科发展过程中相互交叉与融合，不同学科发展阶段的主要影响要素是不断变化的，从而推动了学科从萌芽、成长、成熟、再成长或衰退的学科生命周期过程。

2. 从“知识”形态学科的视角。学科知识生命周期源于知识管理理论，认

---

① 参见胡建雄：《学科组织创新——高等学校院系等学科结构的改革研究》，浙江大学出版社2001年版。

② 参见[美]伊查克·爱迪思：《企业生命周期》，赵睿等译，中国社会科学出版社1997年版。

③ 参见宣勇、张鹏：《组织生命周期视野中的大学学科组织发展》，《科学学研究》2006年第S2期。

④ 王薇：《学校发展阶段评价解释模型的建立及应用——基于组织生命周期理论》，《教育科学研究》2012年第3期。

为知识是随着组织实践的发展，经历加工、存储、应用等过程，最后发挥自己的价值直至消亡，整个知识生命周期具体可以划分为知识产生、获取、整合、传播、应用、创新、老化这7个阶段。① 根据学科动态发展观念，认为学科知识生命周期可以分为孕育期、成长期、发展期、成熟期和蜕变期。②

二、生命周期理论与学科发展的适切性

论证将生命周期理论运用于高校学科发展研究的适切性，如图11.1所示。一方面，应当论证高校学科是否符合生命周期理论的前提与适用条件。高校学科有“知识”与“组织”二元属性，对应知识形态的学科与组织形态的学科。这是知识生命周期与组织生命周期的理论基础，因而从本源上学科具备生命周期理论分析的理论前提。另一方面，应当论证高校学科发展与生命周期理论是否有紧密的逻辑关系。通过本书第二部分“组织”形态的学科与“知识”形态的学科的各个影响因素是否与学科生命周期有着紧密联系和逻辑关系来进一步论证。

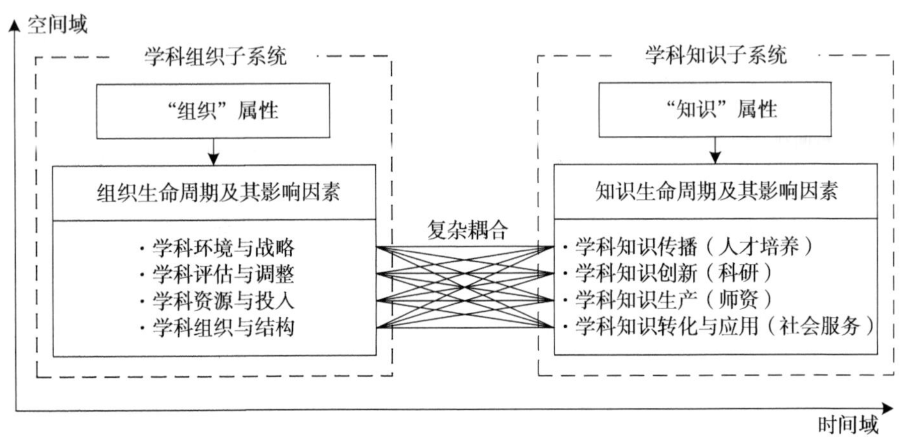

图11.1 学科生命周期演化过程的分析结构

① M.W.McElroy, *The New Knowledge Management: Complexity, Learning and Sustainable Innovation*, KMCI Press, 2003.

② 参见张松、张国栋、王亚光：《生命周期视角下新兴学科的生命发展评价研究》，《科学学研究》2018年第5期。

第二节　学科生命周期演化过程及其影响因素

为什么要将学科发展视为一个生命周期演化过程？何以证明？

学科发展各要素在学科发展过程中相互交叉与融合，不同学科发展阶段的主要影响要素是不断变化的，从而推动了学科从萌芽、成长、成熟、再成长或衰退的学科生命周期演化过程。学科生命周期演化过程是由复杂的影响因素共同决定的，每个影响因素都影响着学科生命周期，同时学科生命周期不同阶段也都具有各因素的阶段性特征。

学科是内在观念建制和外在社会建制的统一体，分为“组织”形态的学科和“知识”形态的学科，二者密不可分，共同作为学科生态系统的子系统，相互影响、相互耦合、演进发展。“组织”形态的学科有复杂的影响因素，这些因素共同影响着学科组织生命周期；“知识”形态的学科的影响因素，同样影响着学科知识生命周期；组织生命周期影响因素与知识生命周期影响因素相互影响，共同影响着学科生命周期演化过程。观察时间轴上的学科发展水平曲线，可以看出学科发展曲线不同阶段的规律与走势是由复杂影响因素决定的。

一、学科组织生命周期与影响因素

学科“组织”层面的影响因素，是学科的软实力，包括学科治理与学科组织等外界的作用力。我们把组织层面的影响因素归结为四个方面，分别为：学科环境与战略、学科评估与调整、学科资源与投入、学科组织与结构。

1. 学科环境与战略和学科生命周期的关系。某一学科的发展与演进受到学科环境及其自身的战略影响，代表着该学科在整个学科知识生产价值链中的位置，包括来自社会、政府、产业以及高校系统内部需求变化等，时刻影响着学科生命周期不同阶段的演进速率、进度以及整个学科发展走势，甚至决定学科的存亡（增列、撤销）。比如，2013 年第三轮学科评估后，上海交通大学综合判定学科环境与战略，调整学校学科布局，决定撤销兽医学学科点。随着

2020年新冠疫情到来，生命科学研究地位越来越重要，考虑该学科是应对后疫情时代生命科学学科群的重要支撑学科，又再次增列了兽医学学科授权点。①

2. 学科评估与调整和学科生命周期的关系。一方面，学位点评估体系与学科生命周期紧密关联，我国的学位点评估体系就是根据学科生命周期特征设置的。比如学位点生命周期孕育期，同期有学位点增列评估；生成期对应有学位点专项评估；发展期对应有学位点合格评估；成熟期对应有学位点水平评估；成熟期对应有学位点国际评估；蜕变期对应有学位点撤销评估等。② 另一方面，学科评估的结果会反作用于学科发展走势。党的十八大以来，高等教育坚持扎根中国大地办大学，不少一流大学退出国际排名，国内学科评估体系也在深化改革。不得不否认，教育评价引导着学科资源分配，从而影响学校的办学策略、学科布局调整等，一系列的链式反应影响和决定了一个学科的生命周期演化进程。

3. 学科资源与投入和学科生命周期的关系。一直以来，学科要素驱动的"建设"逻辑与学科评价排名挂钩，决定了学科资源与投入，而学科资源与投入是学科发展水平体系下最重要的硬指标之一，直接决定着学科发展进度。当前，我国学科建设投入日益增长。为建设一流学科，少数管理者陷入重金投入建设"一流"的怪圈，但一流学科影响力与建设效率仍然不足。我们提出是否学科投入越大，学科发展就越好？是否不同学科发展阶段，应因地、因时作出不同的学科治理策略？

4. 学科组织与结构和学科生命周期的关系。学科组织与结构和学科（群落）布局深受学科生命周期的影响，学科组织与结构在学科发展进程中不断地调整与变化，学科生命周期在不同的发展阶段有其适应的学科组织与结构。例如，在学科生成期适宜直线职能式组织结构，成长期更适合事业部式组织结构，成熟期采用矩阵式组织结构更适宜，蜕变期适合网络式组织

---

① 参见张松：《大学学科调整的驱动逻辑研究》，《研究生教育研究》2021年第5期。

② 参见张国栋、郁苗苗、张松、王锦：《生命周期视角下的学位点评估体系及动态调整》，《学位与研究生教育》2016年第7期。

结构等①。另外,一个学校内部的学科群落布局也会影响着该学校某学科的生命周期发展进程,使之同频共振。比如,某学校以强势主干学科为统领的学科群,培育建设新兴交叉学科,由于已有的学科群基础以及主干学科带动,相关资源与师资、成果迅速拉动新兴学科发展,必然会促进该新兴学科生命周期发展速率与进程。同样,某学校的学科战略与布局,也会让某学科退出历史舞台,逐渐消亡或撤点并科。

二、学科知识生命周期与影响因素

学科“知识”层面的影响因素是学科的硬实力,是学科作为知识体系的本质发展。通过前期研究,从学科“知识”属性出发,可以明晰学科主要职能与学科评价指标之间的逻辑关系。我们把知识层面的影响因素归结为 4 个方面,分别为学科知识传播(人才培养)、学科知识创新(科研)、学科知识生产(师资)、学科知识转化与应用(社会服务)。一方面,在学科生命周期的不同发展阶段,学科的 4 个职能都呈现出不同的水平与状态;另一方面,知识生命周期阶段以及对其未来发展的预期,也是影响学科生命周期演化过程的直接决定因素。例如,新兴学科往往因为是科学研究前沿领域并且社会需求强烈而具有旺盛的生命力,该类学科受到知识生命周期的影响而往往会加快学科生命周期演化的进程。例如美国科技政策办公室及其国家科学技术委员会长期关注新兴学科,1993 年推出“信息高速公路计划”,2012 年推出“大数据研究与发展计划”,2016 年推出“国家人工智能研究与发展战略计划”。2021 年我国学科目录调整中,“交叉学科”正式成为我国一个新的学科门类。从我国来看,2017 年 5 月,我国建立了首个人工智能技术学院,2018 年开设首批人工智能专业,到 2019 年设立该学科的院校已达 180 所。新兴学科快速发展的原因是其知识生命周期正处于“朝阳期”。同理,很多处于“中老年”生命周期阶段的学科,会成为学校进行学科布局与调整以及资源分配的重要考虑因素。

① 王丽娟:《基于生命周期的高校学科组织结构演化研究》,《吉林师范大学学报(人文社会科学版)》2016 年第 3 期。

第三节　学科生命周期演化过程的阶段划分

根据学科知识与组织系统发展周期4阶段的划分方式①，同时结合张国栋②、张松③等学者的观点，本书将学科生命周期演化过程划分为5个阶段，分别为孕育式培养阶段、涌现性生成阶段、适应性成长阶段、控制式发展阶段和革新式蜕变阶段，在学科发展的不同阶段，学科的“知识”维度和“组织”维度的特征也不同。

在具体发展过程中，在不同发展阶段学科的“知识”维度和“组织”维度会出现不同的发展特征。学科发展过程中两个维度不一定出现同步的发展进度，这也给我们判定学科发展水平提供了具体的标准和评判依据，以指导学科管理者根据学科发展具体指标的进展进行学科发展战略的调整，如表11.1所示。

表11.1　学科生命周期阶段划分与主要特征

学科发展阶段	学科发展状态	“知识”维度与“组织”维度特征
孕育式培养阶段	一般包括自发积累、自觉繁衍、交叉复合以及主动移植等模式	“知识”维度：①形成新的科学研究发现；②学科人自发研究兴趣，形成一定研究群落，研究热度上升；③学科研究方向逐步清晰 “组织”维度：①因外部环境推动产生学科组织建设的需求；②学科建成基本要素逐步具备

① 单捷飞、何海燕：《学科知识与组织系统：一个一流学科研究框架》，《清华大学教育研究》2021年第5期。

② 张国栋、郁苗苗、张松、王锦：《生命周期视角下的学位点评估体系及动态调整》，《学位与研究生教育》2016年第7期。

③ 张松、张国栋、王亚光：《生命周期视角下新兴学科的生命发展评价研究》，《科学学研究》2018年第5期。

续表

学科发展阶段	学科发展状态	“知识”维度与“组织”维度特征
涌现性生成阶段	一般指学科发展孕育到一定程度，以学科点建成等“他组织”因素为主要标志	“知识”维度：①学科方向明确并进一步凝练；②学科队伍进一步整齐，师资结构更加优化；③与之相关的研究已经有一定的规模且形成了学术共同体；④教学体系建立并不断完善 “组织”维度：①以学科点、平台建成为标志；②学科在知识生产价值链中所处的位置更加明确；③学校学科战略调整，各类资源与投入明显集聚；④学科组织确定并建立制度体系
适应性成长阶段	一般指学科通过适应环境，抢抓机遇，趁势发展壮大	“知识”维度：①学科逐步出现显著性成果，小同行圈子逐步形成；②学科方向进一步聚焦，有特色与优势方向，学科梯队逐步壮大；③社会服务逐步显现 “组织”维度：①学科组织建构逐步完善并适应学科发展规模；②学科内部管理制度逐步完善，学科内部文化逐步形成；③学位点与学科平台建设有突破；④开始参与国内外各类评估评价并形成正向反馈
控制式发展阶段	学科已经到了成熟稳定阶段，稳定发展	“知识”维度：①学科稳定产出有影响力的显著性成果，并在业界得到认可；②学科内业界有影响力的专家学者较多；③学科梯队较为合理；④产学研及社会服务卓有成效 “组织”维度：①形成独特而稳定的组织架构和组织文化；②有比较完整的学位层次结构和类型；③学科点及学科平台具有一定的业界影响力；④参与国内外各类学科评价常态化并形成良性循环
革新式蜕变阶段	遭遇发展瓶颈甚至危机，化危为机可以形成新兴交叉学科或融入学科群优势学科中	“知识”维度：学科知识生命周期处于“中老年”阶段，学科方向与社会需求不相适应，学科队伍结构可能出现断层或者青黄不接，研究方向需要进一步调整，亟待发展新增长点 “组织”维度：①出现“大组织通病”，学科出现组织方面的瓶颈甚至危机；②亟待调整学科战略以及学科组织与结构布局调整；③可能孕育出新的新兴交叉学科；④可能撤点并科，融入其他学科中

第四节　学科生命周期演化过程的系统科学研究框架

学科生命周期演化过程具有明显的复杂系统特征，复杂科学理论适用于学科生命周期问题的研究。学科生命周期演化过程受到各种干扰因素的作用，对学科发展过程进行量化研究和实践性验证的实现有技术瓶颈待突破，而复杂系统的协同学从支配原理出发，即复杂系统结构稳定性临界点上，仅由少数几个描述系统有序状态的关键变量决定系统演化的最终状态，恰切地解决并描述了学科问题。当下，学科建设缺乏一个有效的学科动态治理机制，缺乏对于学科发展过程的可视化手段，如何对学科生命周期发展阶段进行诊断？如何评判不同学科发展阶段下“好”的学科治理策略“组合”？本书拟给出一个系统动力学的研究框架与思路。

一、建立学科的系统科学研究思路

研究学科生成机理应运用系统科学研究框架，单捷飞等构建了学科研究框架——学科知识与组织系统，认为在高等教育环境下，通过充分发挥高校内学科人（教师、管理者等）的能动性、积极性，以知识体系为核心围绕知识传播、创新与转化应用等知识生产活动，以学科组织架构、学科群落、学科制度等学科内部结构为组织基础，针对不同学科发展阶段的具体情境，实现学科“自组织”与“他组织”的动态匹配和协同，并以“输入—转化—输出”的形式使学科内外要素相互影响、相互作用，形成一个有机、开放和动态的系统。我们可以从空间域和时间域研究学科生态系统。在空间域研究中，主要研究构成学科生态系统的环境、结构与功能，分别研究了构成的子系统以及相关模型，并分析了子系统与子系统之间的关系与功能实现，探讨了子系统中的构成要素，对于分析整个学科的发展机理具有重要的空间结构认识。本书重点从“时间域”角度展开，重点研究在时间维度上延展开来，用“发展的”“动态的”眼光来观察学科生态系统，并试图回答随着时间发展，学科系统的结构、功能、因素等有何变化规律，阐明学科的生命周期规律、演化路径规律以及不同发展时期的主要特征等。

学科按照时间域可以将学科生命周期延展，并将整个学科生命周期演化过程进行阶段划分，这是系统科学的基础和前提。目前，已经有一些学者开始用过程思维、系统思维和动态思维来研究学科。一个学科在生成、成长、成熟和蜕变、衰败的不同时期具有不同特点，学科生命周期研究就是要寻找出促进或阻止学科成长变化的主要因素，为学科发展提供策略控制其成长过程。

二、系统科学描述下学科生命周期基本分析

随着时间发展，学科在整个生命周期的表征是不断变化的，如果横轴代表时间 t，纵轴代表学科具体指标的水平值 y，则学科发展曲线在形态上应呈曲线式增长，这与 Pearl 提出的 Logistic 曲线相似①，如图 11.2 所示，一方面，发展随着时间推移，学科的水平值 $D(t_1,y_1)<B(t_2,y_2)<P(t_3,y_3)<Q(t_4,y_4)$；另一方面，可以在相同时间间隔下比较学科发展快慢，如在相同时间间隔下，从 D 点到 B 点比从 P 点到 Q 点发展更快。

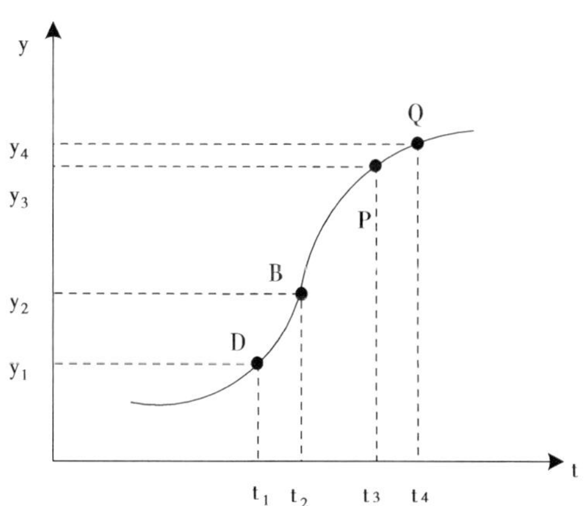

图 11.2　单一学科发展曲线的表述

如图 11.3 所示，如果有两个或两个学科以上的学科发展曲线，可以在同一时间节点上，进行两个学科发展水平的比较，如 t_1 时间下，$M(t_1,y_2)>N(t_1,y_1)$。

① R.Pearl & L.J.Reed, "On the Rate of Growth of the Population of the United States since 1790 and its Mathematical Representation", *Proceedings of the National Academy of Sciences*, 1920(6).

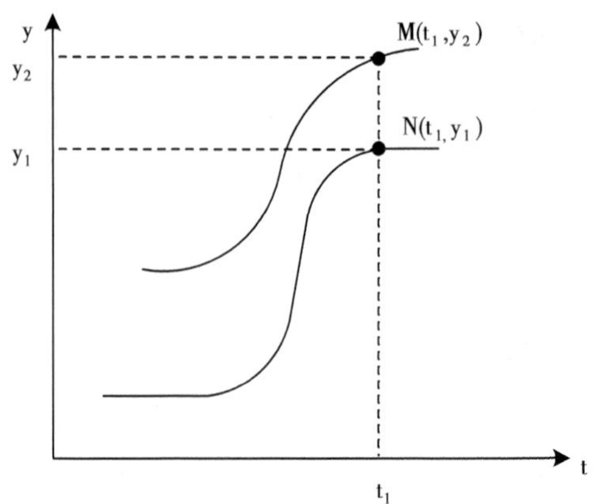

图 11.3　不同学科发展曲线的表述

不同学科有不同的发展周期,一个学科可以在短期内经历多个发展周期,一个发展周期中各阶段的时长也具有不确定性。从全生命周期来看,有的学科有着悠久的历史,其在整个发展过程中,伴随着多个生命周期,如图 11.4 所示。同时,每个阶段都可能面临学科的衰退,也可能面临学科的新的周期的开始,同时也可能在发展过程中催生出新的学科等。同时,每一个周期时间也可能长短不一,这是由学科环境不确定性和学科知识不确定性决定的。学科发展过程中,受到多因素扰动会发生波动,一个历史悠久的一流学科,总起来是在波动中递增的。

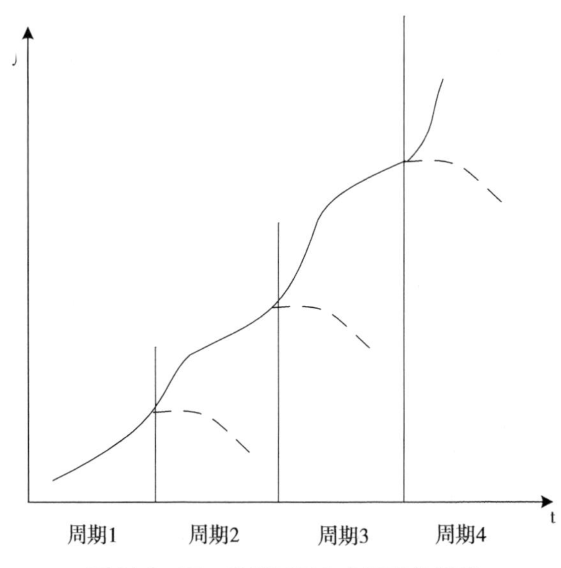

图 11.4　同一学科不同生命周期的描述

同时，一个学科在发展过程中，还可能通过学科交叉培育出新兴学科，如图 11.5 所示。学科 D_0发展到 t_2时，分化出新兴学科 D_s和D_0'，其中学科 D_s的水平值高于原学科 D_0，学科 D_0'的水平值低于原学科，即 $y_3>y_2>y_1$。

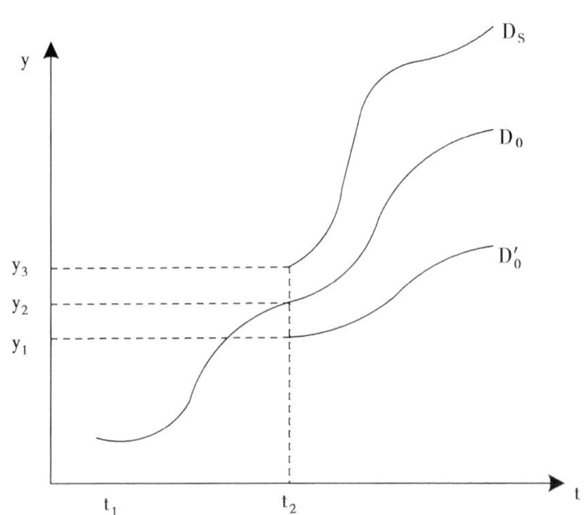

图 11.5　学科在发展过程中催生出新兴学科或交叉学科

二、学科生命周期演化过程与动态治理的系统动力学框架

学科生命周期演化过程的表述可以用系统动力学理论及其软件实现描述。学科系统是由若干单元或部分组成的，存在着边界，并通过边界与外部环境进行物质、能量、知识的交流等。首先根据前期先验的理论模型，通过概念框图、语言表达、数学工具进行建模，然后通过建立的模型进行系统仿真，最后通过改变系统内部单元的性质，调整它们之间的连接关系等，模拟学科系统随时间的演化过程，以实现对学科系统未来行为以及对应的治理策略的预测。

根据学科发展演化规律，将学科生命周期演化过程分为 5 个阶段。其中，革新式蜕变阶段可能面临衰退，也会进入新的循环周期中，每个阶段都有与之相匹配的发展策略等，如图 11.6 所示。

第一，对该学科生命周期阶段做诊断，并验证该学科发展阶段的关键治理要素特征是否与理论设定一致。经过反复对比验证，可以得出不同学科发展

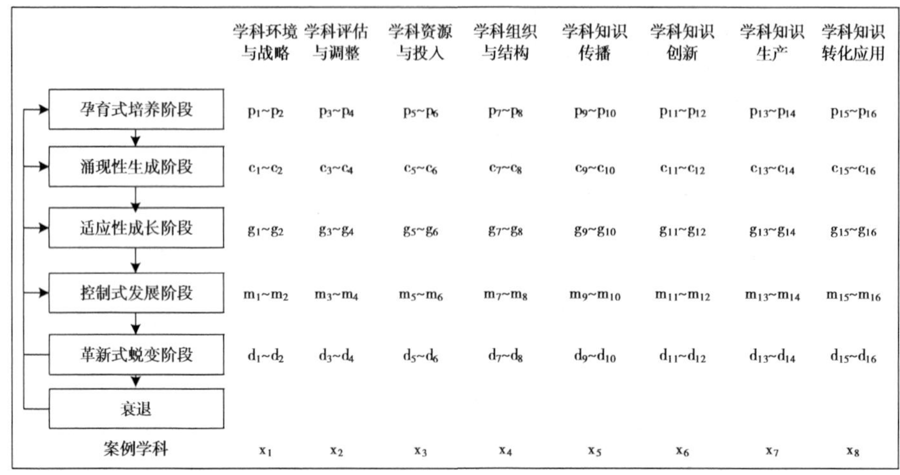

图 11.6　学科生态系统及生命周期的动力学描述

阶段的特征值。$p_1 \sim p_{16}$、$c_1 \sim c_{16}$、$g_1 \sim g_{16}$、$m_1 \sim m_{16}$、$d_1 \sim d_{16}$是经仿真获得的 4 个阶段各个关键序参量的特征值区间，通过对案例学科的各关键变量的观测值，可基本判定学科所处生命周期阶段，并对该学科内核心人员对学科发展阶段的自我判定进行比对。观测模型可以有效表达和识别不同时期学科特征，并根据不同的学科特征判断学科所处的生命周期状态，同时也能够给出一些具有学科治理参考意义的信息。

第二，如果测定待评测学科的“组织”维度的特征值在适应性成长阶段，“知识”维度的特征值却在控制式发展阶段，据此可以判定该学科“组织”维度相关指标未能匹配学科发展进程，应当尽快进行学科的组织变革和“他组织”维度建设，以更好地匹配好学科“知识”创新水平，更好实现“知识”与“组织”的协同，向一流学科发展迈进。

第三，在明确该学科所处生命阶段后，通过对不同时间段设计不同强度大小的一组治理策略集合，并将其与具体学科的初值一起进行模拟。这样得到一组不同的结果集，从这些结果中选择最优方案。学科管理者据此作出学科治理策略选择。

第五节　讨　论

当前，已经有文献开始运用过程思维研究学科发展规律，但对学科发展规律的理论解释力与科学性的研究尚缺乏现有研究，多为经验性“对策”，对于策略方面的实证型研究尚缺乏。本书探索将学科生命周期演化过程纳入学科评价体系，构建学科建设的系统性思维，并把握不同生命周期演化过程阶段学科发展特征与规律，并适应性匹配对应的学科发展策略。优化动态调整机制是新时代深入推进一流学科建设的总体要求，而学科生命周期演化过程将是尊重知识、尊重学科发展规律和教育发展规律的重要坐标维度。依此延展开的学科动态评价依托未来大数据常态化监测，使建立“监测—改进—评价”机制成为可能。

学科生态系统作为一个复杂适应系统，其构建、演化、发展离不开和谐的学科系统的动态治理理念的确立。处于不同发展阶段的学科，其“知识”维度与“组织”维度的特征不同，同时学科发展的定位和重点也不同，因此学科建设者应当建立学科发展视域，从动态发展的视角来把握所在学科发展阶段特点和情况，选择不同的学科发展策略，从而使得学科的各项资源和要素得到充分配置和利用，从而发挥协同性效果，提高学科创新效率，促进学科可持续发展。学科建设者应当树立学科一般性变革的全生命周期观念，打开思路，主动变革，在必要时要抓住学科知识需求更新与社会需求变化的信号，及时培育学科新方向和新兴学科，促进学科新一轮生命周期的开始，实现学科的可持续性发展。

后　记

这本书是我近年来从事“双一流”建设研究领域的心得感悟与最新成果。《硬实力与软实力——一流学科的协同发展之道》一书按照“是什么—为什么—如何做”的逻辑解答了一流学科硬实力与软实力协同存在性、合理性和实践性问题。以过程思维与系统思维研究学科发展机理，是“破五唯”背景下教育管理部门与各高校管理者在做学科治理决策时的迫切需求。“过程管理”与“动态调整”也是贯彻“双一流”建设与“教育评价改革”指导精神的重要举措。从“知识”和“组织”二元属性出发剖析学科系统内各指标要素，是学科建设领域的一种有益探索。

本书充分吸收了近年来该研究领域同行的有益研究成果，在此感谢在该研究领域作出理论贡献的前辈以及本书征引文献的所有专家学者！同时，我也力图阐释我在该领域的最新观点与创新成果，但书中提到的一些新的观点和方法可能还有很多不够成熟的地方，有待同行专家和广大读者指正。本书是国家自然科学基金青年科学基金项目“我国高校学科生命周期演化过程与动态治理策略研究”(项目编号:72104024)的研究成果。

“德以明理，学以精工”，北京理工大学的校训已经深深烙在我的心底。我终得一个正式的机会，表达对母校的感激。她在我的学生岁月给我指引，在人生低谷期给我臂膀，在迈向社会时提供平台，在深造锤炼中教我成长，是北京理工大学塑造了今天的我。

感谢王战军教授为本书作序。王战军教授是国内研究生教育与学科建设领域的领军者。我因当年有幸参与到王老师主持的教育部哲学社会科学研究重大课题攻关项目——“一流大学和一流学科建设评价体系与推进战略研究”中,开始对学科建设产生研究兴趣并确定了自己的研究方向。王老师是我在学科建设研究领域的领路人。

感谢我的导师何海燕教授。自 2010 年来到北京求学加入何老师团队。何老师严谨的治学态度、宽广的视野胸怀和不懈奋斗的精神品格,无不激励着我在科研的道路上奋勇前进。如今,何老师作为北京市政协委员和首都女教授协会会长,正在新的领域发光发热,她始终是我学习的榜样。

感谢孙兴民主任和吴杨教授对本书的指导。感谢人民出版社在本书编辑、出版过程中给予的帮助。感谢我的学生刘珊为本书做的校对工作。感谢我的家人给我的爱与支持。由于篇幅有限,未能一一列出,在此特向所有给予过帮助和支持的人表示衷心感谢!

单捷飞

2023 年秋

责任编辑：王　森
封面设计：王欢欢
版式设计：王　婷

图书在版编目（CIP）数据

硬实力与软实力：一流学科的协同发展之道/单捷飞 著. —北京：人民出版社，2024.1
ISBN 978-7-01-026185-0

Ⅰ.①硬…　Ⅱ.①单…　Ⅲ.①高等学校-学科建设-研究-中国　Ⅳ.①G642.3

中国国家版本馆 CIP 数据核字(2023)第 240452 号

硬实力与软实力
YINGSHILI YU RUANSHILI
——一流学科的协同发展之道

单捷飞　著

人民出版社 出版发行
（100706　北京市东城区隆福寺街 99 号）

北京九州迅驰传媒文化有限公司印刷　新华书店经销

2024 年 1 月第 1 版　2024 年 1 月北京第 1 次印刷
开本：710 毫米×1000 毫米 1/16　印张：15.75
字数：242 千字

ISBN 978-7-01-026185-0　定价：63.00 元

邮购地址 100706　北京市东城区隆福寺街 99 号
人民东方图书销售中心　电话（010）65250042　65289539